Das große Ravensburger
Handarbeitsbuch

Jutta Lammèr

Das große Ravensburger

HAND ARBEITS BUCH

Sticken, Häkeln, Knüpfen, Weben, Stricken, Applikation, Patchwork und viele andere klassische und moderne Handarbeitstechniken

286 Zeichnungen
von Ellen-Ingrid Baumanns
418 Fotos, zum Teil farbig,
von Manfred Bauer und
Barbara Schulten

Otto Maier Verlag Ravensburg

Wir danken folgenden Verlagen für die freundliche Genehmigung der Übernahme von Abbildungen:

The Bonniers Magazine Group, Stockholm, für die Abbildungen Seite 14, 15, 42, 43, 44, 45, 48 und 49.

Dem Jahreszeiten Verlag, Hamburg, für das Foto auf Seite 90, entnommen aus »Für Sie« Heft 110/70, Seite 80.

ICA förlaget AB, Stockholm, für 30 Fotos auf den Seiten 41, 54, 55, 56, 59 und 227.

Dem Verlag Aenne Burda, Offenburg, für die Zeichnungen auf Seite 21 aus dem Burda-Heft Nr. 114 »Kelim: Brücken, Läufer, Teppiche, Wandbehänge und Kissen« und für die Zeichnungen auf Seite 172, 173, 174 aus dem Burda-Heft Nr. 207 »Großes buntes Handarbeitsheft«.

© 1971 by Otto Maier Verlag Ravensburg
Umschlagentwurf: Manfred Burggraf und Barbara Schulten
Satz: Georg Appl, Wemding
Druck: aprinta Wemding
Printed in Germany

83 82   14 13

ISBN 3-473-42347-5

Inhalt

Sticken 7
Fadengebundenes Sticken 9 – Kreuzstichstickerei 10 – Gobelinstickerei 17 – Kelimstickerei 20 – Bargello 21 – Plattstich und Sparstich 23 – Hardanger Stickerei 28 – Hohlsaum 29 – Medici-Stickerei 34 – Ajourstickerei 35 – Filet- und Tüllstickerei 36 – Motivgebundenes Sticken 39 – Freies Sticken 40 – Jugoslawische und Ungarische Stickerei 56 – Schattenstickerei 58 – Lochstickerei 59 – Richelieuarbeit 60 – Smokstickerei 62

Häkeln 65
Das richtige Verhältnis zwischen Nadel und Garn 67 – Arbeitsbeginn 67 – Die erste Reihe 68 – Feste Maschen 68 – Stäbchen 69 – Pikot- und Zackenkante 72 – Das Häkeln verschiedener Formen 73 – Das Häkeln von der Mitte ausgehend 74 – Das Schlauchhäkeln 76 – Quadrat, von der Mitte ausgehend 76 – Quadrat, von der Ecke ausgehend 78 – Tunesische Häkelei 80 – Irische Häkelei 84 – Amerikanische Häkelei 86 – Flachstäbchenhäkelei 91 – Schlingenhäkelei 92 – Abgewandelte Häkelstiche 94 – Büschelmaschen 96 – Reliefstäbchen 96 – Muschen und Muschelmuster 102 – Wellenmuster 105 – Sternmuster 105 – Pfauenauge 106 – Pikotmuster 106 – Perlenhäkelei 107 – Gabelhäkelei 108 – Loopen 110 – Arbeitsbeschreibungen zu den Häkelmodellen 114

Stricken 121
Grundmethoden 123 – Das richtige Verhältnis zwischen Nadeln und Garn 124 – Der Maschenanschlag 124 – Anschlag für Rippenmuster 126 – So strickt man rechts 128 – So strickt man links 128 – Amerikanische und französische Methode 128 – Verschränkte Maschen 129 – Wenden 130 – Linke und rechte Maschen kombiniert 132 – Das Patentstricken 134 – Knopflöcher 136 – Lochmuster und Zähnchenrand 136 – Verschiedene Strickmuster 139 – Zopfmuster 139 – Diagonalrippen 140 – Lochmuster 141 – Drehzopf 141 – Doppelzopf 141 – Kleines Flechtmuster 142 – Großes Flechtmuster 142 – Gittermuster 143 – Netzpatent 144 – Mehrfarbiges Stricken 145 – Abketten 147 – Aufhäkeln gefallener Rechtsmaschen 149 – Aufheben gefallener Maschen 149 – Verbreitern am Rand 150 – Zunehmen innerhalb der Reihe 151 – Abnehmen innerhalb der Reihe 151 – Abnehmen für den Armausschnitt 153 – Das Abnehmen für den spitzen Halsausschnitt 153 – Die Schulterschrägung 154 – Halsabschlüsse 154 – Verschiedene Kragenblenden 156 – Die gestrickte Tasche 157 – Diagonalgestrick 157 – Zusammennähen 159 – Das Rundstricken mit mehreren Nadeln 159 – So strickt man einen Strumpf 159 – So strickt man einen Handschuh 162 – Stricken mit der Rundnadel 164 – Kunststricken 165 – Arbeitsbeschreibungen zu den Strickmodellen 166

Occhi 169
Arbeitsgerät und Material 171 – Fadenführung 171 – Technik 171

Weben 179
Das Material 182 – Vorarbeiten 182 – Der Webvorgang 185 – Verlängern des Schußfadens

187 – Mehrfarbiges Weben 187 – Webmuster 189 – Weben mit dem Trennstab 191 – Knüpfweberei 192 – Bandweben mit dem Kamm 195 – Bildweberei 195

Teppichknüpfen 199
Material und Arbeitsgerät 201 – Die Knüpfvorlage 205 – Smyrna-Technik 208 – Finnen- und Rya-Technik 215 – Versäubern der Teppichkanten 216

Applikationen 219
Entwerfen und Zuschneiden 221 – Applizieren 222 – Durchbruch-Applikation 223 – Applikation in Reservetechnik 224 – Lagenapplikation 225 – Applikation in Richelieutechnik 225 – Stoffintarsien 226 – Indianische Applikation 228 – Orientalische Applikation 228 – Sprengapplikation 230 – Applikation in Filigrantechnik 231

Patchwork 232
Material und Musterbildung 233 – Technik 236 – Patchwork mit der Maschine 239 – Patchwork in Applikationstechnik 239 – Irisches Patchwork 239 – Französisches Patchwork 240 – Italienisches Patchwork 241

Zierstepperei 242
Biesen 242 – Schnurstepperei 243 – Kordelstepperei 246 – Stepperei in Applikationstechnik 246 – Monogrammstepperei 246 – Flächenstepperei 248

Makramee 253
Materialbedarf 256 – Die Technik 256

Verschiedene Handarbeitstechniken 265
Stricken mit Hilfsgeräten 267 – Wickeln auf einem Nagelbrett 269 – Wickeln auf dem Loom-Gerät 272 – Verschiedene Häkeltechniken 274 – Verwebte Luftmaschen 277 – Plastische Applikation 278 – Florstickerei 280 – Perlenstickerei 282 – Fransen, Quasten und Pompons 283 – Garnmaterial aus Textilien 284

Nachbehandlung, Bügeln, Konfektionieren, praktische Hinweise 285
Stickereien 286 – Strick- und Häkelsachen 286 – Geknüpfte Arbeiten 287 – Webarbeiten 287 – Patchwork 287 – Applikationen 287 – Ziersteppereien 288 – Occhi 288 – Ecken an Decken 288

Register 289

Sticken

Fadengebundenes Sticken
Kreuzstich
Gobelin
Kelim
Bargello
Plattstich und Sparstich
Hardanger
Hohlsaum
Medici
Ajour
Filet- und Tüllstickerei
Motivgebundenes und freies Sticken
Jugoslawische und
Ungarische Stickerei
Schattenstickerei
Lochstickerei
Richelieu
Smok

Man unterscheidet drei Stickarten: das fadengebundene, das motivgebundene und das freie Sticken. Die klassische Stickart ist das fadengebundene Sticken, bei der die Stiche unter Berücksichtigung des Stickgrundes dem Gewebe entsprechend angeordnet werden. Beim motivgebundenen Sticken richtet sich die Arbeit nach dem vorhandenen gewebten oder gedruckten Stoffmotiv (z. B. Karos, Streifen, Punkte), das durch Zierstiche ergänzt werden soll. Das freie Sticken wird nach vorgezeichneten Linien ausgeführt, die man von einem Entwurf auf den Stoff überträgt.

Man kann fast alle Gewebe besticken, wenn Garn, Nadel und Stickgrund in der Stärke zusammenpassen. Die Tabelle auf Seite 53 gibt eine Übersicht über das geeignete Stickmaterial sowie die Nadelstärken für die verschiedenen Stickgründe.

Fadengebundene Stickereien führt man mit einer stumpfen Straminnadel aus, für das freie Sticken nimmt man eine kurze spitze Sticknadel. Leichtere Stickgründe sollte man stets in einen Stickrahmen spannen. Die Arbeit kann sich dann weder verziehen noch beulig werden. Allerdings muß man auf fadengerade Spannung achten.

Man beginnt beim Sticken nicht, wie es so häufig gemacht wird, mit einem Endknoten am Stickfaden. Ganz abgesehen davon, daß sich solche Knoten leicht auflösen können, drücken sie sich auch beim Bügeln durch das Gewebe und bewirken eine unebene Schauseite. Bei Stoffen, die ganz überstickt werden (Flächenstickerei), versticht man einige Zentimeter des Anfangsfadens im Gewebe. Sie werden allmählich mit überstickt und dadurch unsichtbar. Stickt man nur Motive, dann macht man ungefähr 6–8 cm vor dem Fadenende eine Schlaufe. Ist der Stickfaden aufgebraucht, löst man diese Schlaufe und verstickt das Ende auf der Rückseite in der Stickerei. Der folgende neue Faden wird ebenfalls auf der Rückseite der Stickerei befestigt.

Fadengebundenes Sticken

Fadengebundene Stickereien werden auf Kreuzgewebe (einem quadratisch gewebten Fadengitter) nach Zählmustern ausgeführt. Die unterschiedlichen Farben einer Arbeit sind durch verschiedene Zeichen – Typen genannt – gekennzeichnet. Die Bedeutung solcher Typen ist bei jeder Zählvorlage erläutert. Will man selbst Zählmuster entwerfen, so nimmt man dazu Karopapier, für umfangreiche Arbeiten oder für Petit-point-Stickereien Millimeterpapier. Obwohl man an die rechtwinklige Form des Gewebes gebunden ist, lassen sich Motive mit beliebigen Konturen sticken, wie die Fotos dieses Kapitels zeigen. Zu den fadengebundenen Stichen zählen: Kreuzstich, Gobelinstich (in vielen Variationen), Kelimstich, Bargello (Florentinischer Stich), Plattstich, Hardanger Stickerei, Hohlsaum, Ajourstickerei (Schweizer Zugstickerei) sowie Filet- und Tüllstickerei.

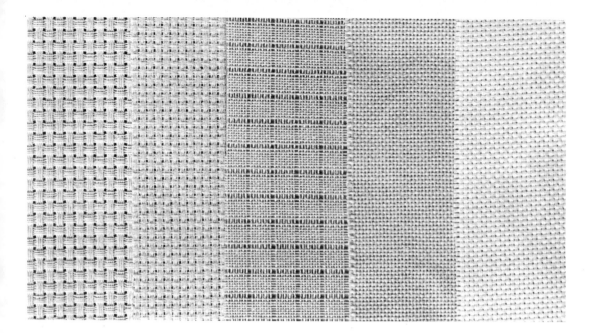

Kreuzstichstickerei

Je nachdem, ob der ganze Stickgrund überdeckt oder nur ein Motiv ausgestickt werden soll, macht man Kreuzstickarbeiten auf Stramin oder auf anderem Zählgewebe (Foto oben). Ein Kreuzstich besteht aus zwei Stichen, die kreuzweise übereinander gestickt werden: dem Unterstich und dem Deckstich. Wichtig ist, daß die Deckstiche einer Arbeit alle die gleiche Schrägrichtung von rechts unten nach links oben aufweisen. Man kann Kreuzstiche in waagerechten und senkrechten Reihen sowie über die Diagonale arbeiten. Dabei sticht man bei den folgenden Reihen jeweils in die Ein- bzw. Ausstichstellen der vorhergehenden Reihe ein. Bei waagerechten Reihen arbeitet man erst die ganze Reihe Unterstiche von links nach rechts und stickt dann die Deckstiche in der Rückreihe von rechts nach links darüber. So erhält man ein gleichmäßiges Stichbild (Zeichnung a, Phase 1 bis 3). Stickt man senkrecht in auf- oder abwärtsgehenden Reihen, wird jeder Stich ganz fertig gestickt (Zeichnung b, 1–2). Ebenso verfährt man, wenn man über die Diagonale arbeitet. Die Zeichnungen c, 1–2 und d, 1–2 zeigen diese Ausführung.

Zweigart-Handarbeitsstoffe für fadengebundenes Sticken. Stramine für Kreuzstich- und Gobelinarbeiten auf Seite 19.

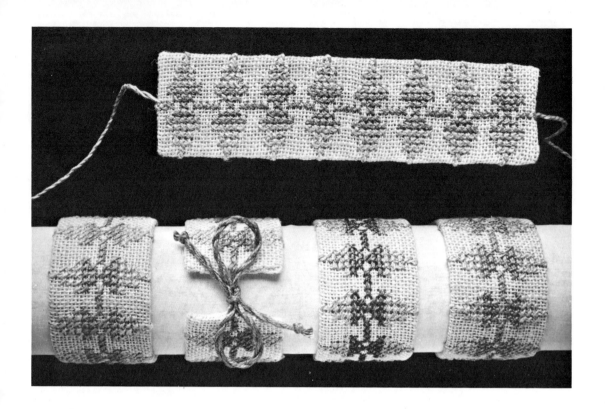

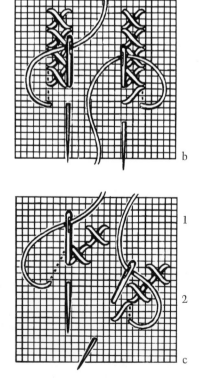

b

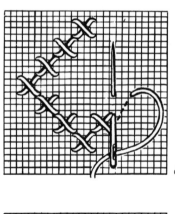

d 1

c

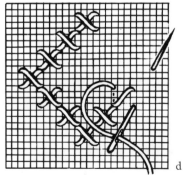

d 2

Hat man ein Zählmuster mit einer Borte, die um die Ecke (z. B. bei einer Tischdecke) gestickt werden soll, so kann man mit Hilfe eines randlosen Taschenspiegels leicht das Muster für die Eckbildung finden. Man stellt den Spiegel dazu schräg auf die Borte (e), so daß man eine rechtwinklige Ecke im Spiegel sieht. Dann schiebt man den Spiegel langsam auf der Borte weiter, bis man eine hübsche Lösung für die Ecke sieht. Diese Stelle steckt man mit Nadeln entlang der unteren Spiegelkante ab. Von hier an stickt man dann gegengleich um die Ecke weiter, bis die Borte wieder dem Zählmuster entsprechend geradeaus führt. Man kann den Spiegel auch auf die Zählvorlage stellen und darauf eine diagonale Linie ziehen. Wer nicht sicher ist, zeichnet die gefundene Ecklösung auf Karopapier und stickt danach. Will man eine Borte verbreitern, stellt man den Spiegel an eine der Längsseiten, will man die Borte in der Mitte einer Arbeit

Im Zählen Ungeübte sticken am besten auf vorgedrucktem Stramin (unten), den es in einer Materialpackung (Lindhorst) gibt. Das einfache Zählmuster der Serviettenringe (links) ist leichter nachzuarbeiten als das bäuerliche Motiv (unten rechts).

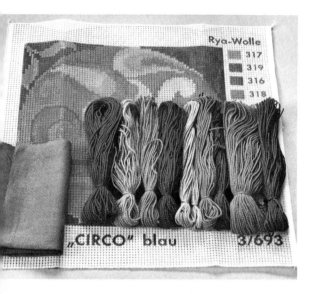

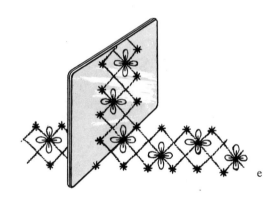

e

Zählmuster zum Nachsticken des Teppichs (oben). Rechts: Motiv in Originalgröße (MEZ-Kelimwolle auf Zweigart-Gobelinstramin).

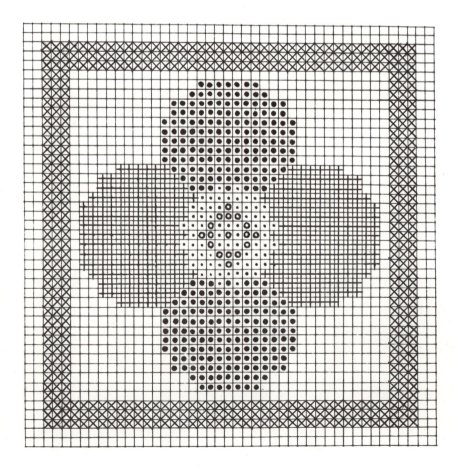

f

den hier die Negativ-Flächen mit hellen Kreuzstichen ausgestickt. Zum Vergleich: Zeichnung a zeigt ein Kreuzstich-Motiv, Zeichnung b ein Motiv in Assisi-Ausführung. Die Kreuzstichflächen werden durch gerade Stiche umrandet, so daß sie sich deutlich vom Negativgrund abheben.

Kreuzstichkissen in Assisi-Technik (Lindhorst): das Motiv erscheint hell, der Hintergrund dunkel. Petit-point-Arbeit auf Müllergaze: 21 Stiche auf 1 cm (Fotos Seite 17, oben und unten).

kreuzweise übereinanderführen, stellt man zwei Taschenspiegel so auf, wie es Zeichnung f zeigt. Wer mit Kreuzsticharbeiten noch nicht vertraut ist, kann zunächst auf vorgedruckten Straminstoffen arbeiten (Foto S. 13), um sich ganz auf die Sticktechnik zu konzentrieren. Solche vorgedruckten Stoffe gibt es als fertige Materialpackungen (P. Lindhorst) in Handarbeitsgeschäften zu kaufen.

Assisi-Technik. Die Assisi-Technik ist eine Kreuzstich-Negativstickerei. Hier wird nicht ein Motiv auf einem Handarbeitsstoff, der den Hintergrund bildet, gestickt, sondern der Hintergrund wird ausgestickt, und die freien Stellen ergeben das Motiv. Es entsteht dann eine Wirkung wie auf dem Foto rechts. Allerdings wur-

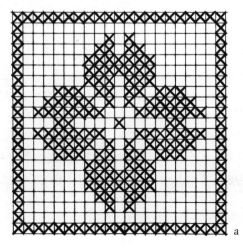

a

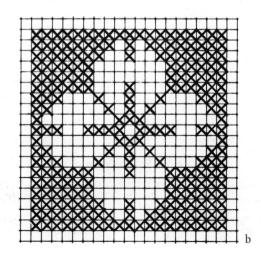

b

Gobelinstickerei

Anfänger arbeiten am besten auf einem Grundstoff, der mit dem auszustickenden Muster farbig bedruckt ist, um sich ganz auf die Sticktechnik konzentrieren zu können.
Fortgeschrittene arbeiten entweder nach einer trassierten Vorlage oder – die klassische Methode – nach einem Zählmuster.
Die trassierte Vorlage ist ein Grundstoff, auf dem die Fäden in den Farben des Musters vorgespannt sind. Sie werden später überstickt. Trassierte Vorlagen sind teuer, denn das Vorspannen der Fäden, das man auch selbst nach dem Zählmuster vornehmen kann, ist sehr zeitraubend. Das Arbeiten auf einer trassierten Vorlage ist jedoch leichter als nach einem Zählmuster.
Bei einem *Zählmuster* sind die verschiedenen Farben der Stickerei durch unterschiedliche Zeichen (Typen) gekennzeichnet, deren Bedeutung auf der Zählvorlage (auch Typenmuster genannt) erklärt ist. Zur großen Gruppe der Gobelinstiche gehören: petit point, Perlstich, gros point, schräger Gobelinstich (halber Kreuzstich),

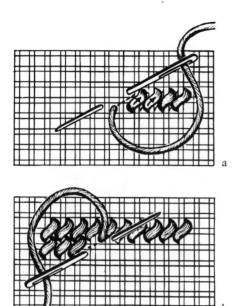

senkrechter Gobelinstich und Rippenstich. Die gebräuchlichsten Stiche sind der Perlstich und der schräge Gobelinstich. Der *Perlstich* wird jeweils über ein Gewebekreuz (bei Doppelgitter über ein Doppelkreuz) waagerecht in hin- und hergehenden Reihen gestickt (a und b). Beim *Gobelinstich* beginnt man am rechten Rand einer Farbfläche, spannt den Faden auf der Vorderseite nach links und überstickt diesen Faden von links nach rechts, so daß jeder Stich den Spannfaden und ein Gewebekreuz (bzw. Doppelkreuz bei zweigittrigem Grundstoff) umfaßt. Am Ende der Reihe wird wieder der Faden über den Stoff gespannt und von links nach rechts überstickt (c und d). Man kann auch zuerst alle Fäden spannen (trassieren) und dann wie beim Perlstich in hin- und hergehenden Reihen arbeiten.

Perlstricharbeiten sind flacher als Stickereien im Gobelinstich, die durch den überstickten Faden plastischer wirken. Der gerade (senkrechte) Gobelinstich wird wie der schräge über einem gespannten Faden ausgeführt, jedoch muß man für ein Zeichen des Typenmusters zwei Stiche nebeneinander setzen.

Perlstichstickerei (oben) und Gobelinsticharbeit (rechts) – Modelle: Deutsche Handarbeitswerkstätten. Unten: Brillenfutteral MEZ.

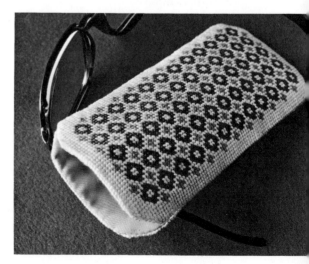

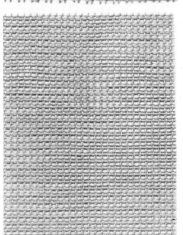

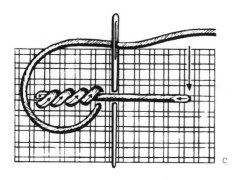

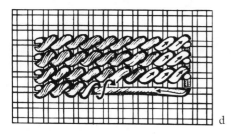

Gobelinstickereien werden auf Spezialgrundstoffen (Zweigart) gearbeitet, und zwar auf ein- oder (häufiger) auf zweifädigem Stramin, den es in verschiedenen Ausführungen (grob und fein) gibt. Zweifädigen Stramin – auch Doppelgitterstramin genannt – gibt es von 1,3 bis 8 Gewebekaros Dichte auf 1 cm. Er liegt 60 cm breit. Feingobelin arbeitet man mit Sticktwist oder Mattstickgarn (MEZ), in geteilten oder ganzen Fäden je nach Gewebedichte. Möbelbezüge, Kissen und Taschen arbeitet man auf kräftigerem Stramin (Zweigart Penelope-Canevas – 4 Gewebekaros auf 1 cm). Man stickt mit Gobelinwolle, die es in vielen schönen Farben gibt.

Grobgobelin arbeitet man auf Sudanstramin (vgl. Foto Seite 201), den es mit eingewebter Markierung (abkariert) nach jeweils 10×10 Gewebekaros gibt. Sudanstramin – von 65–130 cm Breite erhältlich – wird mit Sudanwolle bestickt. Hier gibt es eine wunderschön abgestufte Farbskala bei MEZ.

Petit-point-Stickereien werden auf Müllergaze ausgeführt, einem Spezialstoff, den es fast nur in Österreich gibt. Bei diesem Gewebe gehen 21×21 Stiche auf einen Quadratzentimeter (Fotos Seite 17).

Kelimstickerei

Die Kelimstickerei kann wie die Gobelinstickerei auf Stramin gestickt werden, wobei die Gewebedichte die Stichgröße bestimmt; man kann Kelimstickereien aber auch auf Aida-Stoff oder Turkestan, einem Jutegewebe, ausführen, je nach Verwendungszweck des gestickten Stückes (Wandbehang, Tischläufer, Fuß- oder Sitzkissen, kleiner Teppich, Vorlage). Gestickt wird mit Kelimwolle nach einem Zählmuster, dessen verschiedene Markierungen (Typen) die einzelnen Farben kennzeichnen. Leider gibt es nicht mehr viele Zählvorlagen für Kelimarbeiten, da diese Technik durch Gobelin- und Kreuzsticharbeiten ein wenig in den Hintergrund gedrängt worden ist. Wo keine spezielle Zählvorlage vorhanden ist, kann man auch nach einer Gobelin-, Kreuzstich- oder Teppichknüpfvorlage arbeiten. Für zwei Typen des Zählmusters müssen dann zwei Stiche in gegenläufiger Richtung (sie ergeben zusammen ein V) geführt werden. Kelimstiche werden sowohl in waagerechten als auch in senkrechten und diagonalen Reihen gestickt. Die fischgrätähnlichen Stiche greifen ineinander, so daß die fertige Fläche ein geschlossenes Zickzackmuster aufweist (s. unten). Ein Stich umfaßt jeweils zwei Gewebekaros in der Höhe und ein Gewebekaro in der Breite. Die sich durch die Zickzacklinien ergebenden Stichlücken am obe-

Bargello

Das Bargello, auch Florentiner Stickerei genannt, ist – wie Gobelin und Kelim – eine fadengebundene Flächenstickerei. Es wird auf Stramin über beliebig viele Gewebefäden in senkrechter Stichrichtung gearbeitet, wobei die Stichlänge gleich bleiben oder auch wechseln kann. Diese Stiche oder auch Stichgruppen (je nach Muster) werden nicht reihenweise, sondern versetzt angeordnet, wodurch sich außer der Farbmusterung eine lebhafte Struktur ergibt. Die Aus- bzw. Einstichstelle eines fertigen Stiches ist zugleich die Einstichstelle des darüber oder darunter angeordneten. Das Bargello wird nach einem einfachen Strichtypenmuster (s. Zeichnung S. 22 zum Foto darunter) wie bei der Plattstichstickerei (Seite 25) gestickt. Daraus ergibt sich eine Begrenzung in der Musterbildung, die zugleich das Typische an dieser Sticktechnik ist: es sind nur ornamentale Muster möglich, keine figürlichen Darstellungen. Gestickt wird mit Kelimwolle (MEZ) auf doppelgittrigem Gobelinstramin (Zweigart). Dabei ist das richtige Verhältnis zwischen Stickgrund und Stickfaden wichtig (vgl. Fotos S. 22 unten). Arbeitet man mit zu dünnem Faden, wird das Gewebe nicht vollständig überdeckt, ist der Fa-

ren und unteren Rand der Arbeit werden durch gerade Stiche ausgeglichen.

Bei Kelimarbeiten stickt man zuerst die Konturen, besonders bei großflächigen Mustern. Zeichnung a zeigt das Sticken in links- und rechtsgerichteten Diagonalen. Den Wechsel von der waagerechten zur senkrechten Reihe zeigt Zeichnung b; c und d zeigen das Sticken in auf- bzw. absteigender Reihe.

Bargello – auch Florentiner Stickerei genannt – ist eine Flächenstickerei, die mit Wolle auf Stramingrund ausgeführt wird. Dabei darf die Wolle weder zu dick noch zu dünn sein (vgl. Fotos S. 22 unten, links und rechts).

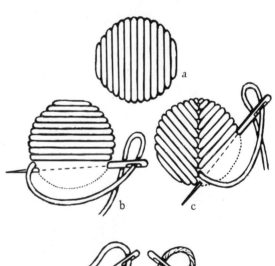

den zu dick, verdrängen sich die Stiche gegenseitig und verlaufen nicht mehr genau senkrecht, wodurch das Muster ungenau wirkt. Empfehlung: MEZ-Kelimwolle auf Zweigart-Stramin 500/40 (40 Stiche auf 10 cm).

Plattstich und Sparstich

Der *Plattstich* ist ein Zierstich, den man sowohl bei Motiv- als auch bei Flächenstickereien anwenden kann. Beim Plattstich verläuft der Stickfaden einmal auf der Vorderseite und einmal auf der Rückseite des Stickgrundes, die Arbeit sieht also auf beiden Seiten fast gleich aus. Plattstiche kann man senkrecht, waagerecht oder auch schräg anordnen (Zeichnungen a, b, c), und zwar

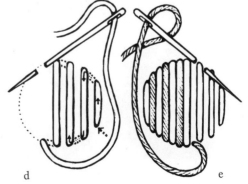

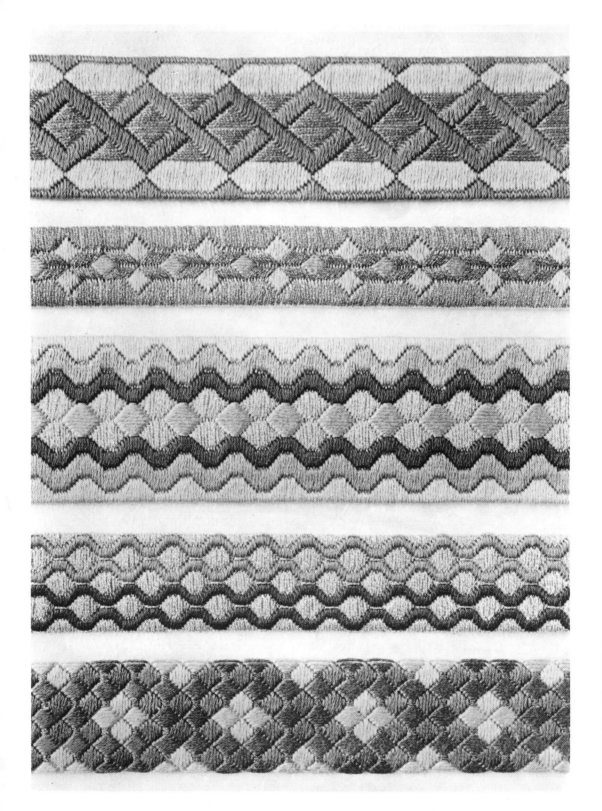

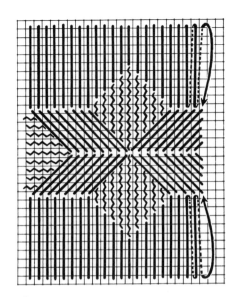

sowohl fadengebunden als auch frei (ohne Berücksichtigung der Gewebekreuze). Daraus ergibt sich, daß Plattstiche auf fast allen Stoffen gestickt werden können. Fadengebundene Plattstiche ergeben ein wesentlich exakteres Muster als frei gestickte. Man arbeitet sie nach Strichtypenmustern, wie sie die Zeichnungen Seite 25 bis 27 zeigen. Die Musterborten und -proben wurden mit MEZ-Sticktwist auf grobem Halbleinen (10 Gewebefäden = 1 cm) gearbeitet.

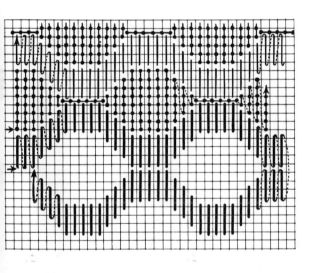

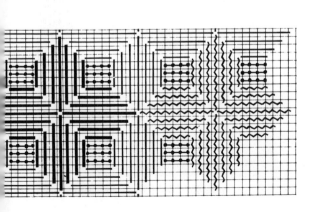

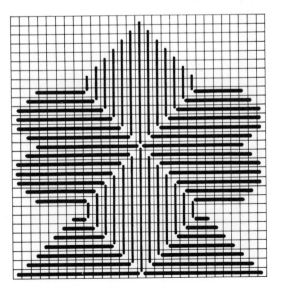

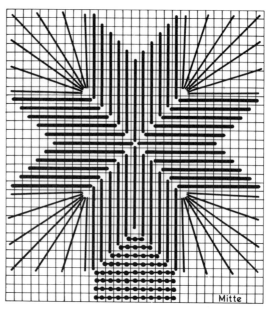
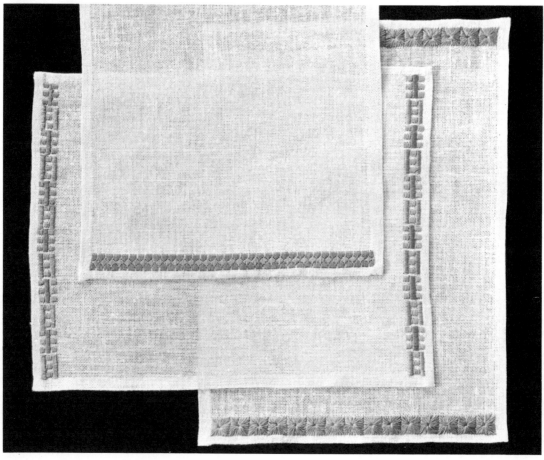

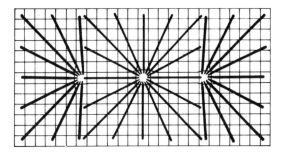

Mit dem Plattstich verwandt – wegen der ähnlichen Wirkung – ist der *Sparstich*. Er wird im Hin- und Hergang gestickt. Beim Hingang wird der Faden von Kontur zu Kontur hin und her geführt. Dabei faßt man mit der Nadel am jeweiligen Rand immer nur zwei Gewebefäden auf (d). Beim Rückgang arbeitet man genauso, jedoch greift man nun in die Lücken, zwischen den zuerst gespannten Fäden (e). Zeichnungen S. 23. Man kann Sparstiche auch in der Höhe versetzt arbeiten.

Hardanger Stickerei

Das Charakteristische an Hardanger Stickereien ist die Kombination von Plattstichmotiven und Durchbruchmustern. Man arbeitet auf zählbarem Handarbeitsstoff, einem groben Gewebe, das auf 1 cm 7 Gewebefäden zeigt. Gestickt wird mit Perlgarn. Hardanger Stickereien sind einfarbig, lediglich Stoff und Garn dürfen in der Farbe voneinander abweichen. Die Strichzeichnungen unten zeigen drei klassische Plattstichmotive, mit denen die Durchbruchmuster aufgelockert werden. Die Durchbrüche bestehen aus Gittern, bei denen die Fadenstege mit Perlgarn vollkommen umstopft wurden. Die Durchbruchmuster sind wiederum mit Plattstichen eingerahmt. Diese Umrandungen werden zuerst gestickt. Danach zieht man innerhalb der umrandeten Felder einige Gewebefäden heraus und schneidet sie dicht an den Plattstichkanten ab. Die stehenbleibenden Gewebestege – jeweils vier Fäden – werden so umstopft, wie es die

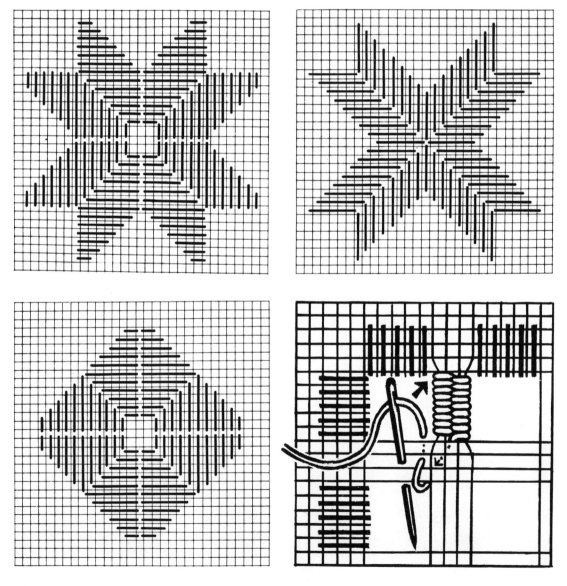

Zeichnung S. 28 unten rechts zeigt. Dabei nimmt man von jeder Seite abwechselnd 2 Fäden auf. Man arbeitet im rechten Winkel, bis alle Fadenstege umstopft sind. Die Durchbrüche zwischen den Stegen kann man noch zusätzlich mit Stichen überspannen.

Hohlsaum

In den wenigsten Fällen wird der Hohlsaumstich tatsächlich für einen Saum verwendet. Es handelt sich meistens um Zierstiche, mit denen man Gewebefäden büschelweise umsticht, nachdem man einige in entgegengesetzter Richtung verlaufende Fäden aus dem Gewebe herausgezogen hat. Für Hohlsaumarbeiten eignen sich alle

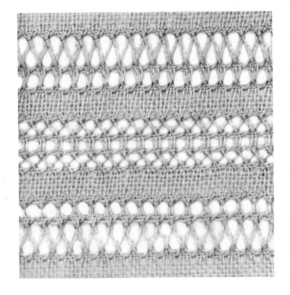

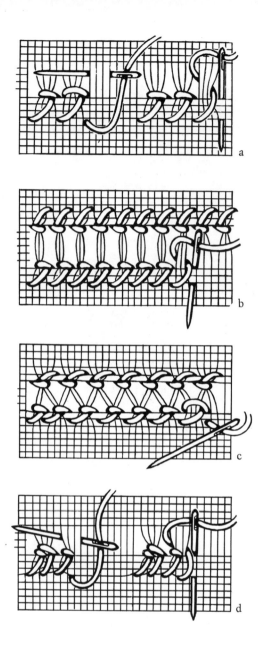
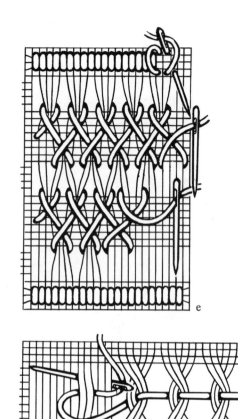

nicht zu feinen Gewebe in einfacher Leinenbindung (Kreuzgewebe), Stoffe also, bei denen Kette und Schuß (Längs- und Querfäden) in gleichem Abstand liegen. Siebleinen ist das für Hohlsaumarbeiten am besten geeignete Gewebe. Daneben gibt es auch vorbereitete Stoffe (sog. Ziehstoffe) für Hohlsaumarbeiten. Gestickt wird mit Vierfachstickgarn (MEZ). Sollen die Hohlnähte nicht bis ganz zum Rand einer Arbeit laufen, markiert man die Länge der gewünschten Ziernaht und schneidet die Fäden, die herauszuziehen sind, etwa 2–3 cm vor der Markierung durch. Die stehenbleibenden Enden zupft man mit einer Nadel bis zur Markierung heraus, biegt sie nach hinten um und näht sie mit kleinen Stichen einzeln nebeneinander fest. Die Überstände werden abgeschnitten. Arbeitet man auf sehr grobem, dickem Gewebe, so kann man die überstehenden Fäden direkt im Gewebe verstopfen.

Der einfache Hohlsaumstich wird auf der Rückseite des Stoffes von links nach rechts gearbeitet. Nachdem man einige Gewebefäden (die Zahl richtet sich nach der gewünschten Breite des Durchbruches) herausgezogen hat, befestigt man den Stickfaden und umstickt so viele senkrechte Gewebefäden, wie man waagerecht herausgezogen hat (oder weniger). Der Arbeitsfaden führt um dieses Fadenbündel herum, dann faßt man

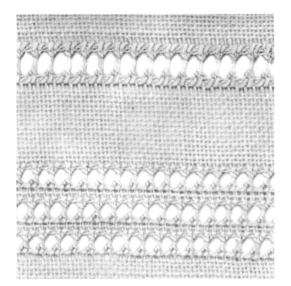
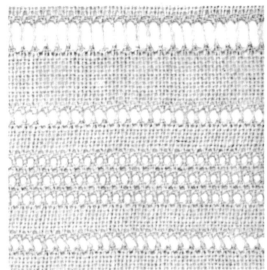
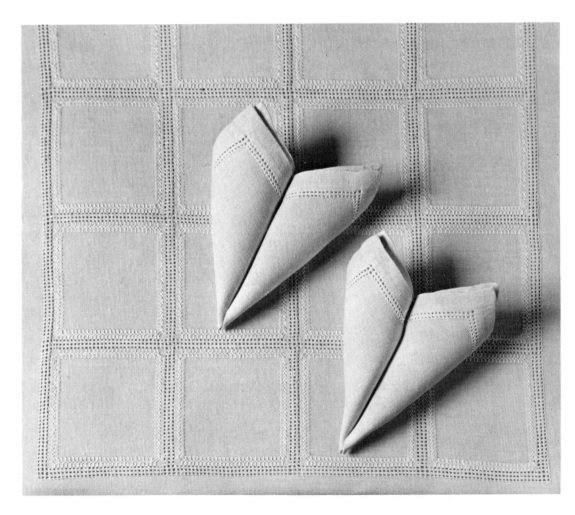

Tischdecken mit Hohlnähten und fadengebundenen Zierstickereien. Material: Reinleinen, Qual. Cork (Zweigart), in Weiß (unten) und Rosé (rechts), gestickt mit weißem MEZ-Sticktwist, zweifädig.

mit der Nadel senkrecht von oben nach unten zwei Gewebefäden auf. So arbeitet man laufend weiter. Die gegenüberliegende Kante wird genauso gemacht (a, b). Die Zick-Zack-Hohlnaht wird an der einen Kante wie die einfache Hohlnaht gestickt. Bei der zweiten Nahtkante umstickt man die Hälfte des einen und die Hälfte des nächsten Gewebebündels (c).

Zeichnung d zeigt eine weitere Variation: Hier werden um jedes Fadenbündel zwei gleiche Stiche über- bzw. nebeneinander ausgeführt.

Keine echte Hohlnaht ist der sogenannte Durchbruch (e). Hier werden Gewebefäden paarweise versetzt mit großen Hexenstichen (siehe Seite 51) umstochen. Zeichnung f zeigt das Verschränken von Gewebefäden, wie sie zwischen zwei Hohlsaumbefestigungen laufen.

Hohlnähte und Hohlsäume bieten durch die vielen Sticharten und Anordnungen der Fadenbündel zusammen mit anderen Durchbrucharbeiten eine Vielzahl von Variationsmöglichkeiten, die noch durch Platt- und Hexenstichstickereien ergänzt werden können.

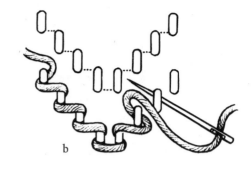

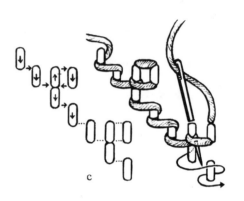

Medici-Stickerei

Die Medici-Stickerei ist wenig bekannt, obwohl sie sehr leicht auszuführen ist. Es handelt sich bei dieser Technik um eine sogenannte Weißstickerei, bei der Gewebe und Stickgarn von gleicher Farbe oder zumindest Ton in Ton sein sollten. Als Stickgrund eignet sich Siebleinen am be-

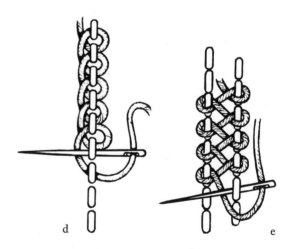

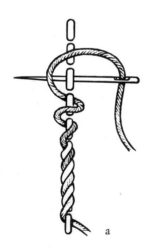

sten, jedoch kann man auch andere Stoffe mit ähnlicher Struktur nehmen. Bei der Medici-Stickerei wird ein vorher auf Karopapier gezeichnetes Strichtypenmuster (das ist ein Zählmuster, bei dem die Stiche nicht durch Kreuze oder Punkte, sondern der Stichlage entsprechend durch senkrechte und waagerechte Striche markiert sind), verwendet. Gestickt wird in zwei Phasen. Bei der ersten werden kleine Vorstiche (einfache Auf-und-Ab-Stiche) gemacht. Die zwischen den Vorstichen entstehenden Lücken müssen immer über so viele Gewebefäden gehen, wie die Stiche davor und dahinter lang sind – man sticht also auf und ab über gleich viele Fäden. Bei der zweiten Phase werden die Lücken mit dem Stickfaden überbrückt, den man aber nicht durch den Stoff sticht. Man führt die Nadel jeweils von rechts nach links – an der linken Kante der Arbeit beginnend – unter jedem auf der Vorderseite sichtbaren Stich hindurch (Zeichnungen a–c). Man kann den Stickfaden jedoch auch in Spiralen (d) oder zwischen zwei parallel laufenden Vorstichlinien im Zickzack hin- und herführen (e), dies ist aber nicht die klassische Methode. Medici-Stickereien wirken plastisch. Man kann sie durch gestickte Palestrinaknötchen (Seite 52) noch ergänzen.

Ajourstickerei

Die Ajourstickerei, auch Schweizer Zugstickerei genannt, kann nur auf schüttergewebtem Leinen oder ähnlichem Deckenstoff (Zweigart) ausge-

Ajourstickerei auf Siebleinen: die Löcher entstehen durch straffes Anziehen des Stickfadens nach jedem Stich.

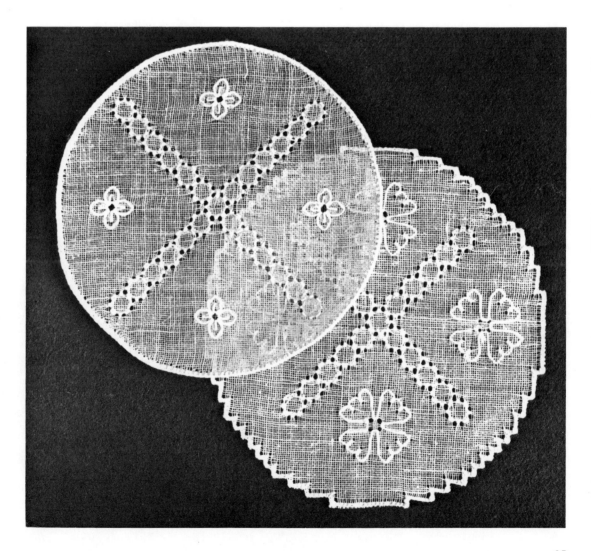

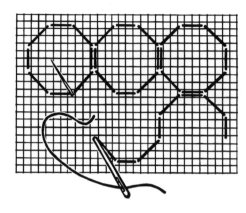

führt werden. Ihr Reiz besteht darin, daß ein offenes Muster – ähnlich der Durchbruch- oder Lochstickerei – erzielt wird, ohne daß Fäden herausgezogen oder herausgeschnitten werden. Die Lücken entstehen durch straffes Anziehen des Arbeitsfadens, mit dem das umstochene Gewebe stellenweise dichter zusammengeschoben wird. Für diese Technik ist ein Stickrahmen, in den das Gewebe fadengerade eingespannt wird, unerläßlich. Der gebräuchlichste Stich ist der achteckige Wabenstich, den man auch sechseckig ausführen kann. Er wird in hin- und hergehenden Reihen so gearbeitet, wie es die Zeichnung oben zeigt. Man stickt allgemein mit Sticktwist, im Ton zum Stoff passend, kann jedoch auch mit Fäden, die man am Geweberand ausgezogen hat, arbeiten.

Filet- und Tüllstickerei

Filet- und Tüllstickereien müssen die gleiche Fadenspannung wie der Stickgrund haben, deshalb darf man sie nicht ohne Stickrahmen arbeiten. Es ist wichtig, daß der Stoff fadengerade in den Rahmen gespannt wird.
Die *Filetstickerei* wird auf weitmaschigem, geknotetem Gitterstoff (Architektentüll) mit Mattstickgarn oder Filethäkelgarn (MEZ) ausgeführt. Man spannt das Gewebe über einen kleinen Holzrahmen (Bilderrahmen), an dessen vier Leisten man in dem Stoffgitter entsprechenden Abständen Nägel eingeschlagen hat. Der Stoff muß straff darübergespannt sein (Zeichnung oben).

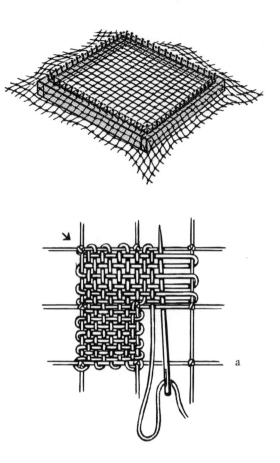

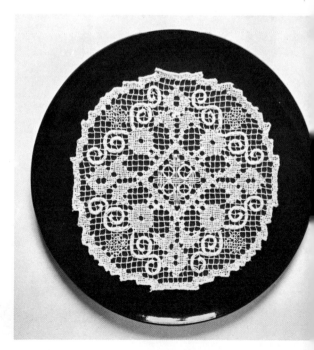

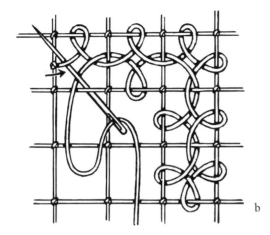

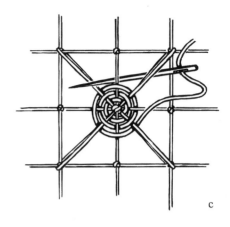

Filetstickereien auf Architektenstoff. Seite 36: geknotetes, unten: gewebtes Fadengitter.

Nun durchstopft man stellenweise die Lücken zwischen den Gewebefäden, wobei man diese Fäden mit einbezieht. Die gebräuchlichsten Sticharten sind der Webstich (a), der Spiralen- oder Diagonalstich (b) und der Spinnwebstich

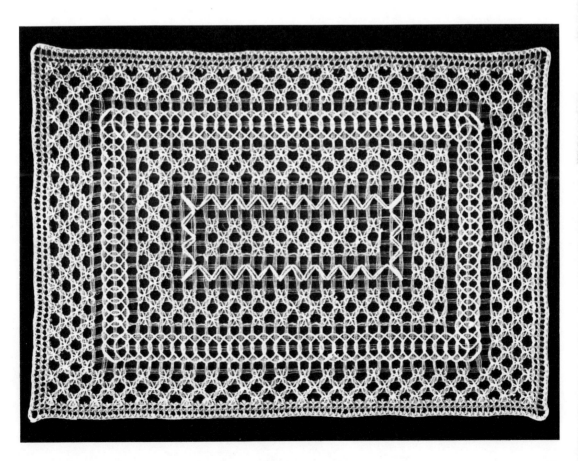

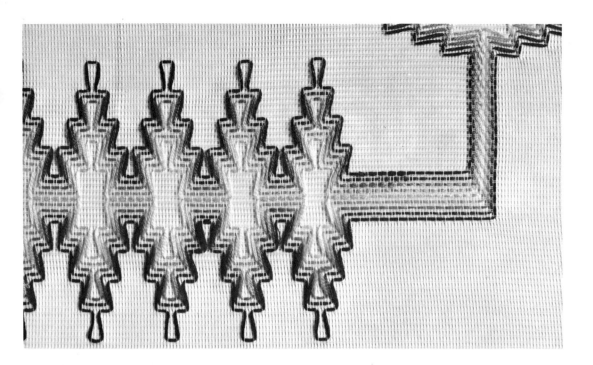

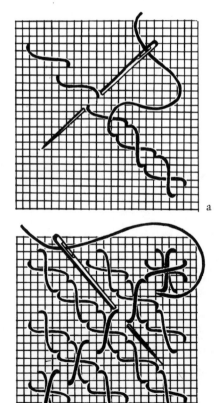

a

b

(c). Die Kante bei Filetarbeiten wird vor dem Zuschneiden im Webstich durchstickt und mit Langettenstichen (Seite 51) eingefaßt. Erst dann schneidet man das überstehende Gewebe am Außenrand vorsichtig ab.

Bei dem Leinenset auf Seite 37 wurde gewebter Architektenstoff verwendet. Hier sind nach der Fertigstellung der Kanten in einfacher Hohlsaumtechnik aus dem offenen Gewebe jeweils vier Fäden in beiden Richtungen so ausgezogen, daß der Stoff nun nur noch die halbe Dichte hat. Die Fäden wurden an den unteren Hohlsaumkanten abgeschnitten. Das gestickte Sternchenmuster entsteht, indem man die Gewebekreuze in hin- und hergehenden Reihen über die Diagonale so durchstopft, wie es die Zeichnungen a und b zeigen. Zwischen den beiden Sternchenborten wurden Waben gestickt (siehe Ajourstickerei, Seite 36 oben links).

Die *Tüllstickerei* wird im Prinzip genauso ausgeführt wie die Filetstickerei: auch hier werden Gewebefäden mit dem Stickfaden durchzogen, übersprungen oder durchstopft. Lediglich das Gewebe ist feiner. Die Decke (Musterausschnitt siehe oben) wurde mit MEZ-Sticktwist in fünf Farbabstufungen von Gelb bis Braun auf Trevira-Gardinenstoff ohne Rahmen gestickt.

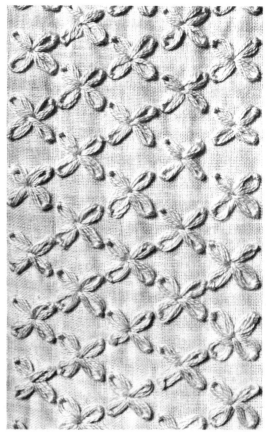

Beispiele für motivgebundenes Sticken. Bei Kissen, Decke und Topflappen wurden einige der aufgedruckten Punkte überstickt (Lindhorst). Bei der Kinderbettwäsche wurden Karos überstickt.

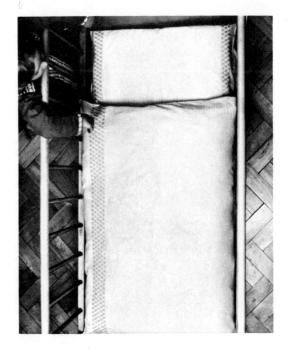

Motivgebundenes Sticken

Das motivgebundene Sticken ist am einfachsten, es eignet sich daher besonders gut für Anfänger, die im freien Sticken ungeübt sind. Beim motivgebundenen Sticken braucht man weder zu zählen noch einen Entwurf auf den Stoff zu übertragen. Es geht vielmehr darum, vorhandene aufgedruckte (Foto oben) oder gewebte (Foto rechts) Motive auszusticken oder durch Stickerei zu ergänzen. Kissen, Topflappen und Deckchen (P. Lindhorst) wurden mit großen Millefleurstichen auf weißen Punkten ausgestickt. Die Mitte wurde in Plattstichen mit einer Stilstichumrandung ausgeführt. Beim Kinder-Bettzeug im rosa-weißen Pepita-Dessin wurden jeweils 9 Kästchen mit Millefleurstichen diagonal überstickt (MEZ-Sticktwist), und zwar reihenweise versetzt. Weitere Stickstiche auf Seite 51–56.

Es gibt zahlreiche Stoffdessins, die sich für das motivgebundene Sticken eignen. Zwar sind den Gestaltungsmöglichkeiten Grenzen gesetzt, diese Methode ist aber befriedigender als das seelenlose Nachsticken aufgedruckter Phantasiemuster bei den nicht fadengebundenen, also freien Stickereien.

Freies Sticken

Beim freien Sticken sollte man einen Stickrahmen (Seite 7) verwenden. Nur ganz feste Stoffe verziehen sich auch in der Hand nicht. Man stickt mit einer kurzen spitzen Sticknadel, der Garnstärke entsprechend (Tabelle auf Seite 53). Beim freien Sticken wird das zu stickende Motiv auf den Stoff übertragen. Die Zeichnung auf dem Stoff wird dann nachgestickt.

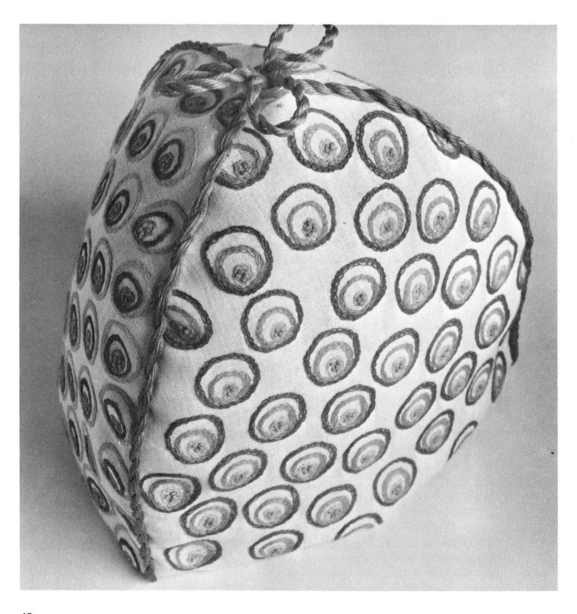

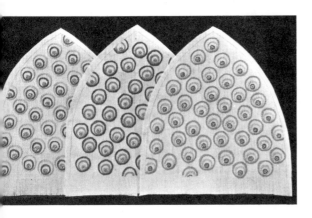

Von dem Musterentwurf oder der Stickvorlage fertigt man zuerst eine Transparentpapier-Schablone mit der genauen Zeichnung der ganzen Stickerei oder eines Teilstückes (wiederkehrender Rapport) an. Dann erst wird die Zeichnung auf den Stoff übertragen. Dazu gibt es mehrere Möglichkeiten.

1. Bei dünnen Stoffen (Batist, Organza, Voile) kann man die Schablone unter den Stoff legen und das Muster mit einem spitzen Bleistift direkt auf dem Stoff nachzeichnen.

2. Das Übertragen der Zeichnung mit Kopierpapier (kein Kohlepapier) eignet sich für Leinen, Baumwollstoff und Seide. Das Kopierpapier gibt es in Weiß, Gelb, Orange, Rot und Schwarz. Man wählt die Farbe, die auf dem Stoff am besten zu erkennen ist. Der Stoff wird fadengerade hingelegt, darauf kommt das Kopierpapier, mit der beschichteten Seite nach unten, darüber die Schablone mit der Zeichnung. An der oberen Kante belastet man alles mit einem schweren Gegenstand (Bügeleisen), damit nichts verrutschen kann, und zeichnet das Muster mit einem Kugelschreiber durch.

3. Für größere Motive, die sich oft wiederholen, lohnt es sich, eine gestochene Schablone anzufertigen. Man kann dann das Motiv ohne viel Mühe beliebig oft aufpausen. Die Transparentpapier-Zeichnung wird dazu mit einer mittelstarken Nadel von der linken Seite auf einer weichen Unterlage durchgestochen (perforiert). Nicht zu dicht nebeneinander einstechen, damit die Zeichnung nicht herausplatzt! Dann fertigt man aus einem Filzstreifen einen Reiber an, indem man ihn sehr fest zusammenrollt und mit

Die Teile (oben links) zum Teewärmer (Seite 40) wurden mit MEZ-Sticktwist in Gelb, Orange und Rot bestickt. Stickgrund: Zweigart-Sieblienen. Initialen aus Ketten-, Stiel-, und Millefleurstichen sind einfach zu sticken. Als Vorlage für die Buchstaben kann man große Plakat- oder Zeitungslettern nehmen.

Zum Stick-Alphabet Seite 42–45:
Das Übertragen eines gezeichneten Musters auf den Stickgrund ist auf Seite 41–51 beschrieben. Die Buchstaben werden im Plattstich, die Ranken im Stielstich gestickt. Will man statt eines Buchstabens ein ganzes Monogramm in dieser Art sticken, so muß man die Ranke teilen – wie zum Beispiel beim Buchstaben I. Den entstandenen Zwischenraum kann man wie beim Buchstaben H ausfüllen. Außerdem kann man auch die beiden Buchstaben des Monogramms zusammenrücken und eine Ranke sticken, wie bei L.

einem Faden umwickelt. Nun wird die Teilschablone mit der rauhen Seite nach oben auf die vorher markierte Stelle des Stoffes gelegt, an der oberen Kante beschwert und mit Zeichenkohle (für helle Stoffe) oder mit Kreide (für dunkle Stoffe) bestrichen. Diesen Kohle- oder Kreidestaub reibt man mit der geraden Fläche des Reibers durch die perforierte Zeichnung auf den Stoff. Mit einem Zerstäuber wird farbloses Fixativ auf die gepauste Zeichnung gestäubt, um sie haltbar zu machen. Dann kann das nächste Motiv in der gleichen Weise gepaust werden.

Feinfädige Stickereien (MEZ-Sticktwist, zweifädig geteilt) sehen besonders zart auf dunklem Stickgrund aus. Rechts: Kissen nach vorgedrucktem Motiv gearbeitet (Lindhorst), Seite 46: nach einem Papierfaltschnitt gestaltete Rosette. Kreise mit einem Hilfszirkel (Seite 290) gezogen.

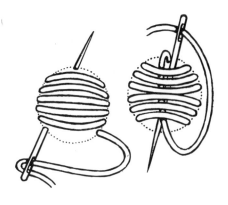

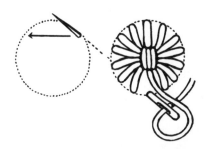

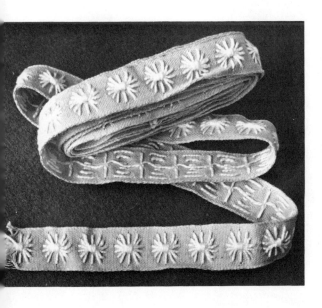

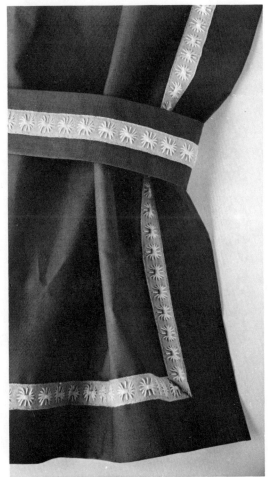

Wollstickerei auf Zweigart-Stoff Lugano. Die Stielstich-Kreise wurden mit dem Hilfszirkel vorgezeichnet. Die Blütenkonturen wurden nur als Kreise markiert und frei ausgestickt.
Foto links: Herzen nach Art der Nadelmalerei in Schattierstichen gestickt. Konturen mit einfachen Wickelstichen umrandet.

Zum Farbfoto Seite 48/49: Die in Originalgröße abgebildeten Motive der Bordüren sind ohne Mustervorlage leicht nachzusticken. Man kann die Motive auch einzeln auf Servietten, Platzdecken, Eierwärmer, Kragen oder Taschen stikken. Die Bordüren kann man auf Tischtücher, Sets, Kissen oder Vorhänge sticken.

Diese Art des Übertragens eignet sich auch für Filz und Wollstoffe, deren florige Oberflächen die Farbe des Kopierpapiers nicht so gut annehmen.

4. Auf Frottier- oder ähnliche Stoffe kann die Zeichnung nicht direkt übertragen werden. Man zeichnet die Motive mit Bleistift auf Organza und heftet dieses fest auf den Stoff. Danach werden alle Konturen gestickt, der Organza wird später weggeschnitten oder, soweit möglich, herausgezupft.

Es gibt unzählige Stickstiche, die jedoch alle auf den sogenannten klassischen Stichen basieren. Mehr oder weniger sind sie Abwandlungen oder Kombinationen der auf diesen Seiten abgebildeten Stiche. Die Zeichnungen zeigen deutlich deren Ausführung, so daß Erklärungen überflüssig sind. Arbeitsfotos von einigen dieser Stiche werden auf den Seiten 54–56 bei den Initialen gezeigt.

Stielstich abwärts (a)
Stielstich aufwärts (b)

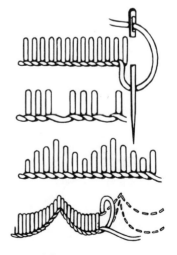

Geschlossener Kettenstich (e)
Offener Kettenstich (f)

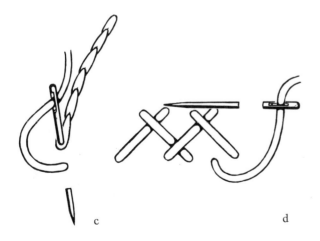

Splitterstich (c)   Hexenstich (d)   Langettenstiche (g)

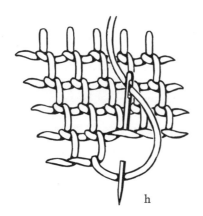
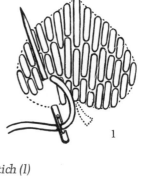

Schattierstich (l)

Langetten-Füllstich (h)

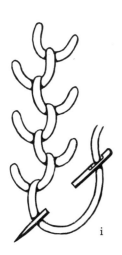

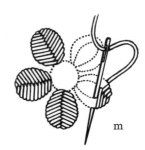

Geflochtener Plattstich (m)

Bäumchenstich (i)
Millefleurstich (j)

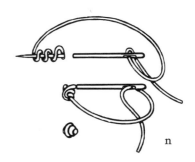

Französische Knötchen (n)

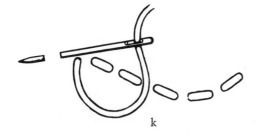
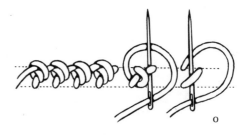

Einfacher Vorstich (k) *Palestrinaknötchen (o)*

MEZ Stick- u. Häkelgarne Artikel-Bezeichnung und -Beschreibung	Stick-, Häkel-nadel Nr.	Handarbeitstechnik	Stoffe bzw. Gegenstände
MEZ Perlgarn 3 Perlgarn 5 Perlgarn 8 Strängchen bzw. Knl. je 5 g Perlgarne mit Glanz 100% Baumwolle Mezfarbecht	18 19/20 21/22	Zierstiche aller Art; Kreuz-stich, Durchzugsarbeit, Hardanger-Stickerei, Schattenstickerei, Holbein-stich; Smoknäherei; Stop-fen von Filetnetzgrund; Umhäkelarbeiten an Decken und Babysachen	Handarbeitsstoffe aus Leinen, Halbleinen und Baumwolle; Schülertuch, Sieblienen, Wollton-Gewebe, Aida-Stoff, Stramin, Kongreß-Stoff. Die Stärke der Stoffe rich-tet sich nach der Garn-stärke
MEZ Sticktwist Strängchen je 10 m Sechsfaches, offen gezwirn-tes, geschmeidiges Stickgarn mit Glanz, das auch geteilt ein- bis fünffach verstickt werden kann 100% Baumwolle Mezfarbecht	1-fäd.: 24 2-fäd.: 24 3-fäd.: 23 4-fäd.: 22 5-fäd.: 22 6-fäd.: 20	Zierstiche aller Art; Platt-stich, Nadelmalerei, Schattenstickerei, Tüll-stickerei, petit point, Smoknäherei, Durchzugs-arbeiten, Paramenten-stickerei, Flächenfüllstiche, Durchbrüche, Hohlsaum	Organdy, Voile, Leinen-batist, Leinen, Sieblienen, reine Seiden, Baumwoll-stoffe, Canevas, Müller-gaze, Tüll; Handarbeits-stoffe, Handarbeits-Damaste, Schülertuch, feiner Aida
MEZ Mattstickgarn Strängchen je 10 m Mittelstarkes, mattes Stickgarn 100% Baumwolle Mezfarbecht	18	Zierstiche aller Art; Kreuz-stich, Webstich, Durch-zugsarbeiten, Füllstiche, Plattstich, grobe Durch-brüche	Mittelstarkes bis schweres Leinen und Halbleinen, Fein-Wollton, Hand-arbeitsstoffe entsprechen-der Stärke
MEZ Vierfach-Stickgarn Stickgarn mit Glanz 100% Baumwolle Mezfarbecht weiß in den Nr. 8–40; bunt in den Nr. 8–35	 19–24 19–24	Speziell für Weißstickerei; Hohlsäume und Durch-brüche, Monogramme, Nadelspitzen, Tüllstickerei, Schattenstickerei, Zier-stiche aller Art; Kreuzstich, Occhiarbeiten, Klöppel-arbeiten	Leinen verschiedener Stär-ken für Bett-, Tisch- und Leibwäsche; Sieblienen, Leinenbatist, Tüll, Voile, Organdy; Handarbeits-stoffe
MEZ Kelim-Wolle. Wollfarbecht. Stränge je 10 g Feine Stickwolle (Kammgarn)	16/18	Für klassische Wollesticke-reien: Kelim-, Gobelin- und Kreuzstich; Zierstiche aller Art	Aidastoff, Gobelin-Stramin, Wollton-Gewebe, Kongreß-Stoff; Hand-arbeitsstoffe
MEZ Sudan-Wolle Wollfarbecht Stränge je 20 g u. 50 g Starker Stickfaden aus reiner gekämmter Wolle (Kammgarn)	1/3	Speziell für Grobstickerei: Zierstiche aller Art, Flächenfüllstich, Stielstich, Durchzug, Grob-Gobelin, Grob-Kreuz, Grob-Kelim; Feinknüpf-Technik	Zählbare Wollstoffe, Woll-panama, grobe Struktur-gewebe, grobe Handarbeits-Stoffe; Wollrelief, Würfel-stoff, Jutegewebe, Turkestan, Stramin
MEZ Glanzhäkelgarn sechsfach Knäuel je 10 g Nr. 20 30 40 50 60 70 80 100	Häkel-nadel 1,00 0,75/0,60 0,60	Spitzenhäkeleien aller Art; feine Filethäkelei, Rund-häkelei, Gabelhäkelei, Filieren, Occhi, Klöppeln, Kunststricken, Teneriffa, Handschuhe	Kleidergarnituren, Decken und Deckchen, Sporthand-schuhe mit Lederinnenteil, Gardinen, Blusen, Spitzen für kirchl. Gewänder, Decken und Taschentücher
MEZ Schulmädchen 12/8 Knäuel je 20 g	Hä.: 2,50/3,50 Stri: 3	Häkeln, Stricken, Weben, Tunesische Häkelei, Stopfen von Filet-netzgrund	Topflappen, Waschlappen, Badeteppiche, Einkaufs-netze und -taschen, Ball- und Federballnetze, Söckchen, Oberbekleidung

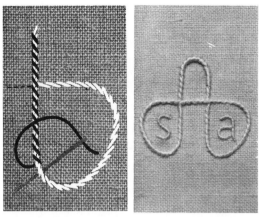 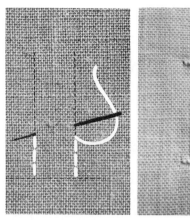

Stielstich mit überwendlichen Stichen

Dichte Hexenstiche,
auf der Rückseite entstehend

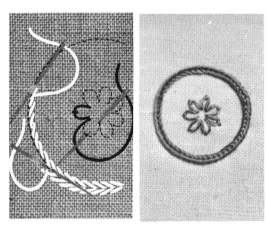 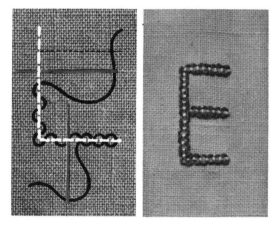

Stielstichreihen in gegenläufiger Richtung

Steppstiche in Medici-Manier durchstickt

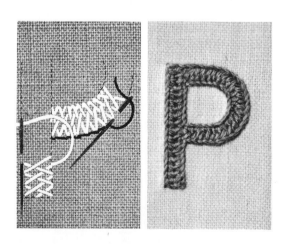 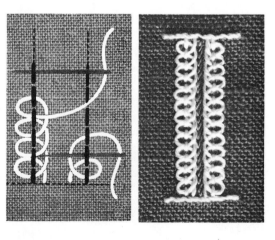

Dichte Hexenstiche (Schattenstiche)
mit Stielstichkonturen

Steppstiche mit Schlingen in Medici-Manier

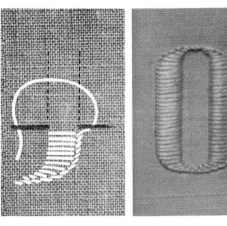
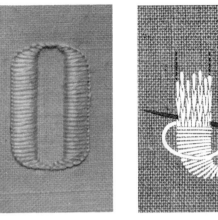

Flache Langettenstiche

Plattstich, über Splitterstich gestickt

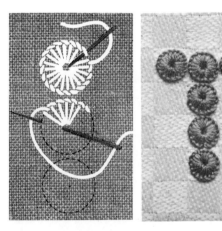
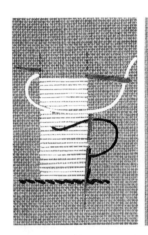

Kreisförmige Langettenstiche

Plattstich mit Stielstichkonturen

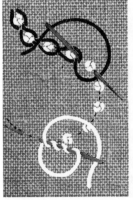

Sternstich (Plattstich)

Knötchen, mit Kettenstichen überstickt

Bäumchenstich   *Kettenstich, als Bäumchenstich angeordnet*

Jugoslawische und Ungarische Stickerei

Das Charakteristische *Jugoslawischer* Stickereien sind die phantasievollen Blüten, die in lebhaften Farben mit Plattstichen ausgeführt sind. Oft weisen die Innenkreise rosenähnlich gestickter Konturen andere Blütenformen oder Blätter auf. Die Jugoslawische Stickerei wird in der Mitte begonnen. Man arbeitet nur nach einzeln vorgezeichneten Kreisen, nicht nach vollständigen Motivzeichnungen oder ganzen Mustern. Wenn eine Blüte fertig gestickt ist, wird der Kreis der nächsten Blüte in beliebiger Größe daneben angeordnet. Oberhalb oder unterhalb der beiden gestickten Blüten wird dann wieder ein Kreis gesetzt, den man phantasievoll zur Blüte umgestaltet. So arbeitet man weiter, bis das Zufallsprodukt fertig ist. Man kann diese Stickerei mit Sticktwist, Perlgarn oder – auf schwereren Geweben – mit Kelimwolle ausführen.

Die *Ungarische* Stickerei wird nach einer gezeichneten Vorlage ausgeführt. Auch hier finden sich phantasievolle Blüten in lebhaften Farben, die jedoch in verschiedenen Sticharten zu sticken sind. Häufig werden verschiedene Garne (Wolle und Kunstseide) zusammen verarbeitet.

Jugoslawische Stickerei: Dekor in der Mitte begonnen (Ausschnitt rechts oben). Ungarische Stickerei: Blüten, mit anderen Blüten gefüllt (unten).

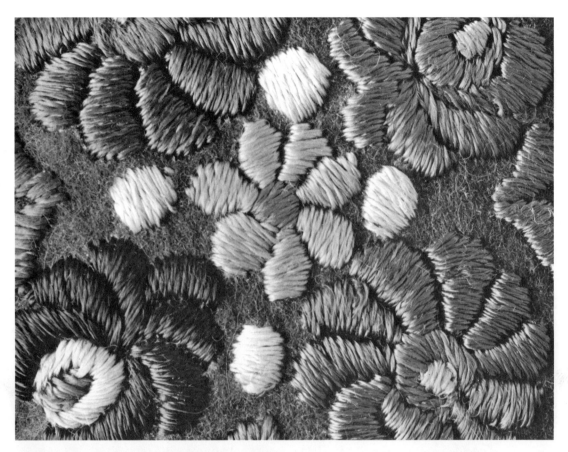

Schattenstickerei

Die Schattenstickerei, auch Pikeetechnik genannt, kommt nur auf dünnen Stoffen zur Geltung, da sich die eigentliche Stickerei auf der Rückseite des Gewebes befindet und durch den Stoff hindurchschimmert. Am besten eignen sich Voile, Batist und Organza für diese Technik, die mit Sticktwist (meistens zweifädig) ausgeführt wird. Die Mustervorlage wird mit Kugel- oder Filzschreibern auf kräftiges Papier gezeichnet. Dann legt man die rechte Stoffseite und die Mu-

Schattenstickerei: Große Hexenstiche, auf der unrechten Seite gestickt, scheinen durch das Gewebe.

sterzeichnung gegeneinander und heftet beides zusammen. Das Muster ist nun auf der linken Stoffseite sichtbar, auf der die Stickerei mit dichten Hexenstichen (a) ausgeführt wird. Dabei darf das Papier der Musterzeichnung nicht mit angestochen werden. Nimmt man Stoff und Papier auseinander und dreht die Stickerei um, so erscheinen auf der Vorderseite (Schauseite) an den Konturen kleine Steppstiche (b), und das Motiv schimmert als farbige Fläche durch den Stoff. Schattenstickereien kann man noch durch Ergänzungsstiche auf der Vorder- oder Rückseite der Arbeit vervollständigen. Blütenmotive sehen in Schattenstickerei besonders zart und duftig aus.

Lochstickerei

Die Lochstickerei ist eine Weißstickerei, die meistens zusammen mit anderen Zierstichen wie Platt- oder Langettenstich ausgeführt wird. Man arbeitet ohne Stickrahmen, da das Gewebe an den Einschnittstellen zu sehr nachgeben würde.

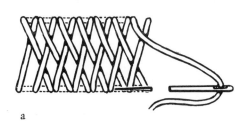

a

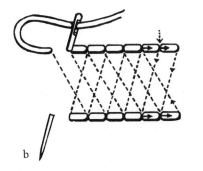

b

Zuerst werden die vorgesehenen Löcher mit kleinen Vorstichen umrandet. Danach schneidet man den Stoff mit einer Stickschere kreuzweise fadengerade bis zu den Vorstichen ein und biegt die vier Keile nach hinten auf die Stoffrückseite

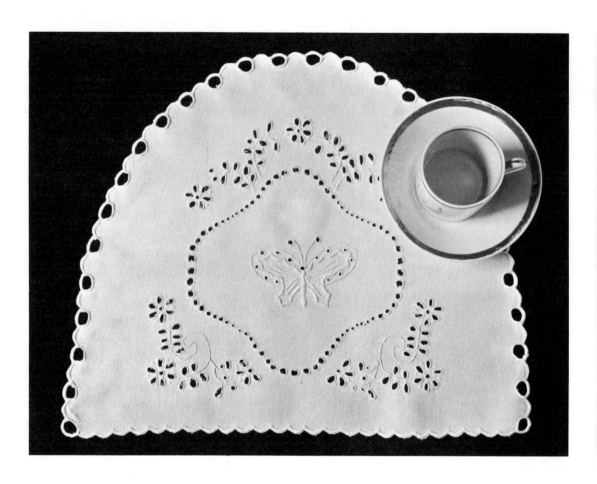

um. Die Stoffkante wird rundherum mit dichten überwendlichen Stichen umstickt (Zeichnung S. 59), wobei man um die Vorstiche knapp herumgreift. Die Stoffüberstände auf der Rückseite werden später sorgfältig abgeschnitten.
Die Löcher der Arbeit dürfen nicht zu groß sein, sonst werden sie nicht rund. Man kann sie vor dem überwendlichen Umsticken mit einem Bindlochstecher (JMRA) nacharbeiten. Natürlich lassen sich in dieser Technik auch kleine ovale Formen ausführen (Foto oben und S. 61 links).

Richelieuarbeit

Die Richelieuarbeit ist, ähnlich wie die Locharbeit, eine Weißstickerei, doch wird sie anders – manchmal auch farbig – ausgeführt. Nachdem man das Motiv auf den Stoff übertragen hat (siehe freies Sticken, S. 41), stickt man die Kon-

Lochstickerei: Das Loch wird markiert, mit Vorstichen umstochen, kreuzweise eingeschnitten und mit Bindlochstichen am Rand umstickt.

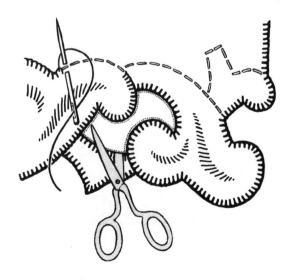

turen jener Stoffteile nach, die stehenbleiben, und zwar mit kleinen dichtgesetzten Langettenstichen (Seite 51). Sollen die Kanten sich plastisch abheben, umstricht man die Konturen zuerst mit kleinen Vorstichen, die danach mit überstickt werden (Zchg. S. 60). Anschließend schneidet man den Stoff an den geschlossenen Stichkanten der Langetten entlang dem Muster entsprechend sauber heraus. Vorsicht, nicht die Stickerei beschädigen! Wer noch ungeübt ist, sollte die herauszuschneidenden Stoffteile mit Bleistiftmarkierungen versehen, man kann sich bei dieser Arbeit sehr leicht irren. Richelieuarbeiten kann man, genau wie Lochstickereien, durch Plattstich-Stickerei noch zusätzlich verzieren.

Ausschnitt aus der Richelieukante von den Sets (oben). Zeichnung dazu auf Seite 60.

Richelieuarbeit: Die mit Vorstichen umstochenen Konturen werden mit Langettenstichen nachgestickt. Erst danach wird der Stoff herausgeschnitten (rechts).

Tellermatte in Richelieutechnik. Kante mit Langettenbögen bestickt und ausgeschnitten.

Smokstickerei

Smokarbeiten (Schmuckfaltenstickereien) werden vorwiegend an Kinderkleidung, gelegentlich auch an leichten Sommerblusen (Schulterpartie, Ärmelbündchen) ausgeführt. Wichtig ist, daß man die für das Smoken zusätzlich erforderliche Stoffbreite mit einkalkuliert. Man rechnet etwa das Doppelte der sonstigen Abmessung, eventuell etwas weniger. Wieviel Stoff man verbraucht, hängt von Tiefe und Abstand der Fältchen ab. Hat man noch keinerlei Erfahrungen, führt man besser zuerst die Smokarbeit aus und schneidet den Stoff dann passend zu. Smokstickereien kann man auf allen dünnen bis mittelfeinen Stoffen ausführen, sie sollten jedoch nicht zu fest gewebt sein, damit die fertige Arbeit elastisch bleibt. Zuerst zeichnet man auf die Rückseite des Stoffes waagerechte Linien, die alle den gleichen Abstand voneinander haben müssen.

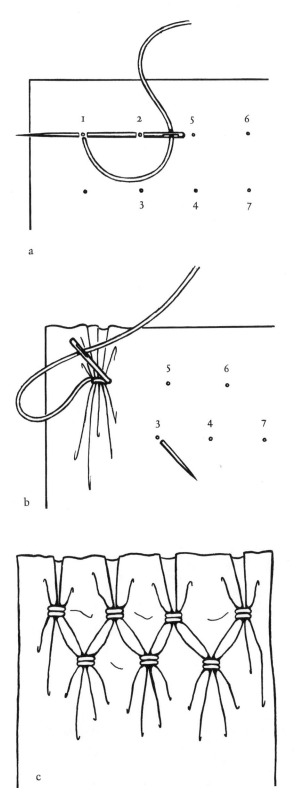

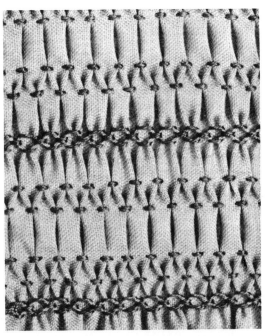

In diese Markierungen zieht man mit gleichmäßigen Vorstichen Heftfäden ein. Die Abstände zwischen den Stichen ergeben später die Faltentiefe, deshalb ist es wichtig, daß man alle Stiche gleich groß macht. Anschließend wird der Stoff auf die gewünschte Weite zusammengezogen, so daß sich kleine Stehfalten ergeben.

Der einfachste Stich ist der *Wabenstich*. Man beginnt an der linken oberen Ecke, und zwar faßt man die Kanten der ersten und der zweiten Falte zusammen und überstickt sie mit zwei festen Stichen. Diese können parallel nebeneinander laufen oder als flacher Kreuzstich ausgeführt werden. Danach führt man die Nadel im Bruch der zweiten Falte (also auf der Stoffunterseite) bis zur nächsten Heftfadenreihe herunter, sticht nach vorn durch und überstickt die zweite und dritte Falte gemeinsam. Nun sticht man unterhalb des Faltenbruchs wieder aufwärts und überstickt die dritte und vierte Falte. So arbeitet man weiter, bis die beiden Reihen zu Ende sind. Die Reihen darunter werden genauso gestickt.

Beim *Wabenstich mit diagonalem Überfangstich* arbeitet man genauso wie oben beschrieben, jedoch wird der Verbindungsfaden zwischen den Reihen nicht im Faltenbruch, sondern auf der Oberseite der Falten auf- und abwärts geführt.

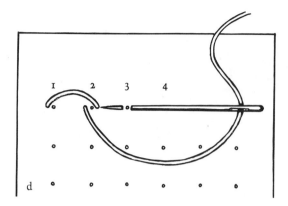

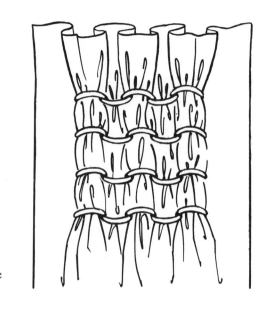

Der *waagerechte Überfangstich* wird ebenfalls von links nach rechts gearbeitet. Man faßt dabei zwei Falten, überstickt sie mit einem Stich und stickt noch einen Stich, der an der zweiten Falte, etwas unterhalb des ersten Einstichs, herauskommt. Der nächste Stich (es wird von nun an immer nur ein Stich gemacht) faßt die dritte Falte auf gleicher Höhe und wird etwas schräg nach oben geführt. Bei der vierten Falte sticht man schräg von oben nach unten, bei der folgenden schräg aufwärts usw.

Die Zeichnungen a–c und das Foto auf S. 63 zeigen den einfachen Wabenstich. d und e zeigen den waagerechten Überfangstich.

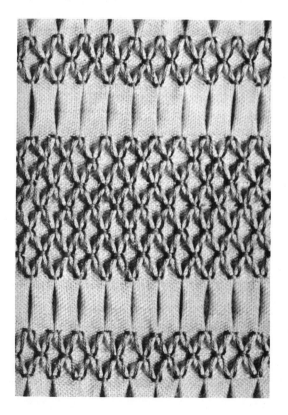

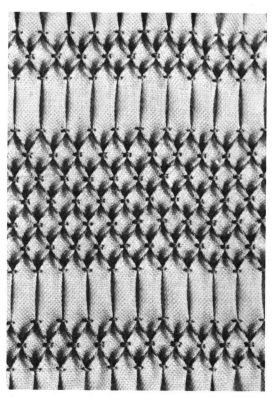

Häkeln

Feste Maschen
Stäbchen
Pikot- und Zackenkante
Häkeln verschiedener
Formen

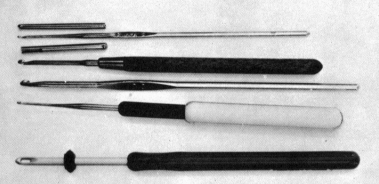

Tunesische, Irische und
Amerikanische Häkelei
Flachstäbchen- und
Schlingenhäkelei
Muschen und Muschelmuster
Wellenmuster
Sternmuster
Pfauenaugen
Pikotmuster
Perlenhäkelei
Gabelhäkelei
Loopen
Modellbeschreibungen

Das richtige Verhältnis zwischen Nadel und Garn

Die Stärke der Häkelnadel richtet sich nicht allein nach der Stärke der Wolle, sondern auch nach dem Häkelmuster und nach dem Verwendungszweck des Gehäkelten. Es liegt auf der Hand, daß man für Babysachen weiches und für eine Handtasche oder eine Krawatte besonders festes Garn nimmt. Im allgemeinen gelten folgende Richtlinien: feinere Garne häkelt man mit Nadeln Nr. 2 bis 2½, mittlere mit Nr. 3 bis 3½ und dicke mit Nadeln Nr. 4 bis 4½. Die Nummern der Nadeln entsprechen deren Millimeterstärke. Sie sind für Strick- und Häkelnadeln gleich. Ist also auf einem Garnetikett die Nadelstärke angegeben, so gilt diese in den meisten Fällen für Häkelnadeln genauso wie für Stricknadeln.

Arbeitsbeginn

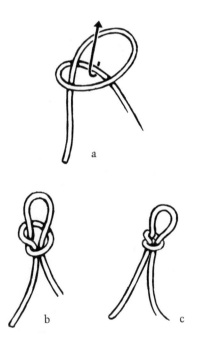

Fast jede Häkelarbeit beginnt mit Luftmaschen. Für die Anfangsmasche hält man den Faden zwischen Daumen und Zeigefinger der linken Hand und macht mit dem fortlaufenden Faden von rechts nach links eine Schlinge, wobei der fortlaufende Faden oben liegt. Diesen Faden legt man dann hinter die Schlinge über den Zeigefinger und hält ihn zwischen dem kleinen Finger und dem Ringfinger fest. Dann holt man mit der Häkelnadel den Faden durch die Schlinge und zieht die Schlinge fest (a, b, c). Man hat jetzt die erste Luftmasche auf der Nadel (d). Nun wird der Arbeitsfaden fortlaufend immer durch eine Schlinge geholt, dabei wird die Schlinge stets leicht angezogen (e). Nach einigen Versuchen geht es schon ganz von selbst im Rhythmus: umschlagen, durchholen, festziehen usw. Es ist zu beachten, daß die Luftmaschen alle gleich groß sind, damit die Kante der Arbeit später ordentlich aussieht. Die Abkürzung für Luft-

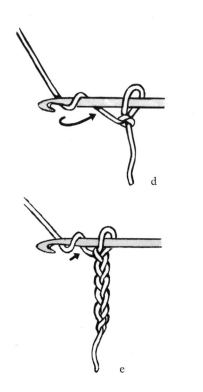

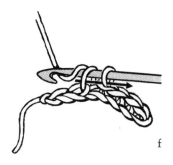

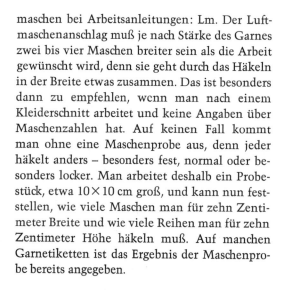

maschen bei Arbeitsanleitungen: Lm. Der Luftmaschenanschlag muß je nach Stärke des Garnes zwei bis vier Maschen breiter sein als die Arbeit gewünscht wird, denn sie geht durch das Häkeln in der Breite etwas zusammen. Das ist besonders dann zu empfehlen, wenn man nach einem Kleiderschnitt arbeitet und keine Angaben über Maschenzahlen hat. Auf keinen Fall kommt man ohne eine Maschenprobe aus, denn jeder häkelt anders – besonders fest, normal oder besonders locker. Man arbeitet deshalb ein Probestück, etwa 10×10 cm groß, und kann nun feststellen, wie viele Maschen man für zehn Zentimeter Breite und wie viele Reihen man für zehn Zentimeter Höhe häkeln muß. Auf manchen Garnetiketten ist das Ergebnis der Maschenprobe bereits angegeben.

Die erste Reihe

Nach dem Luftmaschenanschlag häkelt man zuerst eine Reihe aus Kettenmaschen, in einigen Gegenden auch Kettmaschen genannt. Man sticht von vorn nach hinten in die zweitletzte Masche der Luftmaschenkette ein, holt den Faden (umschlagen) und zieht ihn durch die beiden auf der Nadel liegenden Maschenglieder. So fährt man weiter fort (f). Abkürzung für Kettenmaschen: Km.

Feste Maschen

Natürlich kann man auch gleich mit festen Maschen im Anschluß an die Luftmaschenkette beginnen. Da man zum Wenden eine Luftmasche Spielraum braucht – sonst wird die Arbeit immer schmäler –, sticht man in die zweitletzte Masche der Luftmaschenkette ein, zieht den geholten Faden durch diese Masche, holt abermals den Arbeitsfaden und zieht ihn durch die beiden auf der Nadel befindlichen Maschenglieder (g). Dann häkelt man die Reihe zu Ende, indem man in gleichem Rhythmus durch eine Luftmasche sticht, den Faden holt und durchzieht, abermals den Faden holt und durch zwei Maschen durchzieht. Die folgenden Reihen werden genauso

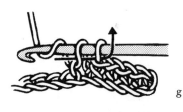

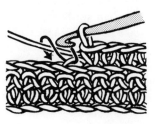

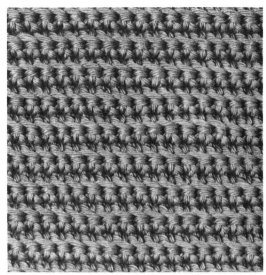

gehäkelt. Am Ende jeder Reihe macht man eine Luftmasche, wendet die Arbeit und sticht nun in die vorletzte Masche der vorhergehenden Reihe ein, um dann wie gewohnt fortzufahren. Bei den nun fortlaufenden Reihen kann man entweder beide waagerechten Maschenglieder der Vorreihe fassen – übliche Technik – oder man sticht nur jeweils in das hintere Maschenglied ein (h), so daß sich ein Rippenmuster bildet. Abkürzung für feste Maschen: fM (in manchen Gegenden auch: dM – dichte Maschen). Das Abketten, wie man es bei Strickarbeiten kennt, fällt beim Häkeln fort. Mit der letzten Maschenreihe ist die Arbeit fertig.

Stäbchen

Man unterscheidet vier Stäbchen-Arten: das einfache (und gebräuchlichste) Stäbchen, das halbe, das doppelte und das mehrfache Stäbchen.

Das einfache Stäbchen arbeitet man im Anschluß an eine Kettenmaschenreihe so: Man schlägt den Arbeitsfaden um die Nadel, sticht in die viertletzte Masche des Anschlages ein und holt den Faden durch. Dann holt man noch einmal den Faden und zieht ihn durch zwei von nun drei auf der Nadel befindlichen Schlingen. Danach wird der erneut geholte Faden durch die beiden letzten Schlingen gezogen. So arbeitet man die ganze Reihe weiter: umschlagen (i), einstechen, Faden holen, durchziehen, Faden holen, durch zwei Schlingen ziehen (j), Faden holen und durch die restlichen zwei Schlingen ziehen (k). Für die Rückreihe wendet man die Arbeit fol-

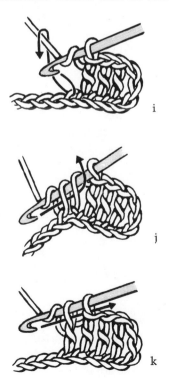

gendermaßen: anstelle des ersten Stäbchens werden drei Luftmaschen gehäkelt. Dann schlägt man den Faden um die Nadel, sticht in das zweitletzte Stäbchen der Vorreihe ein und arbeitet wie bei der ersten Reihe weiter. Man kann dabei entweder beide waagerechten Glieder fassen oder auch nur in das hintere Maschenglied (halbe Masche) einstechen und erhält dadurch – wie bei fM – ein waagerecht verlaufendes Rippenmuster. Abkürzung für Stäbchen: Stb.

Das halbe Stäbchen (auch Halbstäbchen genannt) macht man folgendermaßen: Faden umschlagen und einstechen (l). Dann Faden holen und durchziehen. Danach abermals Faden holen und durch alle drei auf der Nadel befindlichen Schlingen zugleich ziehen (m). Anschließend wieder umschlagen und in der beschriebenen Weise fortfahren. Beim Wenden der Arbeit macht man zunächst zwei Luftmaschen, bevor man den Faden um die Nadel schlägt und in das zweitletzte Halbstäbchen der Vorreihe einsticht. Abkürzung für halbe Stäbchen: hStb.

Das doppelte Stäbchen (auch Doppelstäbchen) entsteht auf ähnliche Weise: Man schlägt den Faden zweimal um die Nadel und sticht in die fünftletzte Luftmasche der Anschlagreihe ein. Dann wird der Faden geholt, durchgezogen, abermals geholt und durch zwei Schlingen gezogen, noch einmal geholt und wieder durch zwei Schlingen gezogen. Jetzt sind noch zwei Schlingen auf der Nadel, durch die noch einmal der geholte Faden durchgezogen wird. Danach arbeitet man fortlaufend wie beschrieben weiter. Wichtig ist, daß man den Faden vor dem Einstechen in die Luftmasche jeweils zweimal umschlägt. Zum Wenden der Arbeit macht man vier Luftmaschen, bevor man in das zweitletzte Doppelstäbchen der Vorreihe einsticht. Natürlich muß man zuvor zweimal umschlagen. Abkürzung für Doppelstäbchen: DStb.

Mehrfache Stäbchen werden im Prinzip genauso gemacht wie Doppelstäbchen: hierbei wird der Faden vor dem Einstechen mehrmals um die

Nadel geschlagen und durch je zwei Schlingen in bekannter Weise wieder abgeschürzt. Beim Wenden werden der Höhe des Stäbchens entsprechend fünf oder noch mehr Luftmaschen gehäkelt.

Büschelstäbchen entstehen, wenn man mehrere Stäbchen in dieselbe Einstichstelle der Vorreihe arbeitet und zusammen abmascht. Erste Büschelstäbchen-Gruppe nach dem Wenden: umschlagen, in die drittletzte Luftmasche des Anschlages zurückgehen, einstechen, Faden holen, durchziehen, Faden holen, durch zwei Schlingen ziehen,

Kissenplatte in Irischer Häkelei – Technik Seite 84/85 – aus MEZ Filethäkelgarn Liana Nr. 10.

umschlagen, in dieselbe Masche einstechen, Faden holen, durchziehen, Faden holen, durch zwei Schlingen ziehen, Faden holen, durch alle auf der Nadel liegenden Schlingen ziehen (n). Nach Belieben schließt man jede Büschelstäbchen-Gruppe mit einer Luftmasche ab. Umschlagen, in die zweite folgende Masche des Anschlages einstechen, Faden holen, durch zwei Schlingen ziehen, umschlagen, in dieselbe Masche einstechen, Faden holen, durchziehen, Faden holen, durch zwei Schlingen ziehen, umschlagen, in dieselbe Masche einstechen, Faden holen, durchziehen, Faden holen, durch zwei Schlingen ziehen, Faden holen, durch alle auf der Nadel liegenden Schlingen ziehen (o).

obere rechte, einmal für das untere rechte Stäbchen), in die nächste Masche der Vorreihe einstechen, Faden holen, durchziehen, Faden holen, einmal durch 2 Schlingen ziehen, umschlagen, in die übernächste Masche einstechen, Faden holen, durchziehen, Faden holen und viermal durch 2 Schlingen ziehen, 2 Luftmaschen, umschlagen, im Kreuzungspunkt beide senkrechten Glieder fassen, Faden holen, durchziehen, Faden holen, zweimal durch 2 Schlingen ziehen.

Pikot- und Zackenkante

Es gibt viele verschiedene Arten, Randabschlüsse zu machen. Die bekanntesten und gebräuchlichsten Abschlußkanten sind die Pikotkante und

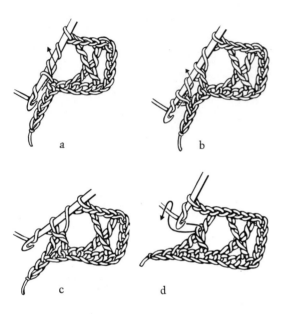

a   b

c   d

Kreuzstäbchen bestehen aus jeweils 4 gekreuzten Stäbchen, die durch 2 Luftmaschen voneinander getrennt sind. Der Reihenfolge nach wird zuerst das unten rechts stehende Stäbchen (a), dann das unten links stehende Stäbchen (b), danach das oben rechts stehende Stäbchen (c), dann das oben links stehende Stäbchen (d) gearbeitet.

Technik: Am Beginn der Reihe als Ersatz für das untere rechts stehende Stäbchen 3 Luftmaschen, für den Zwischenraum 2 Luftmaschen übergehen, umschlagen, in die 6. Luftmasche des Anschlages einstechen und das untere links stehende Stäbchen häkeln. 5 Luftmaschen häkeln (3 für das oben rechts stehende Stäbchen und 2 für den Zwischenraum), umschlagen, im Kreuzungspunkt beide senkrechten Glieder fassen, das oben links stehende Stäbchen häkeln. Alle übrigen Kreuzstäbchen werden auf folgende Weise gearbeitet: zweimal umschlagen (einmal für das

die einfache Zackenkante. *Pikots* kann man in verschiedenen Techniken arbeiten. Hier die drei gebräuchlichsten Häkelarten.

1. Technik: Fünf Luftmaschen anschlagen. In die erste Luftmasche zurückgehend eine feste Masche häkeln. Dann wieder fünf Luftmaschen usw.

2. Technik: Drei Luftmaschen anschlagen. In die zweitletzte Luftmasche zurückgehend eine feste Masche, in die erste Luftmasche ein Stäbchen häkeln. Dann mit drei Luftmaschen wieder von vorn beginnen.

3. Technik: Fünf Luftmaschen anschlagen. In die zweitletzte Luftmasche eine feste Masche häkeln, in die folgende Luftmasche ein Halbstäbchen, in die nächste Luftmasche ein einfaches Stäbchen und in die letzte Luftmasche ein Doppelstäbchen arbeiten. Dann wieder fünf Luftmaschen usw. Ist ein Pikot fertig, verbindet man es durch eine feste Masche mit dem Rand der Häkelarbeit (siehe Foto S. 72 unten).

Das Abnehmen an beiden Seiten: Am Reihenanfang wird eine Luftmasche gehäkelt. Dann sticht man in die drittnächste Masche der Vorreihe ein. Am Ende der Reihe wird eine Masche übergangen.

Der Armausschnitt: Man beginnt, dem Schnitt entsprechend, mit drei bis fünf Kettenmaschen, häkelt dann eine feste Masche, ein halbes Stäbchen und eine einfaches Stäbchen. Danach häkelt

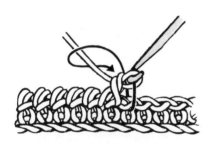

Die Zackenkante wird im Krebsstich gearbeitet, das sind feste Maschen in umgekehrter Richtung (von links nach rechts). Dabei wird das doppelte waagerechte Maschenglied der Vorreihe aufgefaßt und der Faden in Pfeilrichtung (s. oben) durchgeholt. Danach werden die auf der Nadel befindlichen Schlingen abgeschürzt.

Das Häkeln verschiedener Formen

Das Zunehmen an beiden Seiten: Man wendet mit einer Luftmasche und sticht gleich in die erste Masche (also nicht wie gewohnt in die zweite) der Vorreihe ein. Am Ende häkelt man in die letzte Luftmasche der Vorreihe eine feste Masche.

man das bisherige Muster weiter. Bei der Rückreihe arbeitet man nur bis vor das drittletzte Stäbchen. Auf die beiden nächsten Stäbchen kommen zwei zusammen abgemaschte Stäbchen. Die neue Reihe beginnt wieder mit einer Kettenmasche, einer Luftmasche, einem Halbstäbchen und einem einfachen Stäbchen, bevor man das übliche Muster weiterhäkelt.

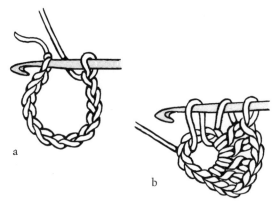

Das Knopfloch: Mit drei bis fünf Luftmaschen (je nach Größe des gewünschten Knopfloches) überspringt man ebenso viele Maschen der Vorreihe und häkelt bei der nächsten Reihe in diese Luftmaschen feste Maschen oder Stäbchen, je nach Muster. Das so entstandene Knopfloch verläuft waagerecht. Für ein senkrechtes Knopfloch arbeitet man an der vorgesehenen Stelle erst die rechte, dann die linke Hälfte aufwärts und schließt nach ausreichender Knopflochhöhe die Öffnung mit der dann folgenden Reihe wieder.

Das Häkeln von der Mitte ausgehend

Bei runden Formen geht man von einem Luftmaschenring (nicht von einer Luftmaschenreihe) aus. Man häkelt dazu eine Anzahl Luftmaschen und schließt sie mit einer Kettenmasche zu einem Ring (a). Der Ring wird je nach Muster entweder mit festen Maschen oder mit Stäbchen gefüllt (b).

Einen Teller (für eine Kissenplatte oder ähnliches) macht man folgendermaßen: Zuerst häkelt man in den Luftmaschenring 16 Stäbchen. Die Runde wird mit einer Kettenmasche geschlossen. Die nächste Runde beginnt man mit drei Luftmaschen (das ist die Stäbchenhöhe) und nimmt bei jeder Masche zu, das heißt, man sticht in jede Masche der Vorreihe zweimal ein. In der dritten Runde nimmt man bei jeder zweiten Masche eine Masche zu, in der vierten Runde bei jeder dritten Masche. Als Gedächtnisstütze mag

Topflappen, von der Mitte ausgehend gehäkelt. Arbeitsbeschreibungen auf Seite 114.

Rosetten-Kissen aus MEZ Kelimwolle in Schwarz, Oliv, Rot und Gelb. Arbeitsbeschreibung Seite 114.

dieses dienen: Man zieht von der Zahl der Runde, die man gerade häkelt, eine Masche ab und erhält nun die Maschenzahl, bei der man jeweils zunehmen muß. Beispiel: fünfte Runde, jede vierte Masche, sechste Runde, jede fünfte Masche usw. Man häkelt solange, bis der gewünschte Teller groß genug ist. Dabei darf nicht zu locker gehäkelt werden. Sollte die Arbeit etwas wellig werden, läßt man bei einer Runde das Zunehmen weg. Nach dieser Methode kann man auch kreisrunde Arbeiten aus festen Maschen oder in einem anderen Muster anfertigen (siehe Irische Häkelei Seite 84).

Das Schlauchhäkeln

Will man eine Kindermütze, einen Beutel, Handschuhe oder etwas ähnliches häkeln, kann man weder von einer Luftmaschenkette, noch von einem Mittelpunkt aus beginnen. Man macht dazu einen Luftmaschenring, also eine entsprechend lange Kette, die mit einer Kettenmasche zum Ring geschlossen wird. Häkelt man nun ohne Zunahme weiter, entsteht ein gleichmäßiger Schlauch. Nimmt man zu, wird der Schlauch weiter, nimmt man ab, wird er enger.

Quadrat, von der Mitte ausgehend

Man muß nicht unbedingt in Hin- und Herreihen arbeiten, wenn man ein Quadrat häkeln will, sondern man kann – wie bei dem auf Seite 74 beschriebenen runden Teller – in der Mitte anfangen. Das macht man so:

Schildkröte in Türkis und Gelb. Material: MEZ Schulmädchen. Arbeitsbeschreibung Seite 114.

Anfang: Vier Luftmaschen.
In die erste Luftmasche kommen: ein Stäbchen, eine Luftmasche, drei Stäbchen, eine Luftmasche, drei Stäbchen, eine Luftmasche, drei Stäbchen, eine Luftmasche, ein Stäbchen.
Alle genannten Maschen in eine Luftmasche häkeln. Die Runde wird mit einer Kettenmasche, die in die obere der vier Anschlagluftmaschen greift, geschlossen.
Drei Luftmaschen zum Beginn der nächsten Runde. Zweite Runde und alle weiteren Runden: man häkelt immer auf das Stäbchen der Vorrunde wieder ein Stäbchen. Um die Luftmasche (Eckmasche) der Vorrunde kommen zwei Stäbchen, eine Luftmasche, zwei Stäbchen.
Danach häkelt man weiter Stäbchen auf Stäbchen und bildet die Ecken wie beschrieben aus zwei Stäbchen, einer Luftmasche und wieder zwei Stäbchen, alle um dieselbe Masche (Eckluftmasche) der Vorrunde greifend.

An der Stelle, an der die Runde schließt, wird nur ein Stäbchen gehäkelt und durch eine Kettenmasche mit dem Anfang der Runde verbunden. Bei Beginn jeder neuen Runde wird das erste Stäbchen durch drei Luftmaschen ersetzt.

Quadrat, von der Ecke ausgehend

Hier noch eine andere Technik, ein Quadrat zu häkeln. Man arbeitet nur feste Maschen, und zwar beginnt man mit zwei Luftmaschen, häkelt in die erste Luftmasche drei feste Maschen und wendet mit einer Luftmasche (als Ersatz für die erste feste Masche). Dann kommen in die mittlere feste Masche der ersten Reihe drei feste Ma-

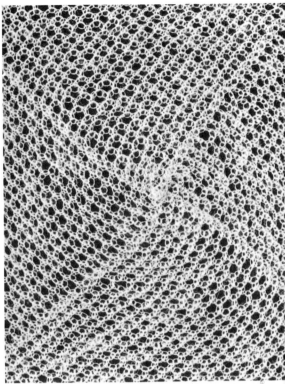

schen, danach folgt eine feste Masche. Mit einer Luftmasche wenden.
Man arbeitet nun weiter: feste Maschen auf feste Maschen, und zur Eckenbildung jeweils drei feste Maschen in die Eckmasche der Vorreihe.

Foto Seite 78:
Topflappen in verschiedenen Formen aus festen Maschen. Material: MEZ Baumwollgarn mit Glanz. Arbeitsbeschreibungen auf Seite 116.

Fotos Seite 79:
Kindergarten-Schuhe, aus bunten Wollresten gehäkelt (oben links).
Babyschuhe aus MEZ Baumwollgarn Qualität Blautulpe. Häkeltechnik: Kettenmaschen (unten links).
Kopftuch aus festen Maschen und Luftmaschen, von der Mitte ausgehend gehäkelt. Material: Patons Caramia Angora (oben rechts).
Alle Arbeitsbeschreibungen auf Seite 117.

Tunesische Häkelei

Während bei der bisher beschriebenen Häkelei einzelne Maschen nacheinander gearbeitet wurden, häkelt man bei der tunesischen Technik über die ganze Breite. Es werden bei einer Hinreihe Maschen aufgenommen, die alle auf der Nadel bleiben. Erst bei der Rückreihe, die man auf derselben Seite arbeitet – ohne umzuwenden – werden die Maschen wieder abgeschürzt. Man braucht für diese Technik eine besondere Nadel mit Kopf, die sehr lang und gleichmäßig stark sein muß (INOX oder JMRA). Infolgedessen kann bei der tunesischen Technik nicht in beliebiger Breite gearbeitet werden, sondern man kann nur etwa soviel Maschen aufnehmen und abschürzen, wie die Nadel lang ist. Dabei muß auf der Nadel möglichst noch ein kleines Stück am Ende freibleiben, sonst läßt sie sich schlecht bewegen. Tunesische Häkelarbeiten sind besonders formbeständig und dicht.

Die erste Reihe

Nach dem normalen Luftmaschenanschlag beginnt man mit der Schlingenbildung, dem Aufnehmen der Maschen für die Hinreihe. Dazu wird die lange Häkelnadel durch die zweitletzte Luftmasche geführt, man holt den Faden, zieht ihn durch und läßt ihn auf der Nadel (a). Auf diese Weise nimmt man alle Maschen auf und läßt sie auf der Nadel (b).

Der einfache tunesische Häkelstich

Hat man alle Schlingen aufgenommen, häkelt man den Rückgang. Am Ende der Reihe wird der Faden um die Nadel geschlagen und zurück durch die erste (es ist eigentlich die letzte) Schlinge gezogen. Von nun an schlägt man immer einmal den Faden um die Nadel und zieht ihn durch jeweils zwei Schlingen zurück (c). Die letzte Masche, die beim Rückgang auf der Nadel

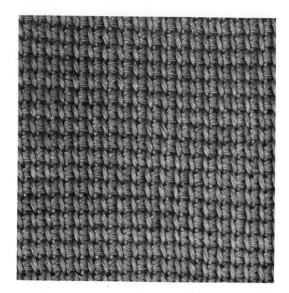

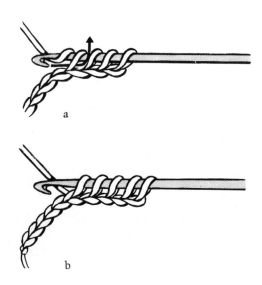

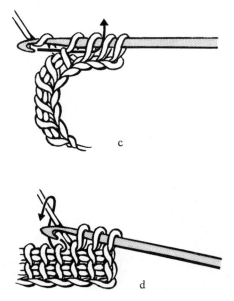

bleibt, wird etwas hochgezogen, damit der Rand nicht zu fest wird. Bei der nun folgenden Hinreihe werden wieder Schlingen aufgenommen. Dabei wird der Arbeitsfaden immer jeweils durch ein senkrechtes Glied geholt (d). Den Rückgang arbeitet man wieder wie beschrieben: erst Faden holen und eine Schlinge abschürzen, danach immer zwei Schlingen in einem Gang.

Der tunesische Füllstich

Beim Füllstich sitzen die Maschenglieder der einzelnen Reihen versetzt übereinander. Das erreicht man, wenn man beim Hingang, also bei der Schlingenbildung nicht in die senkrechten Maschenglieder einsticht, sondern jeweils zwischen zwei Glieder von vorn nach hinten. Zu beachten ist das Einstechen beim Reihenbeginn. Hier sticht man reihenweise wechselnd einmal vor (e) und einmal hinter dem ersten senkrechten Maschenglied ein. Auch am Ende der Reihe wird abwechselnd einmal vor und einmal hinter dem letzten senkrechten Maschenglied eingestochen.

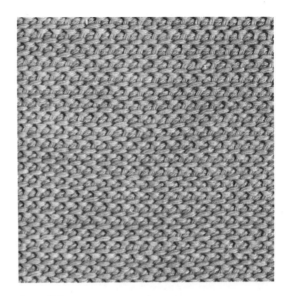

Das Abketten

Jede tunesische Häkelarbeit muß, im Gegensatz zu anderen Häkelarbeiten, zum Schluß abgekettet werden, sonst bekommt man keine einwandfreie Kante. Man führt dazu die Nadel wie

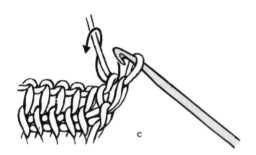

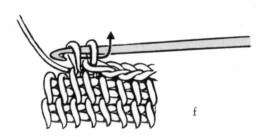

Die tunesische Linksmasche

Erste Reihe im einfachen Häkelstich (rechtstunesisch) arbeiten. Bei der zweiten Reihe wird im Hingang beim Schlingenholen die linke Masche gebildet. Man legt (wie bei einer linken gestrickten Masche) den Arbeitsfaden vor die Nadel, sticht von rechts nach links durch das bei der Vorreihe gebildete senkrechte Maschenglied und holt den Faden wie folgt durch: Faden unter der Nadel vor dem senkrechten Maschenglied nach hinten legen, dann mit der Nadel unter dem Faden hinten hochgreifen und Schlinge holen. Abschürzen wie beim einfachen tunesischen Stich.

bei der normalen Schlingenbildung durch das erste senkrechte Maschenglied, holt den Faden durch und zieht ihn zugleich durch die auf der Nadel befindlichen Schlingen (f). Auf diese Weise werden alle aufgenommenen Schlingen abgehäkelt. Man kettet stets bei der Hinreihe ab.

Das Zu- und Abnehmen
Selbstverständlich kann man auch tunesische Häkelarbeiten in verschiedenen Formen herstellen. Man muß dabei – wie bei jeder anderen Häkeltechnik – zu- oder abnehmen, je nachdem wie die beabsichtigte Arbeit beziehungsweise das Schnittmuster es erfordert.

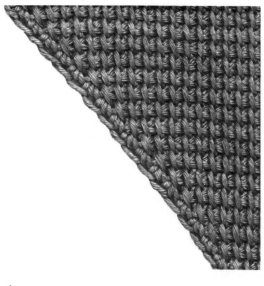

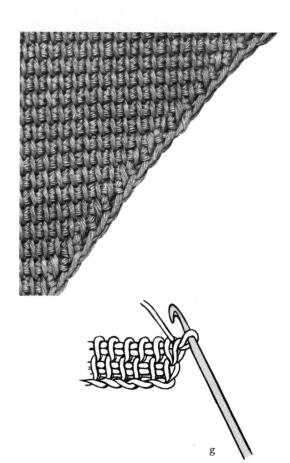

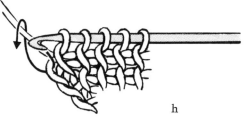

Das Zunehmen am Ende einer Hinreihe: Man zieht am Ende der Hinreihe die Randmasche etwas zur Seite und faßt das obere Querglied, das zwischen dem letzten Glied und der Randmasche sichtbar wird, auf. Dann holt man den Faden durch und macht anschließend durch die Randmasche auch noch eine Schlinge (h).

Das Abnehmen am Anfang einer Hinreihe: Bei der Hinreihe übergeht man das erste senkrechte Glied. Die erste Schlinge wird also aus dem zweiten Maschenglied der Vorreihe geholt (i).

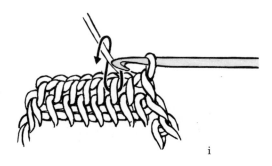

Das Zunehmen am Anfang einer Hinreihe: Man führt die Nadel beim Hingang durch das obere waagerechte Glied zwischen der Randmasche und dem ersten senkrechten Maschenglied und holt eine Schlinge (g).

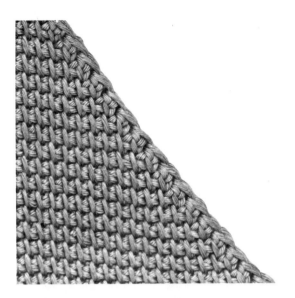

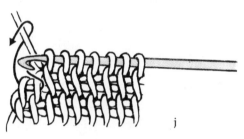

Das Abnehmen am Ende einer Hinreihe: Man holt aus den beiden letzten senkrechten Gliedern der Vorreihe nur eine Schlinge. Dabei faßt man mit der Nadel durch beide Maschenglieder zugleich (j).

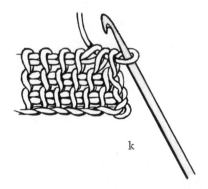

Das Abnehmen am Ende einer Rückreihe: Man zieht den Arbeitsfaden am Ende der Reihe zugleich durch die letzten beiden Schlingen (k).

Die Schulterschrägung rechts: Je nachdem, ob die Schulterschrägung flach oder steil sein soll, kettet man zu Beginn jeder Reihe vier bis acht Maschen ab. Beim Rückgang zieht man den Arbeitsfaden durch die letzten Schlingen zugleich und häkelt beim folgenden Hingang in das zweite senkrechte Maschenglied der Vorreihe eine feste Masche.

Die Schulterschrägung links: Man läßt die gewünschte Maschenzahl am Ende des Hingangs stehen und zieht den Arbeitsfaden beim Rückgang zugleich durch die beiden letzten Schlingen.

Das tunesische Knopfloch
Im Prinzip werden die Knopflöcher genauso gehäkelt wie bei Arbeiten aus festen Maschen, Stäbchen oder anderen Maschenkombinationen, und zwar so, daß man die gewünschte Knopflochbreite mit einer Luftmaschenkette überspringt. Bei der tunesischen Häkelei übergeht

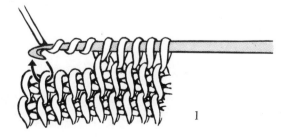

man die Maschen für das Knopfloch, indem man bei der Hinreihe hier keine Schlingen holt, sondern einfach den Faden um die Nadel schlägt. Man muß so viele Windungen auf der Nadel haben, wie man Maschen überspringt (l). Beim Rückgang werden die Maschen wie üblich abgeschürzt. Das entstandene Knopfloch verläuft waagerecht.

Irische Häkelei

Bei der Irischen Häkelei handelt es sich um Rosetten, die man – aneinandergehäkelt oder -genäht – vorwiegend zu Kissenhüllen, Decken, Umschlagtüchern und Bettüberwürfen verarbeitet. Man kann dabei verschiedenartige Rosetten zu einem Mustersatz zusammenstellen. Hier vier Grundmuster, die sich unzählig abwandeln lassen.

Rosette A: In einen Luftmaschenring (Seite 74) werden 8 Büschel-Stb, getrennt durch 3 Lm, gehäkelt. 1. Büschel-Stb: 4 Lm, das nächste Stb bis auf 2 Schlingen abhäkeln, das 3. Stb bis auf 3 Schlingen abhäkeln, Faden holen und durch alle 3 Schlingen ziehen, 3 Lm. Bei den nächsten Büschel-Stb wird das 1. Stb bis auf 2 Schlingen abhäkelt, beim 2. Stb bleibt eine weitere Schlinge auf der Nadel, beim 3. Stb ebenfalls

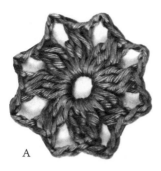

A

eine weitere Schlinge, so daß zuletzt noch 4 Schlingen abzuschüren sind. Nach dem 8. Büschel-Stb werden noch 3 Lm gehäkelt und 1 Km an das 1. Büschel-Stb.

C

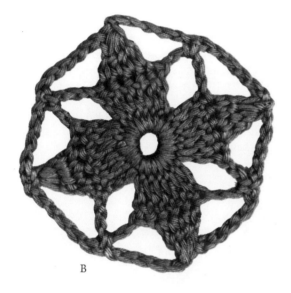

B

den Ring 8 Rippen und schneidet den Faden ab. An jede Spitze arbeitet man 1 Km, dazwischen jeweils 5 Lm. Bei der letzten Runde häkelt man in jeden Lm-Bogen 2 fM, 1 Pikot (3 Lm, in die 1. Lm zurückgehend, 1 fM), 2 fM, 1 Pikot, 2 fM, 1 Pikot, 2 fM.

Rosette B: Erste Runde: in einen Luftmaschenring werden viermal 6 Doppelstb, getrennt durch 5 Lm, gehäkelt, 4 Lm ersetzen das 1. Doppelstb. Die Runde wird mit 1 Km geschlossen.
Zweite Runde: in das 2., 3., 4., 5. Doppelstb der vorhergehenden Runde wird 1 Büschel-Stb gehäkelt (Büschel-Stb Seite 70), 6 Lm, 1 Büschel-Stb usw. Mit 1 Km in das 1. Büschel-Stb schließt die Runde.

Rosette C: 5 Lm zu einem Ring schließen. 5 Lm. Auf diesen Lm zurückgehend in jede Lm 1 fM häkeln. Die entstandene Rippe mit 1 Km in den Ring häkeln. In dieser Weise arbeitet man in

D

Rosette D: Erste Runde: in einen Lm-Ring arbeitet man 6 Stb, jeweils durch 3 Lm getrennt. (Das 1. Stb wird durch 3 Lm ersetzt.) Die Runde schließt mit 1 Km.

Zweite Runde: in jeden Lm-Bogen der Vorrunde 4 Stb, 1 Lm häkeln. Das 1. Stb wird durch 3 Lm ersetzt. Runde mit 1 Km schließen.
Dritte Runde: 10 Lm, vor das 1. Stb 1 Km, zwischen das 2. und 3. folgende Stb der Vorrunde 1 Stb arbeiten, 7 Lm, 2 Stb übergehen, 1 Stb usw. Die Runde mit 1 Km schließen.
Vierte Runde: in die nächsten 4 Lm 4 Km häkeln, * 1 Lm, 1 Kreuzstb (das untere rechtsstehende Stb wird in die zweitletzte Lm des vorigen Lm-Bogens eingestochen; das untere linksstehende Stb arbeitet man in die 2. Lm des nächsten Bogens. Zwischen die beiden oberen Stb werden 3 Lm gehäkelt). Nach dem Kreuzstb häkelt man noch 1 Lm und 1 fM in die Mitte des Lm-Bogens. Ab * wiederholen. (Kreuzstäbchen siehe Seite 72.)

Amerikanische Häkelei

Die Amerikanische Häkelarbeit besteht – wie die Irische – aus einzelnen, rosettenartigen oder quadratischen Teilen, die man in Patchworkmanier aneinandersetzt. Im Unterschied zu der Irischen Häkelei arbeitet man hier jedoch nicht schneckenförmig rundherum, sondern man wendet nach jeder Runde, und zwar wie folgt:
Anfang: 4 Lm zum Ring schließen. Erste Runde (Hinrunde): 3 Anfangslm, 2 Stb in den Ring, danach dreimal: 3 Lm, 3 Stb im Wechsel. Zum Schluß 3 Lm. Mit einer Km die Runde schließen. Wenden. Zweite Runde (Rückrunde): 3 Anfangslm. In den Lm-Bogen der Vorrunde: 2 Stb, 3 Lm, 3 Stb, danach in jeden Lm-Bogen 3 Stb, 3 Lm, 3 Stb. 1 Lm und mit 1 Km die Runde schließen. Wenden. Dritte Runde: 3 Anfangslm und 2 Stb in den ersten Lm-Bogen. In jeden Eckbogen: 3 Stb, 3 Lm, 3 Stb, 1 Lm. Dazwischen in jeden Lm-Bogen (zwischen zwei Eckbögen): 3 Stb, 1 Lm. Runde mit Km schließen.

Auf ähnliche Weise kann man auch Quadrate (siehe Fotos Seite 88) arbeiten. Hierbei häkelt man in den Lm-Ring viermal 3 Stäbchen, unterbrochen von je 3 Lm. Bei der Rückrunde wer-

Fünfhundert Sechsecke braucht man für einen 160×200 cm großen Bettüberwurf – 20 Reihen je 25 Sechsecke. Das Foto rechts zeigt die Häkelteile der Irischen Filetarbeit in Originalgröße. Sie werden von der Mitte ausgehend zunächst kreisrund begonnen und bilden sich durch gleichmäßige Zunahmen zu Sechsecken um. Arbeitsbeschreibung auf Seite 119.

den in jeden Lm-Bogen zweimal 3 Stb, unterbrochen durch 3 Lm gearbeitet. In den folgenden Runden häkelt man in jeden Lm-Bogen 3 Stb, in die Eckbögen jeweils 3 Stb, 3 Lm, 3 Stb.

Bettüberwurf in Amerikanischer Häkelei (unten und rechts). Arbeitsproben aus MEZ Baumwolle (links) und MEZ Sudanwolle (rechts).

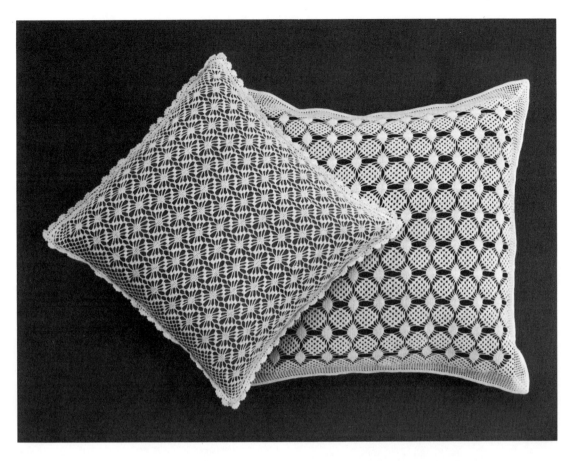

Bettüberwurf aus Quadraten, Dreiecken und Zickzackstreifen (links). Kissenhülle in Motivhäkelei (unten). Material: MEZ Filethäkelgarn Liana.

Kissenbezüge in Filethäkelei (oben).

Flachstäbchenhäkelei

Für diese Technik braucht man ein Knüpfstäbchen, wie man es für Smyrnateppiche verwendet. Die Breite des Stäbchens bestimmt die Höhe des Durchbruchgitters, das sich zwischen zwei festen Maschenreihen bildet.

Man beginnt mit einer Luftmaschenreihe, der sich eine Reihe feste Maschen anschließt. Die letzte feste Masche wird auf Stäbchenbreite hochgezogen. Nun wird der Stab hinter diese Schlinge gelegt, der Arbeitsfaden unter dem Stab auf dessen Rückseite hochgeführt und mit der Häkelnadel durch die lange Anfangsschlinge an der oberen Stabkante geholt. Danach in die näch-

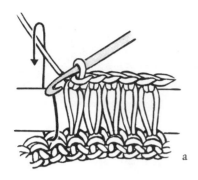

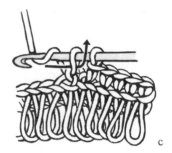

dem Körper abgewandten Rückseite der Arbeit (später die Schauseite) bilden sich in Reihen gleichmäßige Schlingen, während die andere Seite ein einheitliches Bild aus festen Maschen aufweist.

Arbeit mit dem Stäbchen: Man klemmt das Stäbchen zwischen den kleinen Finger und den Ringfinger der linken Hand. Arbeitsfaden und Häkelnadel hält man wie gewohnt. Zuerst macht man

ste dichte Masche einstechen, den Faden unter dem Stab durch von hinten holen, als Schlinge bis zur oberen Stabkante durchziehen und oberhalb der Stabkante eine feste Masche häkeln (a). So fortlaufend die ganze Reihe arbeiten. Bei der Rückreihe Stäbchen herausziehen und nur feste Maschen häkeln. Dabei müssen stets beide Maschenglieder sowie der jeweils letzte Faden einer Schlingengruppe aufgefaßt werden. Die folgende Hinreihe wird wieder mit dem Stäbchen gearbeitet.

Schlingenhäkelei

Schlingenhäkelei - auch Bouclétechnik genannt - kann man mit Hilfe eines Smyrnastäbchens oder eines Fingers der linken Hand arbeiten. Auf der

eine Luftmasche. Danach führt man den Arbeitsfaden von innen (dem Körper zugewandte Seite) um die untere Stäbchenkante herum bis zur oberen Stäbchenkante auf der Außenseite, holt ihn mit der Häkelnadel und macht eine weitere Luftmasche. Dann wieder den Faden von innen abwärts nach außen aufwärts führen und an der oberen Stäbchenkante eine Luftmasche arbeiten (b). So fortfahren, bis die gewünschte Länge der Reihe bzw. Breite der Arbeit erreicht ist. Stäbchen herausziehen, wenden und eine Reihe feste Maschen (ohne Stäbchen) häkeln (c). Wenden. Danach wieder das Stäbchen nehmen. In die feste Masche der Vorreihe einstechen, Faden von vorn abwärts führen und eine feste Masche (keine Luftmasche, wie bei der Anfangsreihe) häkeln. Weiter: Hinreihe Schlingen über Stäbchen, Rückreihe feste Maschen. Für kleinere Schlingen kann man statt des Stäbchens einen Bleistift nehmen.

Badezimmergarnitur in Schlingenhäkelei. Material: Patons toppers in Rosé.

Arbeit ohne Stäbchen: Nach einem Luftmaschenanschlag in die zweitletzte Luftmasche einstechen, den Faden wie zum Häkeln auf den Zeigefinger wickeln, den Mittel- und Ringfinger (je nach Schlingengröße) vor den Faden legen, einstechen, Faden holen (d) und durch die Luftmasche ziehen, nochmals Faden holen und durch beide auf der Nadel befindlichen Schlingen zie-

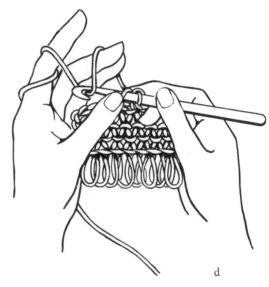

d

hen. Finger aus der Schlinge nehmen, in die nächste Luftmasche einstechen, Finger wieder vor den Faden legen, Faden holen, durch die Luftmasche ziehen, Faden holen, durch die auf der Nadel liegenden Schlingen ziehen usw. Die Schlingen bilden sich auf der Rückseite. Danach häkelt man die Rückreihe in festen Maschen, die Hinreihe wieder wie beschrieben.

Rosenstäbchen (unten links)
Man beginnt wie bei dem einfachen Stäbchen mit einem Umschlag, dann sticht man mit der Nadel in die Anschlagreihe bzw. vorhergehende Reihe ein, und zwar wie beim einfachen Stäbchen unterhalb der beiden Maschenglieder, holt den Arbeitsfaden von der Rückseite nach vorn und zugleich durch den ersten Umschlag durch, schlägt um und zieht diesen durch die beiden auf der Nadel liegenden Schlingen. Man arbeitet nur in Hinreihen, jede Reihe mit einer Kettenmasche beginnend.

Abgewandelte Häkelstiche

Strickstich (oben)
Der Strickstich kann nur in Hinreihen gearbeitet werden. Die erste Reihe besteht aus festen Maschen. Zweite Reihe: zwischen den zwei senkrechten Maschengliedern einstechen, den Arbeitsfaden nach vorn durchziehen, Faden holen und durch die beiden auf der Nadel befindlichen Schlingen ziehen.

Flechtstich (unten rechts)
Grundart ist die feste Masche, lediglich das Einstechen der Nadel gibt dem Maschenbild ein anderes Aussehen. Es wird nur in Hinreihen gearbeitet. Die erste Reihe besteht aus festen Maschen. Bei den folgenden Reihen werden die beiden Maschenglieder liegengelassen, mit der Nadel wird auf der Rückseite der tiefer liegende Querfaden von oben nach unten aufgefaßt und eine feste Masche gehäkelt. Dadurch schieben sich die beiden Maschenglieder nach vorn.

von vorn nach hinten, das nächste Maschenglied von hinten nach vorn auf, holt den Arbeitsfaden durch diese beiden gekreuzt auf der Nadel liegenden Maschenglieder, schlägt den Arbeitsfaden erneut um die Nadel und zieht ihn durch beide Schlingen. Nun führt man die Nadel wieder von vorn nach hinten durch das bei dem vorigen Stich schon in umgekehrter Richtung benutzte Maschenglied, durch das nächste Maschenglied von hinten nach vorn und beendet die Masche wie vorher beschrieben. Die vorderen Maschenglieder bleiben unberücksichtigt.

Bosnischer Häkelstich (oben)
Die Grundart dieser Technik sind Kettenmaschen, die nur in Hinreihen gearbeitet werden. Man führt die Nadel beim Einstechen durch das hintere obere Maschenglied, holt den Faden durch und zieht ihn zugleich durch die auf der Nadel liegende Schlinge. Die Anfangsreihe wird aus festen Maschen gearbeitet.

Rumänischer Häkelstich (unten)
Nur in Hinreihen gearbeitet, nimmt die Nadel ein hinteres, waagerecht liegendes Maschenglied

Knotenstich (oben)
Erste Reihe: in die zweitletzte Lm des Anschlages 1 fM arbeiten. Diese Masche zu einer ³/₄ cm langen Schlinge hochziehen, Faden holen, durchziehen, in das hintere Glied der Lm 1 fM arbeiten. Ein Knotenstich ist nun fertig. Zur Musterbildung gehören stets zwei Knotenstiche. Den folgenden Knotenstich arbeitet man genauso, so daß 2 Schlingen in Aufwärtsrichtung übereinandersitzen. Man übergeht 3 Lm und arbeitet in die 4. Lm der Anschlagreihe eine fM, deren Schlinge man wieder hochzieht usw. Zum Wenden arbeitet man 3 Knotenstiche. In den folgenden Reihen werden die fM jeweils in die höherstehenden Knötchen der Vorreihe gearbeitet.

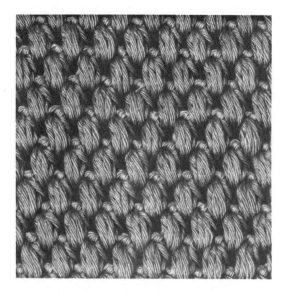 

Büschelmaschen

Büschelmaschen (nicht zu verwechseln mit Büschelstäbchen S. 70) kann man entweder nur in Hinreihen oder aber im Hin- und Rückgang arbeiten. Bei der Arbeit in Hinreihen ergibt sich ein senkrechtes, beim Hin- und Rückgang ein diagonal verlaufendes Maschenbild.
Die Büschelmasche wird wie folgt gearbeitet: umschlagen, einstechen, Faden holen – dreimal nacheinander, dann mit einem Umschlag alle Schlingen zusammen abschürzen. Je nach Art des Musters schließt man eine oder mehrere Lm an. Abkürzung für Büschelmasche: Bm.

Büschelmaschen in Hinreihen (oben links)
Luftmaschenanschlag durch zwei teilbar. Erste Reihe: in die viertletzte Lm 1 Bm, in jede 2. Lm 1 Bm, in die letzte Lm 1 Stb. Faden abschneiden. Zweite Reihe: in die 3. Anfangs-Lm der Vorreihe stechen, 3 Lm, zwischen jede Bm der Vorreihe 1 Bm, auf das letzte Stb 1 Stb. Faden abschneiden. Dritte Reihe: in die 3. Anfangs-Lm der Vorreihe stechen, 3 Lm vor die 1. Bm, zwischen alle Bm und nach der letzten Bm der Vorreihe je 1 Bm, auf das Stb 1 Stb. Faden abschneiden. Die zweite und dritte Reihe fortlaufend im Wechsel wiederholen.

Reliefstäbchen

Reliefstäbchen – auch tiefgestochene Stäbchen oder Übergriffstäbchen genannt – arbeitet man auf eine normale Stäbchenreihe oder -gruppe, je nach Art des Musters. Man beginnt also erst bei der zweiten Reihe einer Arbeit, und zwar wie folgt: Nadel von rechts nach links um das Stäbchen der Vorreihe herumführen (hinter dem Stäbchen vorbei), Faden umschlagen, hinter dem Stäbchen herumholen und eine Schlinge bis zur halben Stäbchenhöhe ziehen. Dann als normales Stäbchen fertighäkeln.

Flechtmuster aus Reliefstäbchen (oben rechts)
Erste Reihe: einfache Stäbchen. Zweite Reihe: 3 Reliefstäbchen wie oben beschrieben arbeiten, danach 3 Reliefstäbchen in der gleichen Weise häkeln, jedoch dabei nicht hinten, sondern vorn um das Stäbchen der Vorreihe herumgreifen. In den nächsten Reihen arbeitet man versetzt: wo man vorher hinten um das Stäbchen herumgriff, holt man den Faden nun vorn herum und umgekehrt. Der Rhythmus ergibt sich einwandfrei aus dem entstehenden Maschenbild.

Musterausschnitt aus einem Bettüberwurf in Motivhäkelei. Die Rosetten sind Abwandlungen der auf Seite 85 beschriebenen Motive C und D.

Durchbruchmuster

Die folgenden Durchbruchmuster, die alle mit einem Luftmaschenanschlag beginnen, eignen sich auch für Filethäkelei, Häkelarbeiten also, die aus feinem Baumwollgarn mit einer dünnen Nadel ausgeführt werden. Man wendet diese Technik vorwiegend für Zwischensätze bei Bett- und Tischwäsche, für Zierkanten an Taschentüchern, Kopftüchern und Schals sowie für Sets, Decken und Kissenplatten an. Auch ganze Bettüberwürfe kann man in dieser Technik arbeiten, wobei man einzelne kleinere Mustersätze häkelt und diese dann wie Patchwork (Seite 232) zusammensetzt.

Muster A
Erste Reihe: in die achtletzte Lm 1 Km häkeln * 4 Lm, 3 Anschlagmaschen übergehen, 1 Km. Ab * wiederholen.
Zweite Reihe und alle folgenden Reihen: stets mit 4 Lm beginnen, die Km in den Lm-Bogen einhängen.

Muster B
Erste Reihe: in die sechstletzte Lm 1 Stb * 2 M des Anschlages übergehen, 1 Stb, 2 Lm, 1 Stb in die nächste Lm des Anschlages. Ab * wiederholen. Zweite Reihe und alle folgenden Reihen: 5 Lm und 1 Stb in den ersten Luftmaschenbogen, in jeden folgenden Luftmaschenbogen eine Stäbchengruppe wie bei der ersten Reihe.

Muster C
Auf den Lm-Anschlag arbeitet man 1 Stb und 1 Lm im Wechsel, zwischen den Stb wird jeweils 1 Lm des Anschlages freigelassen. Man wendet mit 4 Lm und arbeitet bei den folgenden Reihen die Stb auf die Stb der Vorreihe. Beide Maschenglieder fassen.

A
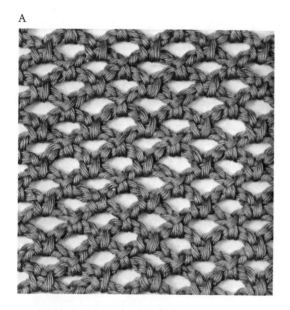

B
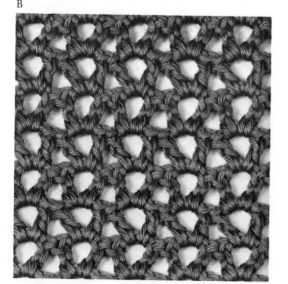

C

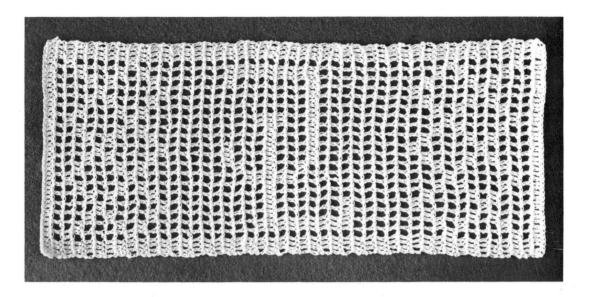

Muster D

Erste Reihe: 1 Stb in die achtletzte Lm, 2 Lm, * 1 Stb, 2 Lm, 2 Lm des Anschlages freilassen. Ab * wiederholen.

Zweite Reihe: 3 fM und 1 Lm im Wechsel. Die fM häkelt man jeweils um die 2 Lm der Vorreihe.

Dritte Reihe: 5 Lm, dann weiter wie in der ersten Reihe ab * beschrieben. Die Stb arbeitet man stets um die eine Lm der Vorreihe, die 3 fM übergehend. Zweite und dritte Reihe fortlaufend im Wechsel wiederholen.

Muster E

Erste Reihe: in die achtletzte Lm 1 fM, * 3 Lm, 3 M der Vorreihe übergehen, fM. Ab * wiederholen.

Zweite Reihe: 4 Lm, 1 Stb um die ersten Lm, * 1 Lm, 4 Stb um die nächsten 3 Lm, 1 Lm, 1 Stb um die nächsten 3 Lm. Ab * wiederholen.

Dritte Reihe: 2 Lm, * 1 fM vor das einzelne Stb, 3 Lm, 1 fM hinter das einzelne Stb, 3 Lm. Ab * wiederholen.

Vierte Reihe: 4 Lm. * Um die nächsten 3 Lm 4 Stb, 1 Lm, um die nächsten 3 Lm 1 Stb, 1 Lm.

D

E

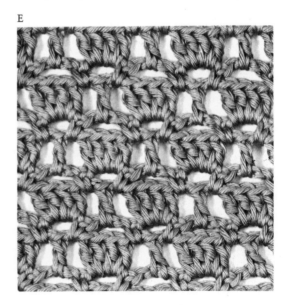

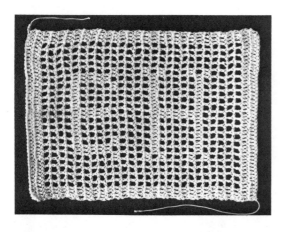

Ab * wiederholen. Enden mit 1 Stb in die 2. Wende-Lm.
Fünfte Reihe: 2 Lm, um jede Lm 1 fM, getrennt durch je 3 Lm.
Zweite bis fünfte Reihe fortlaufend wiederholen.

Muster F
Erste Reihe: in die drittletzte Lm 1 fM * 3 Lm, 5 Lm übergehen, in die folgende Lm 5 Stb, 5 Lm, übergehen, 3 Lm in die folgende Lm, 1 fM. Ab * wiederholen, 2 Lm zum Wenden.
Zweite Reihe: in jede fM wieder 1 fM, in jedes Stb wieder 1 Stb arbeiten, jedoch nur 1 Lm dazwischen.
Dritte Reihe: in die 1. fM 3 Stb, * 3 Lm, in das

Zwischensätze für Kissen und Sets in Filetarbeit werden nach einem einfachen Zählmuster, wie man es für Kreuzstichstickerei benutzt, gehäkelt. Den Motiven entsprechend fallen die Luftmaschen zwischen den Stäbchen weg.

F

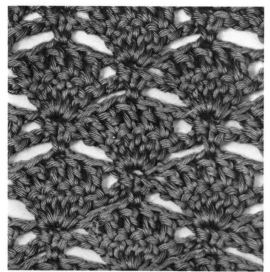

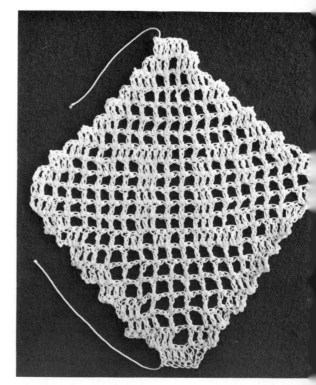

Serviettenhalter mit Monogrammen kann man nach einem auf Karopapier gezeichneten Muster häkeln.

3. (mittl.) Stb der Vorreihe 1 fM, 3 Lm, in die fM der Vorreihe 5 Stb. Ab * wiederholen. Am Ende der Reihe werden in die letzte fM nur 3 Stb gearbeitet. Mit 2 Lm wenden.
Vierte Reihe wie zweite Reihe.
Fünfte Reihe: * in das 3. Stb 1 fM, 3 Lm, in die fM 5 Stb, 3 Lm. Ab * wiederholen. In das letzte Stb 1 fM, 2 Lm zum Wenden.
Zweite bis fünfte Reihe fortlaufend wiederholen.

Muster G
Nach dem Luftmaschen-Anschlag in die viertletzte sowie in die folgenden 3 Lm je 1 Stb häkeln. Mit 1 Lm übergeht man nun 1 Lm des Anschlages und arbeitet in die folg. 4 Lm je 1 Stb. Fortlaufend 1 Lm und 4 Stb wiederholen. Mit 5 Lm wenden. Zwischen die 1. und 2. Stäbchen-Gruppe, um die volle Lm greifend, 1 fM, 4 Lm, zwischen die 3. und 4. Gruppe 1 fM usw. arbeiten. Bei der dritten Reihe häkelt man je 4 Stb um die 4 Lm der Vorreihe und trennt die Gruppen durch je 1 Lm. Die vierte Reihe wie die zweite, die fünfte wie die dritte Reihe arbeiten.

G

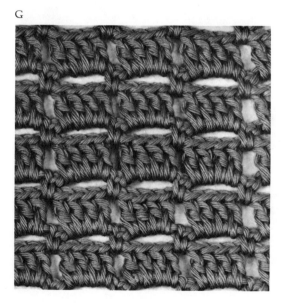

Muschen und Muschelmuster

Muschen – auch Noppen genannt – werden oft mit Muschelhäkelei verwechselt. Es handelt sich aber um zwei völlig verschiedene Techniken. Bei den Muschen bildet sich das reliefartige Muschenbild (Noppen) nur auf der dem Körper abgewandten Seite der Arbeit. Muschelmuster hingegen sind flach und erscheinen auf beiden Seiten gleich.

Muschen: Nach einem Luftmaschenanschlag arbeitet man zwei Reihen feste Maschen, wobei man jeweils nur die hinteren Maschenglieder der Vorreihe faßt. Erst in der dritten Reihe beginnt man mit dem eigentlichen Muster. Man

häkelt man eine Luftmasche und anschließend die ganze Reihe feste Maschen. Danach kommt wieder die Muschenreihe. Die Muschen werden versetzt gearbeitet, man sticht also jeweils in die mittlere feste Masche der Vorreihe ein (Foto links).

Muschelmuster A: Nach dem Luftmaschenanschlag arbeitet man eine feste Masche, überspringt zwei Luftmaschen des Anschlages und häkelt in die folgende Luftmasche fünf einfache Stäbchen. Dann wieder zwei Luftmaschen überspringen, eine feste Masche häkeln, wieder zwei Luftmaschen überspringen und fünf Stäbchen in die folgende Masche häkeln. Damit der Rand gleichmäßig wird, schließt man die Reihe mit einer festen Masche. Zum Wenden macht man drei Luftmaschen und häkelt in die feste Masche der Vorreihe zwei Stäbchen. Dann kommt auf das dritte Stäbchen der vorhergehenden Reihe eine feste Masche. Auf die feste Masche der Vorreihe wird eine Gruppe von fünf Stäbchen gehäkelt. Der weitere Rhythmus ergibt sich einwandfrei aus dem Maschenbild. Wenn man korrekt gearbeitet hat, muß die Reihe mit Stäbchen schließen. Man macht am Ende jedoch nur drei Stäbchen und wendet mit einer Luftmasche.

häkelt drei feste Maschen, greift dann auf der Rückseite (der dem Körper abgewandten Seite) hinunter zur ersten Reihe und häkelt in eine feste Masche fünf einfache Stäbchen. Diese werden allerdings nur halb fertig gearbeitet, nämlich: umschlagen, einstechen, Faden holen, durchziehen, Faden holen, durch zwei Schlingen ziehen. Diesen Vorgang noch drei- bis viermal wiederholen und dann alle auf der Nadel befindlichen Schlingen auf einmal abschürzen. Anschließend macht man drei feste Maschen, bevor die nächste Musche kommt. Zum Wenden

Muschelmuster B: Man beginnt mit dem Luftmaschenanschlag und wendet wie gewohnt.

A

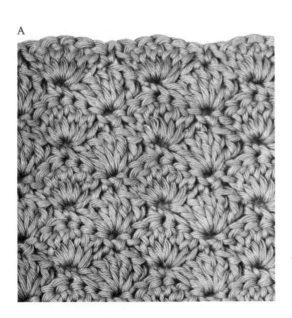

B

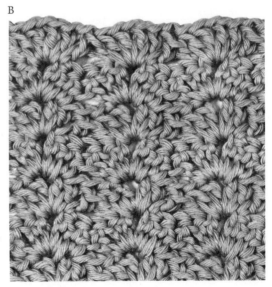

Halbrundes Schultertuch, in vier Farben gehäkelt. Arbeitsbeschreibung auf Seite 119. Diese Häkelarbeit muß sehr locker ausgeführt werden. Man benutzt dazu eine dicke Häkelnadel (INOX Nr. 6).

Erste Reihe: in die viertletzte Lm 1 Stb. * In die nächste M 2 Stb, 1 Lm, 2 Stb. Dann umschlagen, in die nächste M einstechen, Faden holen, durchziehen, Faden holen, durch 2 Schlingen ziehen, umschlagen, 3 Lm des Anschlages übergehen, in die 4. M einstechen. Faden holen, durchziehen, Faden holen, durch 2 Schlingen ziehen, Faden holen, durch 2 Schlingen ziehen, Faden holen und durch die 2 letzten Schlingen ziehen. Ab * wiederholen. Die Reihe endet mit den beiden zusammengemaschten Stb nach der Gruppe.

Zweite Reihe und alle folgenden Reihen: 3 Lm, 1 Stb, in die 1. M vor der Lm-Lücke, die zwischen den 4 Stb liegt. * Um die Lm wieder die beschriebene Gruppe: 2 Stb, umschlagen, in die nächste M einstechen, Faden holen, durchziehen, Faden holen, durch 2 Schlingen ziehen, umschlagen, 3 M übergehen, in die 1. M vor der Lücke einstechen, Faden holen, durchziehen, dreimal Faden holen und durch 2 Schlingen ziehen. Ab * wiederholen.

Wellenmuster

Lm-Anschlag. Erste Reihe: in die 4.-, 5.-, 6.- und 7.-letzte Lm des Anschlages je 1 Stb häkeln. * In die folgende Lm 3 Stb, in die nächsten 5 Lm je 1 Stb. 2 Lm des Anschlages übergehen, in die nächsten 5 Lm je 1 Stb häkeln. Ab * wiederholen. Die Reihe schließt nach den 3 Stb mit 5 Stb. Zweite Reihe und alle folgenden Reihen: in jedes Stb der Vorreihe je 1 Stb, in das mittlere der 3 Stb werden stets 3 Stb gearbeitet, statt der 2 Lm der ersten Reihe übergeht man zur Lochbildung zu beiden Seiten je 1 Stb der Vorreihe. Zwischen dem Ab- und Zunehmen müssen stets 5 Stb gehäkelt werden.

Sternmuster

Luftmaschen-Anschlag. Erste Reihe: in jede Lm 2 Stb (Zahl der Stäbchen durch 2 teilbar). Zweite Reihe: 3 Lm, in die 1. der 3 Lm einstechen, Faden zu einer Schlinge durchholen, aus dem 2. und 3. Stb der Vorreihe je 1 Schlinge holen, so daß 4 Schlingen auf der Nadel sind. Faden holen und durch alle Schlingen ziehen, dann 1 Lm zum Schließen des Ringes. * In das hintere Glied der letzten Schlinge des vorigen Stiches einstechen, Faden zu einer Schlinge durchholen, aus den nächsten 2 Stb je 1 weitere Schlinge holen, so daß 4 Schlingen auf der Nadel liegen, die zusammen abgemascht werden, 1 Lm zum Schließen. Ab * wiederholen.

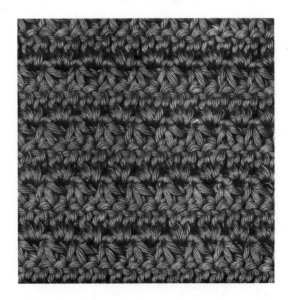

Dritte Reihe: in die Mitte des kleinen Sterns, also in die Lm der vorhergehenden Reihe, je 2 Stb häkeln.
Zweite und dritte Reihe fortlaufend im Wechsel wiederholen.

Pfauenaugen

Jedes Pfauenauge besteht aus zwei Reihen.
Erste Reihe: 1 fM in die zweitletzte Masche des Luftmaschenanschlages, 3 Maschen übergehen und in die 4. Lm 9 Stb (es entsteht ein Bogen), 3 Lm übergehen, 1 fM, 3 Lm übergehen, 9 Stb usw.

Zweite Reihe: Nachdem man mit 1 fM die Vorreihe geschlossen und mit 3 Lm gewendet hat, arbeitet man auf die nächsten 4 Stb je 1 halbfertiges Stb, also nur umschlagen, einstechen, Faden holen, durchziehen, Faden holen, durch 2 Schlingen ziehen (alle Schlingen gleich lang ziehen) umschlagen und jetzt alle 5 auf der Nadel liegenden Schlingen abmaschen. 1 Lm zum Schließen, 3 Lm. Auf das 5. Stb des Bogens 1 fM, 3 Lm, auf die folgenden 4 Stb die fM und die nächsten 4 Stb (also 9 Maschen), je 1 Stb nur halb fertig häkeln = alle 9 Schlingen auf der Nadel lassen. Hat man in dieser Weise 9 Stäbchen zur Hälfte gearbeitet, folgt: umschlagen, alle auf der Nadel liegenden Schlingen zugleich abmaschen und mit 1 Lm abschließen, 3 Lm usw. Die Reihe schließt stets mit einem halben Bogen.
Dritte Reihe: 3 Lm, in die abschließende Lm der 4 zusammengemaschten Stb 4 gewöhnliche Stb, 1 fM auf die fM der Vorreihe, 9 gewöhnliche Stb in die abschließende Lm der zusammengemaschten 9 Stb, 1 fM auf die fM der Vorreihe usw. Am Schluß 4 gewöhnliche Stb auf den halben Bogen der Vorreihe. Mit 3 Lm wenden, 9 halbfertige Stb usw. Zweite und dritte Reihe fortlaufend im Wechsel wiederholen.

Pikotmuster

Pikots kann man nicht nur als Abschlußkante, sondern auch als flächiges Durchbruchmuster arbeiten, und zwar wie folgt: Man beginnt mit einem Luftmaschenanschlag. Erste Reihe: in die drittletzte Lm des Anschlages 1 fM arbeiten. * 4 Lm, in die zweitletzte Lm 1 fM, in die drittletzte Lm 1 Stb und 4 Lm, in die zweitletzte Lm 1 fM, in die drittletzte Lm 1 Stb, 1 Lm. 3 Lm des Anschlages übergehen und in die folgende Lm 1 fM arbeiten. Ab * wiederholen. Wenden. Zweite Reihe: 4 Lm, in die zweitletzte Lm 1 fM,

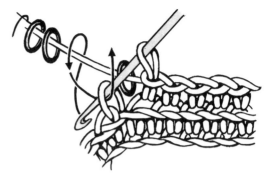

Langschal mit zu Taschen umgebogenen Enden, in die nach Art der Perlenhäkelei Ringe eingearbeitet wurden. Man fädelt dazu auf eines von zwei Garnknäueln vor Arbeitsbeginn die erforderliche Anzahl Ringe.

in die drittletzte Lm 1 Stb. Diesen Arbeitsgang nach dem Wenden dreimal, während der übrigen Reihe zweimal wiederholen. Zwischen jedes Pikotpaar 1 fM in den Zwischenraum (Bogen) des Pikotpaares der vorhergehenden Reihe arbeiten. Alle weiteren Reihen werden wie die zweite Reihe gehäkelt.

Perlenhäkelei

Beim Einhäkeln von Perlen oder Ringen (Foto rechts) wickelt man das Garn auf zwei Knäuel. Auf das Garn des einen Knäuels werden die Perlen oder Ringe wie bei einer Kette aufgefädelt. Während man mit dem Garn des anderen Knäuels ganz normal häkelt, nimmt man für jede Reihe oder Runde, die mit Perlen versehen werden soll, das Perlen-Knäuel. Man häkelt so, daß eine Perle oder ein Ring stets auf dem Verbindungsfaden zwischen zwei Maschen sitzt (Zeichnung oben).

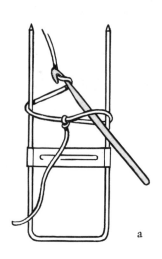 a
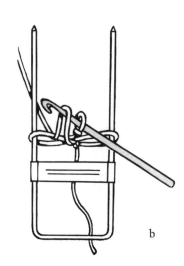 b
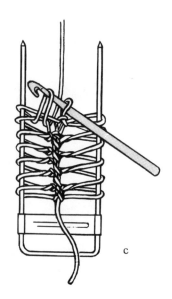 c

Gabelhäkelei

Zur Gabelhäkelei – auch Gimpelhäkelei genannt – braucht man außer einer Häkelnadel noch eine Gabel, die es in Breiten von 10 bis 100 mm zu kaufen gibt. Mit der Inox-Universal-Netzgabel kann man acht verschieden breite Gabelborten arbeiten.

Die Breite der Gabel bestimmt die Breite der einzelnen Borten, die man in der Länge unbegrenzt arbeiten kann. Durch Ineinanderhäkeln der Schlingen mehrerer Bortenstreifen läßt sich ein beliebig großes Stück herstellen. Für diese Technik kann man sowohl Wolle als auch Baumwollgarn verarbeiten. Baumwolle ergibt ein besonders klares Maschenbild (Arbeitsproben: MEZ Blautulpe).

Die Technik

Anfangsschlinge wie bei einer Luftmaschenkette arbeiten und diese über den rechten Schenkel der Gabel schieben. Der linke Gabelschenkel wird mit Daumen und Mittelfinger der linken Hand gehalten. Der Schlingenknoten soll in der Mitte zwischen beiden Gabelschenkeln liegen. Man legt den Faden nun von vorn nach hinten um den linken Stab der Gabel, holt den Arbeitsfaden durch (a) und mascht die Schlinge ab. Die Häkelnadel wird nun über den rechten Stab der Gabel gehoben und nach hinten gelegt.

Dann dreht man die Gabel von rechts nach links, wodurch sich der Faden von selbst um den linken Gabelschenkel legt. Nun sticht man in die links liegende vordere Schlinge ein, holt den Faden durch (b) und mascht beide auf der Nadel befindlichen Schlingen mit einem Umschlag (feste Masche) ab. Durch Drehen der Gabel, Schlingenholen und Abmaschen bildet sich auf der Gabel eine lange Schlingenreihe mit Mittelrippe (c). Ist die Gabel voll, zieht man sie vorsichtig heraus und schiebt nur die letzten vier oder fünf Schlingenpaare wieder auf die Gabel, so daß ein

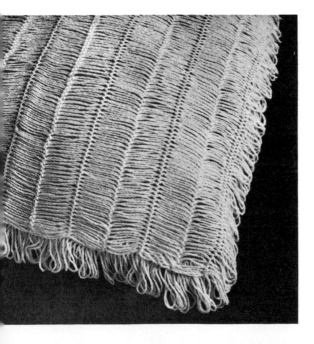

Vorhang aus MEZ Perlgarn in Weiß über einer JMRA-Netzgabel mit INOX-Häkelnadel Nr. 3 gehäkelt (links unten).

langer Streifen herunterhängt. An diesem Schlingenstreifen darf man nicht zu sehr ziehen, sonst löst er sich auf. Festigkeit bekommt die Arbeit erst, wenn man die Schlingen der

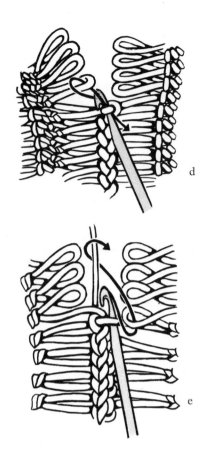

einzelnen Streifen miteinander verbindet. Das kann auf verschiedene Weise geschehen. Einmal kann man die Schlingen zweier Streifen ohne besonderen Faden einzeln, paar- oder büschelweise ineinanderhäkeln (d), zum anderen kann man aber auch abwechselnd von der einen zur anderen Bortenkante je eine Schlinge mit einem Hilfsfaden als Kettenmasche arbeiten (e). Schließlich ergeben sich durch Drehen der Schlingen noch besondere Variationsmöglichkeiten (Fotos Seite 108 und Seite 109).

Loopen

Das Loopen wird mit einer Spezialnadel – JMRA-Loopnadel – ähnlich einer dicken Stopfnadel mit Schaft – ausgeführt. Man kann sowohl mit Wolle als auch mit anderen Garnen arbeiten und verschiedene Muster bilden. Die Maschengröße und damit die Festigkeit der Arbeit wird durch den verstellbaren kleinen Anschlagring zwischen Öhr und Schaft bestimmt. Zum Loopen braucht man mehr Garn als zum Häkeln oder Stricken, die Technik ergibt aber auch eine wesentlich dickere und nur in einer Richtung dehnbare Arbeit.

Die Technik
Zuerst wird der Arbeitsfaden durch das Öhr der Loopnadel gefädelt und am Fadenende zu einer Schlinge geknotet (a). Die Loopnadel wird in der rechten Hand wie eine Stricknadel gehalten. Mit Daumen und Zeigefinger der linken Hand faßt man die Schlinge und stößt die Nadel mit dem Faden durch diese Schlinge bis zum Anschlagring (b). Nun wird der links von der Nadel liegende Faden mit Daumen und Zeigefinger der linken Hand festgehalten, während man die Nadel etwa 1,5 bis 2 cm, je nach Einstellung des Anschlagringes, zurückzieht. Die entstandene Schlinge wird wieder mit der linken Hand festgehalten (c). Auf diese Weise wird eine ganze Schlingenkette gebildet. Dabei muß man stets darauf achten, daß die Nadel nicht verdreht wird. Der links von der Nadel liegende Faden führt zur Arbeit, der rechts liegende zum Knäuel (d). Ist die Kette lang genug, wird die letzte Schlinge, die den Rand bildet, festgehalten und die Kette gewendet. Die Randschlinge liegt nun links (e). Die folgenden Reihen werden – im Gegensatz zum Häkeln – von links nach rechts gearbeitet.

1. Reihe: Die Nadel wird von vorn durch das obere Glied der vorletzten Masche und von hinten durch die Randschlinge gestoßen (f). Dann den Faden links von der Nadel festhalten, und die Nadel etwa 1,5 bis 2 cm (je nach Einstellung des Anschlagrings) zurückziehen. Die entstandene Schlinge festhalten, von vorn durch das obere Glied der nächsten Masche und von hinten durch die soeben entstandene Schlinge stoßen (g). Es ist wichtig, daß man immer bis ganz zum Anschlagring durchstößt und die Schlinge gut festhält, sonst wird das Maschenbild unregelmäßig. Wieder wird die Nadel zurückgezogen und die Schlinge festgehalten. So arbeitet man weiter bis zum Ende der Reihe. Die Randschlinge macht man wie folgt: Man stößt von

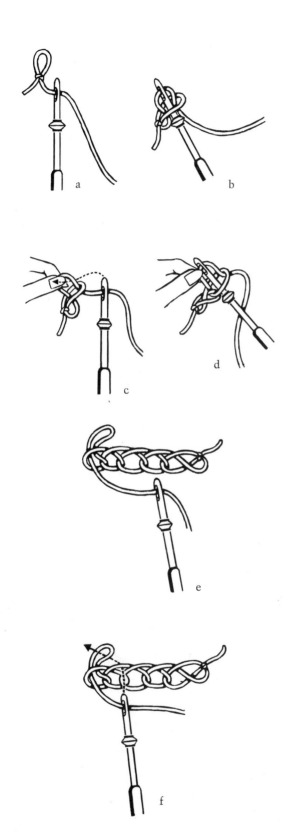
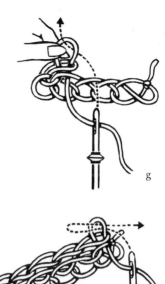
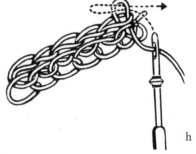

hinten durch die zuletzt entstandene Schlinge, bildet in der gewohnten Weise eine neue Schlinge, hält diese fest und wendet die Arbeit (h). Nach der Grundreihe wird der Anschlagring etwas tiefer geschoben, und man kann nun die nächsten Reihen wie beschrieben weiterarbeiten. Dabei wird die Loopnadel nur immer jeweils durch das obere Maschenglied der Vorreihe (nicht unter beiden Gliedern hindurch) gestoßen. Da der Arbeitsfaden nicht – wie beim Strikken oder Häkeln – um die Finger der linken Hand gewickelt wird, empfiehlt es sich, von Zeit zu Zeit etwas Wolle vom Knäuel abzuwickeln und lose daneben zu legen, damit die Arbeit keinen Zug hat und die Schlingen gleichmäßig werden. Unregelmäßig wird die Arbeit auch, wenn man nach dem Hochstoßen der Nadel bis zum Anschlagring nicht tief genug zurückfährt, um die nächste Masche zu bilden. Der Anschlagring wird für die verschiedenen Garnstärken etwa wie folgt eingestellt: feines Garn = 1,5–2 cm, mittelfeines Garn = 2–2,5 cm, starkes Garn = 2,5–3,5 cm von der Nadelspitze entfernt.

Waagerechtes Rippenmuster
Anschlagkette wie auf Seite 68 arbeiten. 1. Reihe: Die letzte Schlinge der Anschlagkette mit Daumen und Zeigefinger der linken Hand festhalten und wenden. Die folgende Masche übergehen, Nadel etwa 1 cm weit herunterziehen und durch die nächste Masche von vorn nach hinten stoßen (a). Faden links von der Nadel festhalten, Nadel etwa 1 cm weit zurückziehen. In die zuletzt entstandene Schlinge von vorn, in die erste Schlinge (Randschlinge) von hinten einstechen (b). Den links von der Nadel liegenden Faden festhalten, Nadel etwa 1 cm zurückziehen. Nun noch einmal durch die eben entstandene Schlinge stoßen (c) und durch Zurückziehen der Loopnadel eine Schlinge bilden. Man arbeitet weiter, indem man immer eine Anschlagmasche der Vorreihe übergeht (d), zwei Schlingen durch eine weitere zusammenschürzt und danach noch eine Schlinge bildet. Man wendet mit einer Randschlinge und arbeitet die zweite Reihe und alle weiteren Reihen in der beschriebenen Weise, jedoch faßt man nun stets

Die Looptechnik ermöglicht weniger Musterbildungen als das Häkeln, jedoch lassen sich die klassischen Loopstiche (Fotos oben und rechts) vielfältig variieren.

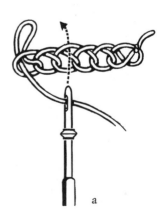

a

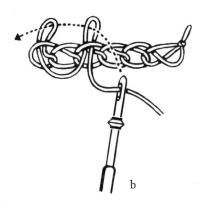
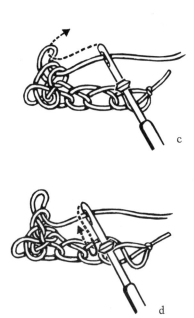

beide Maschenglieder der Vorreihe, man fährt also praktisch unter ihnen hindurch. (Fertiges Muster siehe Foto links.)

Looparbeiten brauchen keine besondere Abschlußkante. Lediglich der Faden der letzten Schlinge wird nach dem Abschneiden ganz durchgezogen und verstopft.

Arbeitsbeschreibungen zu den Häkelmodellen

Topflappen, Seite 75

Alle Topflappen aus MEZ-Blautulpe oder MEZ-Schulmädchen mit INOX-Häkelnadel Nr. 3 arbeiten.

Großer Teller: Dreifarbig in Weiß, Hell- und Dunkelgrün. Im Anschluß an einen Ring aus 5 Lm wie folgt weiterarbeiten. 1. Rd.: 1 Anfangslm, 10 fM in den Ring; diese und alle folgenden Rd. schließen mit 1 Kettm in die Anfangslm. 2. Rd.: 3 Anfangslm, dann Stb häkeln, jede M verdoppeln (22 M). 3. Rd.: 1 Anfangslm, fM, 10 mal jede 2. M verdoppeln (32 M). 4. Rd.: 3 Anfangslm, dann 2 Lm, 1 Stb in jede 2. M, und 2 Lm. 5. Rd.: 2 Stb in die übergangene fM der 3. Rd. 1 fM in das Stb der Vorrd. 6. Rd.: fM (48 M). 7. Rd.: wie 4. Rd. 8. Rd.: wie 5. Rd. 9. Rd.: fM (72 M). 10. Rd.: wie 4. Rd. 11. Rd.: wie 5. Rd. 12. Rd.: fM (108 M). Am Ende der Rd. für den Aufhänger 20 Lm häkeln, mit 1 Kettm. befestigen, mit 20 fM behäkeln.

Kleiner Teller: Dreifarbig in Orange, Gelb und Türkis. In Orange einen kreisrunden Teller häkeln (12 Runden). Danach 5 Runden in Gelb. Mit Türkis in die Randmaschen der letzten orangefarbenen Runde 2 fM arbeiten. Danach 2 Lm, 2 fM in die über den folgenden 2 fM liegenden fM der vorletzten gelben Runde arbeiten. Dann wieder 2 Lm und fM in die orangefarbene Schlußrunde arbeiten, und zwar 3 fM übergehen. Weiterarbeiten, so daß eine Bogenlinie entsteht, dabei in der orangefarbenen Kante jeweils 3, in der gelben Kante jeweils 2 fM übergehen. Schlußrunde um die gelbe Kante aus fM arbeiten, dabei jede fM zwischen den Bögen als tiefgezogene M (2 Runden tiefer einstechen) häkeln. Aufhänger aus 14 Lm mit fM umhäkeln.

Quadrate: Aus roter und weißer Baumwolle je 5 Quadrate von der Mitte ausgehend (Seite 76) arbeiten und zusammenhäkeln oder -nähen. Kante aus 2 Runden fM. Aufhänger aus 14 Lm mit fM umhäkeln.

Rosetten-Kissen, Seite 76

Größe 45 × 35 cm
Material: je 120 g MEZ-Kelimwolle in Oliv und Orangerot, 40 g Gelb, 60 g Schwarz. Dazu INOX-Wollhäkelnadeln Nr. 5 und Nr. 3.

Das Kissen besteht aus 12 grünen Quadraten mit schwarzen Umrandungen, auf die jeweils eine große Rosette in Rot und eine kleine in Gelb aufgenäht ist, und zwar nur jeweils in der Mitte. Man häkelt die einzelnen Teile wie folgt mit Nadel Nr. 5: Quadrat von der Mitte ausgehend, wie auf Seite 76 beschrieben.
Große Rosette: Häkelnadel Nr. 5. Luftmaschenring mit 12 Stb füllen. 1. Runde: 6 mal 3 Stb, 1 Lm im Wechsel arbeiten, also auf jedes 2. Stäbchen der Vorrunde 3 Stb aus 1 Masche. Abschlußrand: Pikots. Kleine Rosette: Häkelnadel Nr. 3. Ring aus 4 Lm mit festen Maschen füllen und Pikotkante arbeiten.
Alle Quadrate auf einer markierten Stoffunterlage (wegen der gleichen Größe) mit Nadeln spannen und unter einem feuchten Tuch dämpfen. Rosetten ebenfalls dämpfen. Quadrate von links mit überwendlichen Stichen (3 Quadrate in der Breite, 4 in der Länge) zusammennähen. Um den Außenrand 2 Runden Stb in Schwarz mit Nadel Nr. 5 arbeiten. Dabei in die 4 Eckmaschen nur jeweils 1 Stb arbeiten, damit sich die Umhüllung um die Kissenränder herumlegt und später gut zusammenziehen läßt. 3. Runde: auf jedes 2. Stb der Vorrunde 1 Stb häkeln.
Rosetten einzeln aufnähen. Aus doppeltem Faden eine Luftmaschenkette arbeiten und in die Randmaschen einziehen.

Schildkröte, Seite 77

Material: 2 Knäuel MEZ-Schulmädchen, türkis (Fb. 72), 1 Knäuel MEZ-Schulmädchen, gelb (Fb. 71), INOX-Wollhäkelnadel Nr. 2¹/₂ bis 3.

Rückenpanzer. 15 Lm anschlg. 1. Rd.: 1 fM in die 3. Lm von der Nadel aus, 1 fM in jede folg. Lm, in die 1. Anschlag-Lm 3 fM, in 12 Schlingen des Lm-Anschlags je 1 fM, in die 14. Anschlag-Lm 2 fM. 2. Rd.: 2 fM in die letzte Anschlag-Lm, 12 fM, in jede der 3 Eck-fM 2 fM, 12 fM, je 2 fM in die 2 nächsten fM. 3. Rd.: fM. 4. Rd.: je 2 fM in die 2 folg. fM, (2 fM in die nächste fM) 6 mal,

12 fM (2 fM in die nächste fM) 4 mal. 5. und 6. Rd.: fM. 7. Rd.: (2 fM in die nächste fM, 1 fM in die nächste fM) 2×, 12 fM (2 fM in die nächste fM, 1 fM in die nächste fM) 6×, 12 fM (2 fM in die nächste fM, 1 fM in die nächste fM) 4×. 8. u. 9. Rd.: fM. 10. Rd.: (2 fM in die nächste fM, 1 fM in die nächste fM) 3×, 12 fM (2 fM in die nächste fM, 1 fM in die nächste fM) 9×, 12 fM (2 fM in die nächste fM, 1 fM in die nächste fM) 6×. 11.–15. Rd.: fM. Am Ende der 15. Rd. beim Abmaschen der letzten fM gelben Faden durchholen. 16. Rd. (gelb): jeweils in die vordere Schlinge eines Abmaschgliedes stechen (in die nächste fM 1 Hstb, in die nächste fM 1 Stb, in die nächste fM 2 Dstb, in die nächste fM 2 Dstb, in die nächste fM 1 Stb, in die nächste fM 1 HStb) 13×. Fäden vernähen.

Bauchpanzer (türkis): 1.–5. Rd.: Genauso arbeiten wie Rückenpanzer. 6. Rd.: (2 fM in die nächste fM) 4×, 12 fM (2 fM in die nächste fM) 12×, 12 fM (2 fM in die nächste fM) 8×. 7. und 8. Rd.: fM. 9. Rd.: (2 fM in die nächste fM, 1 fM in die nächste fM) 4×, 12 fM, (2 fM in die nächste fM, 1 fM in die nächste fM) 12×, 12 fM (2 fM in die nächste fM, 1 fM in die nächste fM) 8×. 10. Rd.: fM. Fäden vernähen.

Bein (türkis): Alle 4 Beine gleich arbeiten. 5 Lm. 1. Rd.: 1 fM in 3. Lm von der Nadel aus, 1 fM in die folg. Lm, in die 1. Anschlag-Lm 3 fM, in die 2 gegenüberliegenden Schlingen der Anschlag-Lm je 1 fM, in die 4. Anschlag-Lm 2 fM. 2. Rd.: 2 fM in die 5. Anschlag-Lm, 2 fM, in die 3 Eck-fM je 2 fM, 2 fM, je 2 fM in die nächste 2 fM. 3.–11. Rd.: fM. Fäden durchholen und 25 cm hängen lassen.

Kopf (türkis): 4 Lm. 1. Rd.: 1 fM in die 3. Lm von der Nadel aus, in die 1. Anschlag-Lm 3 fM, in die gegenüberliegende Schlinge der Anschlag-Lm 1 fM, in die Eck-Lm 2 fM. 2. Rd.: 2 fM in die 4. Anschlag-Lm und jede folg. fM. 3. u. 4. Rd.: fM. 5. Rd.: (2 fM in die nächste fM, 1 fM in die nächste fM) 8 mal. 6.–9. Rd.: fM. 10. Rd.: (2 fM in die nächste fM, 1 fM übergehen) 8×. 11.–16. Rd.: fM. Faden durchziehen und 25 cm hängen lassen.

Schwanz (türkis): 2 Lm. 1. Rd.: 5 fM in 2. Lm von der Nadel aus. 2. Rd.: 2 fM in jede folg. fM. 3. u. 4. Rd.: fM. 5. Rd.: (2 fM in die nächste fM, 1 fM in die nächste fM) 5 mal. 6. u. 7. Rd.: fM. Faden durchziehen und 25 cm hängen lassen.

Höcker für Rückenpanzer (gelb): 2 Lm. 1. Rd.: 5 fM in 2. Lm von der Nadel aus. 2. Rd.: 2 fM in jede folg. fM. 3. Rd.: fM. 4. Rd.: 2 fM in jede folg. fM, bis die Rd. 20 fM zählt. Faden durchziehen und 10 cm hängen lassen. Noch 20 Höcker arbeiten.

Ausarbeiten: Rücken- und Bauchpanzer zusammennähen, dabei ausstopfen. An Halsansatzstelle die Halsweite des Kopfes offen lassen und an diesen Rändern den Kopf annähen. Beine und Schwanz jeweils flach zusammennähen und an den Bauchpanzer annähen. Aufnähen der Höcker: Beide Fadenenden jeweils in die Höhlung stopfen und mit MEZ-Progressgarn auf den Rückenpanzer nähen.

Topflappen, Seite 78

Herzform: mit 2 Lm beginnen, fM arbeiten, an beiden Seiten je Reihe 1 fM zunehmen bis zur breitesten Stelle. Gerade Maschenzahl (Herzmitte zwischen den Bögen) teilen und in zwei einzelnen Gängen häkeln. Dabei auf beiden Seiten in jeder Reihe 1 M abnehmen, bis nur noch 2 fM übrig sind. Kante mit 2 Runden fM in einer Kontrastfarbe umhäkeln.

Dreieck: wie Herz arbeiten, jedoch so lange zunehmen, bis ein gleichseitiges Dreieck entstanden ist. Einen auf einer »Strickliesel« gearbeiteten Schlauch (Seite 267), der an den Ecken zu Schlaufen gelegt wird, um den Rand nähen. Kleines Dreieck arbeiten und auf die Mitte nähen.

Geflecht: aus weißer und blauer Baumwolle je 5 gleich lange und gleich breite Streifen häkeln, wie auf dem Foto ineinanderflechten und an den Kreuzungspunkten zusammennähen. Mit Weiß 2 Runden fM arbeiten. An eine Ecke aus 14 Lm und fM einen Aufhänger häkeln.

Rippenmuster: 20 Lm zum Ring schließen. In den Lm-Ring fM häkeln, dabei nur das hintere Maschenglied auffassen. Danach wie auf Seite 78 (Quadrat von der Ecke ausgehend) beschrieben weiterarbeiten. Pikotkante nach Methode 1 (Seite 72) häkeln.

Kindergarten-Schuhe, Seite 79

Material: Bunte Wollreste, INOX-Häkelnadel. Nach einem Lm-Ring v. 5 M sieben bunte Runden fM häkeln. In der 8. Runde nur so weit herumhäkeln, daß 10 fM der Vorrunde übrigbleiben. Von hier aus so viele Lm anschlagen wie die letzte Teilrunde hat. Lm am Rundenbeginn anhäkeln und weiter rundherum 2 Runden mit regelmäßiger Zunahme arbeiten. Die folgenden 5 Runden ohne Zunahme häkeln, bis eine Art Gamasche fertig ist. Danach in die Maschen des oberen Einschlupfs greifend beliebig viele Runden ohne Zunahme häkeln, bis das Beinteil lang genug ist. Mit einer Pikotkante schließen. Auf die 3. Runde des Vorschuhs eine Runde fM arbeiten, die wie ein Kränzchen hochsteht. Für die Sohle 10 Lm anschlagen und immer rundherum häkeln, so daß die Lm in der Mitte verlaufen. Dabei an den Endpunkten der Lm-Kette regelmäßig soviel zunehmen, daß ein ovales Sohlenteil entsteht, das genau um den unteren Rand des fertigen Schuhteils paßt. Sohle und Oberschuh an den Kanten zusammenhäkeln.

Babyschuhe, Seite 79

Material: 1 Knäuel MEZ-Schulmädchen in Weiß, MEZ-Sticktwist in belieb. Farbe, INOX-Häkelnadel Nr. 3.

15 Lm anschlagen. Absetzen und bei der 9. Lm beginnend 6 mal 1 Stb arbeiten. In die Endmasche der Lm-Kette 3 Stb, und auf der anderen Seite der Lm-Kette wieder 6 mal 1 Stb arbeiten. Dann rundherum mit Kettenmaschen weiterhäkeln, dabei an den Endpunkten zunehmen, bis die Sohle groß genug ist (5–6 Runden). 2 Runden ohne Zunahme weiterhäkeln, danach um die Schuhspitze herum allmählich wieder abnehmen. Ist das Schuhteil groß genug, wird von nun an in der vorderen Mitte gewendet und hin und her gearbeitet, bis das Beinteil lang genug ist (10–12 Reihen). Abschlußkante: Pikots (gebundene Schuhe).

Bei den geknöpften Schuhen häkelt man die Hin- und Herreihen nicht bis ganz an die Maschenteilung nach der letzten Runde heran, sondern läßt auf jeder Seite 6 Maschen unberücksichtigt. Die letzten beiden Reihen des Beinteils werden durch 12 Maschen (Lm und anschl. Km) zum Knöpfriegel verlängert. Zierkante aus fM und Stickerei mit Sticktwist. Zum Schluß Sohlenkanten mit 1 Runde fM umhäkeln.

Angora-Kopftuch, Seite 79

Material: Patons Caramia Angora, 1 Perl-INOX-Häkelnadel Nr. 5. Das quadratische Tuch wird von der Mitte ausgehend in Runden gehäkelt, und zwar 1 fM und 3 Lm im Wechsel, der Anfang wird fest gearbeitet, die weiteren Runden häkelt man locker. Arbeitsbeginn: 4 Lm mit 1 Km zum Ring schließen. 1. Rd.: 1 fM in die 1. Lm des Ringes häkeln, * 3 Lm, 1 fM in die nächste Lm, ab * noch 2 mal wdh., die Runde endet mit 3 Lm, 1 Km in die 1. fM der Rd. 2. Rd.: mit 1 Km in die 2. Lm des Lm-Bogens vorgehen, 1 fM in die 2. Lm arbeiten, * 3 Lm, nochmals 1 fM in dieselbe Lm, 3 Lm, 1 fM, in den folgenden Lm-Bogen; ab * fortlaufend wdh., die Runde endet mit 3 Lm, 1 Km in die 1. fM, der Runde. 3. Rd.: * 1 fM, in den folgenden Lm-Bogen, 3 Lm, 1 fM in denselben Lm-Bogen, 3 Lm, 1 fM in die mittlere Lm des folgenden Lm-Bogens, 3 Lm, ab * fortlaufend wdh. Die Runde endet mit 3 Lm, 1 Km in die 1. fM der Runde. – Auf diese Weise das Tuch weiterhäkeln, dabei in die Ecken, die sich schon nach der 3. Rd. deutlich abzeichnen, jeweils 1 fM, 3 Lm, 1 fM arbeiten.

Rosettentopflappen, Seite 84 und 115

Der Topflappen wird doppelt gearbeitet. Auf einen einfachen quadratischen Topflappen aus weißen Stäbchen wird ein zweiter mit dem Rosettenmotiv gelegt und mit diesem ringsherum mit fM zusammengehäkelt. Als Abschlußkante Piktos nach Methode 1 (Seite 72).

Rosettenteil: In einen Ring aus 10 Lm abwechselnd 1 fM, 1 Lm häkeln. 1. Runde: auf die fM 1 fM, auf die Lm 1 Pikot. 2. Runde: 1 fM, 6 Lm auf die fM der Vorrunde im Wechsel, hinter die Pikots greifend. 3. Runde: auf die fM der Vorrunde 1 fM, um die Lm greifend 1 fM, 1 Stb, 3 Dstb, 1 Stb, 1 fM, 1 fM auf die nächste fM der Vorrunde usw. 4. Runde wie 2. Runde, jedoch jeweils 2 Lm mehr. 5. wie 3. Runde, jeweils 2 Dstb mehr. 6. wie 4. Runde, jeweils 2 Lm mehr. 7. wie 5. Runde, jeweils 2 Dstb mehr. 8. Runde:

fM in Weiß. 9. Runde (Blätter): 1 fM, 7 Lm, wenden und in die Lm Stb arbeiten, 1 fM, 9 Lm, wenden und in die Lm Stb arbeiten. 1 fM, 7 Lm, wenden, in die Lm Stb arbeiten, 1 fM. Den folgenden Blütenbogen der Vorrunde mit Lm hintergehen und wie zu Beginn der Rd. 3 Blätter arbeiten. Wiederholen, bis an allen 4 Ecken jeweils 3 Blätter gehäkelt sind. 10. Runde: von Blattspitze zu Blattspitze Lm arbeiten, danach 6 Lm und 2 Stb in die zuvor mit Lm hintergegangenen Blütenbögen, 6 Lm usw. 11. und 12. Runde: Stäbchen.

Bettüberwurf im Zickzackmuster, Seite 90

Größe: 200×165 cm. Material: MEZ-Sudanwolle, je 500 g in Goldgelb (Farbe 3208), Oliv (3235), Altrosa (894), Grau (434) und Beige (3205). Bei lockerer Arbeitsweise MEZ-Kelimwolle nehmen. INOX-Wollhäkelnadel Nr. 5. Maschenprobe: Quadrat 12×12 cm = 11 Reihen à 16 Maschen. (Ein anderes Ergebnis der Maschenprobe durch eine entsprechend dünnere oder stärkere Häkelnadel ausgleichen.) Die Decke besteht aus 12 Quadraten, 4 Zickzackstreifen und 12 Dreiecken.

Quadrat: 4 Lm zum Ring schließen. 1. Runde: In den Lm-Ring wie folgt häkeln: * 2 halbe Stb, 1 Lm * (von * bis * 3× wiederholen). 2. Runde: * Zwischen die 2 Stb der Vorrunde 1 halbes Stb, um die Lm. 2 halbe Stb, 1 Lm, 2 halbe Stb * häkeln. (Von * bis * 3× wiederholen.) 3. Runde: * 4 halbe Stb, um die Lm der Vorrunde 2 halbe Stb * (von * bis * 3× wiederholen). 4. Runde: * 7 halbe Stb, um die Lm der Vorrunde 2 halbe Stb, 1 Lm, 2 halbe Stb * (von * bis * 3× wiederholen). 5. Runde: * 10 halbe Stb, um die Lm der Vorrunde 2 halbe Stb, 1 Lm, 2 halbe Stb * (von * bis * 3× wiederholen.) 6. Runde: * 13 halbe Stb, um die Lm der Vorrunde 2 halbe Stb, 1 Lm, 2 halbe Stb * (von * bis * 3× wiederholen). 7. Runde: * 16 halbe Stb, um die Lm der Vorrunde 2 halbe Stb, 1 Lm, 2 halbe Stb * (von * bis * 3× wiederholen). 8. Runde: * 19 halbe Stb, um die Lm der Vorrunde 2 halbe Stb, 1 Lm, 2 halbe Stb * (von * bis * 3× wiederholen). 9. Runde: 22 halbe Stb, um die Lm der Vorrunde 2 halbe Stb, 1 Lm, 2 halbe Stb, * (von * bis * 3× wiederholen). 10. Runde: * 25 halbe Stb, um die Lm der Vorrunde 2 halbe Stb, 1 Lm, 2 halbe Stb * (von * bis 3× * wiederholen). 11. Runde: * 28 halbe Stb, um die Lm der Vorrunde 2 halbe Stb, 1 Lm, 2 halbe Stb * (von * bis * 3× wiederholen). 12. Runde: 31 halbe Stb, um die Lm der Vorrunde 2 halbe Stb, 1 Lm, 2 halbe Stb * (von * bis * 3× wiederholen). Arbeit beenden. Noch 11 gleiche Musterquadrate arbeiten.

Zickzack-Streifen: Auf eine Luftmaschenkette von 212 M wie folgt häkeln: * 34 halbe Stb, in die folgende M 2 halbe Stb, 1 Lm, in die nächste M, 2 halbe Stb, 34 halbe Stb, die folgende M übergehen, in die nächste M 1 halbes Stb, die folgende M übergehen und in die nächste M 1 halbes Stb * (von * bis * wiederholen). 34 halbe Stb, in die folgende M 2 halbe Stb, 1 Lm, in die nächste M 2 halbe Stb und anschließend 34 halbe Stb häkeln. 2. Reihe: Wie erste Reihe, jedoch bei den Zunahmen wie folgt arbeiten: um die Lm der Vorreihe 1 halbes Stb, 1 Lm, 1 halbes Stb. Anschließend noch 2 Reihen wie Reihe 2 folgen lassen. Dabei gleichzeitig beiderseits an den Seitenkanten 2 Reihen 1 M abnehmen. Im Anschluß daran in verschied. Farben 9 Reihen auf die zuvor beschriebene Weise häkeln. Arbeit beenden. Zickzackstreifen noch 3× arbeiten.

Dreieck: Auf eine Luftmaschenkette von 8 M wie folgt häkeln: 1. Runde: die Lm-Kette zu einem Ring schließen, in den Lm-Ring 2 halbe Stb, 1 Lm, 2 halbe Stb häkeln. 2. Runde: 3 halbe Stb, um die Lm 2 halbe Stb, 1 Lm, 2 halbe Stb, 3 halbe Stb. 3. Runde: 6 halbe Stb in die Stb der Vorrunde, um die Lm 2 halbe Stb, 1 Lm, 2 halbe Stb, 6 halbe Stb in die folgenden Stb der Vorrunde. 4. Runde: 9 halbe Stb in die Stb der Vorrunde, um die Lm 2 halbe Stb, 1 Lm, 2 halbe Stb, 9 halbe Stb in die letzten Stb der Vorrunde. 5. Runde: 12 halbe Stb in die ersten Stb der Vorrunde, um die Lm 2 halbe Stb, 1 Lm, 2 halbe Stb, 12 halbe Stb in die letzten Stb der Vorrunde. 6. Runde: 15 halbe Stb in die ersten Stb der Vorrunde, um die Lm 2 halbe Stb, 1 Lm, 2 halbe Stb, 15 halbe Stb in die letzten Stb der Vorrunde. 7. Runde: 18 halbe Stb in die ersten Stb der Vorrunde, um die Lm, 2 halbe Stb, 1 Lm, 2 halbe Stb, 18 halbe Stb, in die letzten Stb der Vorrunde. 8. Runde: 21 halbe Stb in die ersten Stb der Vorrunde, um die Lm 2 halbe Stb, 1 Lm, 2 halbe Stb, 21 halbe Stb in die letzten Stb der Vorrunde. 9. Runde: 24 halbe Stb, in die ersten

Stb der Vorrunde um die Lm, 2 halbe Stb, 1 Lm, 2 halbe Stb, 24 halbe Stb in die letzten Stb der Vorrunde. 10. Runde: 27 halbe Stb, in die ersten Stb der Vorrunde, um die Lm, 2 halbe Stb, 1 Lm, 2 halbe Stb, 27 halbe Stb in die letzten Stb der Vorrunde. 11. Runde: 30 halbe Stb in die ersten Stb der Vorrunde um die Lm, 2 halbe Stb, 1 Lm, 2 halbe Stb, 30 halbe Stb in die letzten Stb der Vorrunde. 12. Runde: 33 halbe Stb, in die ersten Stb der Vorrunde, um die Lm 2 halbe Stb, 1 Lm, 2 halbe Stb, 33 halbe Stb, in die letzten Stb der Vorrunde. Anschließend die Arbeit beenden. Noch 11 gleiche Dreiecke arbeiten.

Fertigstellung: 3 Schmalseiten-Dreiecke nebeneinanderlegen und die Ecken verbinden. Anschließend ein Dreieck an die rechte Kante eines anderen Dreiecks (=35 M) legen und zusammenhäkeln. Im Anschluß daran 1 Quadrat zwischen das 1. und 2. untere Dreieck legen und zusammenhäkeln. Ein zweites Quadrat zwischen das 2. und 3. untere Dreieck legen und zusammenhäkeln. An der 2. Kante des 3. unteren Dreiecks ein weiteres Dreieck legen und anhäkeln. Anschließend einen Zickzack-Streifen mit der zuletzt gearbeiteten Reihe an die Arbeit legen und die beiden Kanten zusammenhäkeln. Im Anschluß daran 3 Quadrate an die Zickzacklinie legen und die Kanten zusammenhäkeln. Im Anschluß daran einen Zickzack-Streifen mit der zuerst gearbeiteten Reihe an die Kanten der Quadrate legen und diese zusammenhäkeln. Anschließend an die rechte 1. Zickzacklinie ein Dreieck legen und anhäkeln. 2 Quadrate an die oberen Kanten des Zickzack-Streifens legen und anhäkeln. An die linke Kante des Zickzack-Streifens ein Dreieck legen und anhäkeln. Im Anschluß daran einen Zickzack-Streifen mit der zuerst gehäkelten Reihe an die Arbeit legen und die beiden Kanten zusammenhäkeln. Anschließend 3 Quadrate an die Zickzacklinie legen und die Kanten zusammenhäkeln. Dann einen Zickzackstreifen mit der zuletzt gehäkelten Reihe an die Arbeit legen und die beiden Kanten zusammenhäkeln. Anschließend an der rechten Kante des Zickzack-Streifens ein Dreieck anhäkeln. Im Anschluß daran 2 Quadrate an die Zickzacklinie legen und die Kanten zusammenhäkeln. An die letzte Kante des Zickzack-Streifens ein Dreieck anhäkeln. Anschließend 3 Dreiecke an die oberen Kanten anhäkeln. Alle Kanten zum Schluß mit 2 Reihen fM umhäkeln und an die Schmalseiten Fransen knüpfen.

Kissen mit Filetrosetten, Seite 91

20 Rosetten wie folgt arbeiten: Ring aus 7 Lm. 2. Runde: 6 Doppelstb, 5 Lm, insgesamt viermal in den Lm-Ring. 3. Runde: auf jed. Dstb 1 Büschelstb, in die vier Eckbögen jeweils 4 Lm, 1 fM, 4 Lm. Rosetten mit den Bögen aneinandernähen. Material: MEZ-Filethäkelgarn Liana Nr. 5, Häkelnadel JMRA-Record Nr. 4.

Decke in Irischer Filethäkelei, Seite 86/87

Die Decke aus Sechsecken kann man beliebig groß arbeiten, da die einzelnen Teile patchworkartig zusammengesetzt werden.
Material: Filethäkelgarn, Häkelnadel JMRA-Record Nr. 4. Kette aus 8 Lm zum Ring schließen. 1. Runde: 18 fM. 2. Runde: 1 fM, 5 LM, die folgende fM in die 3. fM der Vorrunde. Insgesamt 6 mal. 3. Runde: in jeden Lm-Bogen 8 Dreifachstb. Das 1. Stb der Runde durch 4 Lm ersetzen. 4. Runde: in das 1. Dreifachstb der Vorrunde 1 fM, 2 Lm, 1 fM arbeiten. Danach 7 fM. Insgesamt 6 mal. 5. Runde: * 1 Zweifach-Büstb, 6 Lm und 1 Zweifach-Büstb – alle in denselben Lm-Bogen der Vorrunde häkeln, mit 3 Lm 2 fM der Vorrunde übergehen, in die folgende fM 1 Zweifach-Büstb. 3 Lm, 1 Zweifach-Büstb in die 3. fM der Vorrunde. 3 Lm. Ab * wiederholen. Insgesamt 6 mal. (Das Zweifach-Büschelstäbchen besteht aus 3 Stäbchen mit 2 Umschlägen). 6. Runde: 3 fM, 2 Lm, 3 fM in die jeweils großen Lm-Bögen der Vorrunde. In die jeweils kleinen Lm-Bögen der Vorrunde 3 fM. 7. Runde: in die mittlere fM jedes Bogens der Vorrunde 1 Zweifach-Büstb arbeiten, dazwischen jeweils 3 Lm. In die 6 Eckbögen arbeitet man jeweils 2 Zweifach-Büstb, 6 Lm und wieder 2 Zweifach-Büstb. Das mittlere Büstb-Paar kommt in die beiden Lm der Vorrunde. 8. Runde: wie Runde 6. 9. Runde: Abschlußrand aus fM, in die 6 Ecken jeweils 2 fM häkeln.

Halbrundes Schultertuch, Seite 104

Material: MEZ-Kelimwolle in Orangerot für das Tuch, Orange, Ocker, Zitronengelb und Weiß für die Kante. INOX-Häkelnadel Nr. 6. Mit 30 Lm beginnen. In Hin- und Herreihen sehr locker arbeiten: 2 fM, 1 Lm im Wechsel, reihenweise versetzt, also fM auf Lm der Vorreihe. Dabei an jedem Reihenende 4 Lm anschlagen und in der folgenden Reihe nach dem Wenden sofort mit 1 fM, 1 Lm beginnen, so daß die Arbeit allmählich immer breiter wird. Man kann das Tuch beliebig groß häkeln. Die Kante aus jeweils 2 fM in jeden Zwischenraum wird an der einen Ecke des Tuches begonnen und in der den übrigen Maschen entgegengesetzten Richtung gehäkelt, und zwar in Orange. Es folgt eine Reihe in Ocker: 4 Dreifachstäbchen in die Randmasche der Vorreihe, 2 M der Vorreihe übergehen, in den 3. Zwischenraum 1 fM, 3 Lm, 1 fM. 2 M übergehen, in die folgende M der Vorreihe 7 Dreifachstb, 2 M übergehen, in den 3. Zwischenraum 1 fM, 3 Lm, 1 fM, dann wieder 2 M übergehen. 7 Dreifachstb. usw. Die folgende Reihe in Zitronengelb wird aus jeweils 9 Dreifachstb in die Lm der Vorreihe greifend gearbeitet, unterbrochen von jeweils 1 fM auf das mittlere der 7 Dreifachstb der Vorreihe. Die letzte Bogenkante wird in Weiß gearbeitet, und zwar auf jed. Dreifachstb 1 fM, auf das mittlere Dreifachstäbchen jed. Bogens 2 fM. Häkelt man auf beiden Seiten den 3. und den 8. Randbogen zusammen, entsteht ein Mini-Westchen mit kurzen Ärmeln.

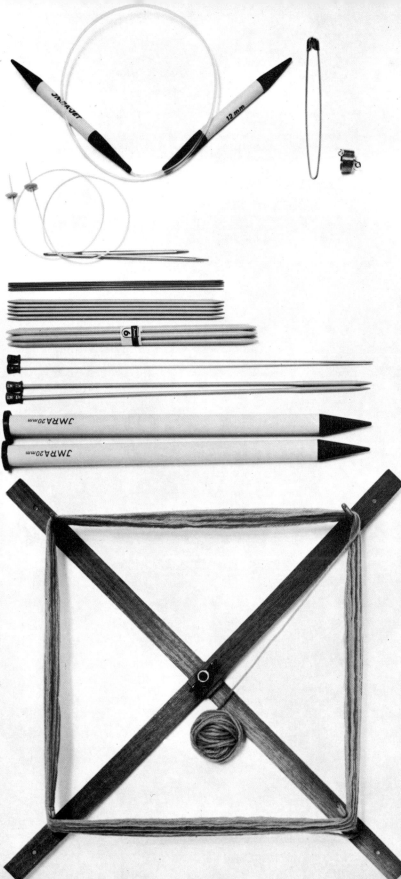

Stricken

Das richtige Verhältnis
zwischen Nadel
und Garn
Der Maschenanschlag
So strickt man rechts
und links
Amerikanische und
französische Methode
Verschränkte Maschen
Wenden
Das Patentstricken
Knopflöcher
Lochmuster
Zähnchenrand
Flechtmuster
Gittermuster
Netzpatent
Mehrfarbiges Stricken
Abketten
Aufheben und
Aufhäkeln
gefallener Maschen
Verbreitern
Zunehmen
Abnehmen
Die Schulterschrägung
Halsabschlüsse
Kragenblenden
Die gestrickte Tasche
Diagonalgestrick
Zusammennähen
Rundstricken
Strumpf
Handschuh
Stricken mit der
Rundnadel
Kunststricken
Arbeitsbeschreibungen

Dieses Kissen kann man aus vier Teilen im Diagonalgestrick zusammensetzen oder von der Mitte ausgehend in einem Stück stricken. Beide Techniken sind auf Seite 145 und 165 beschrieben.

Grundmethoden

Beim Stricken unterscheidet man zwei Grundmethoden: das Flachstricken – hin und her mit zwei Nadeln – und das Rundstricken, wobei man spiralenartig weiterstrickt, ohne die Arbeit zu wenden. Man sagt auch offene und geschlossene Arbeit. Beim Rundstricken kann man entweder mit fünf Nadeln (einem Spiel) arbeiten oder mit einer einzigen Rundnadel (aus Metall oder Perlondraht mit verdickten Enden). Das Flachstricken ist die einfachere der beiden Grundmethoden.

Das richtige Verhältnis zwischen Nadeln und Garn

Für jede Strickarbeit steht ein reiches Sortiment an Spezial-Nadeln zur Verfügung (JMRA und INOX). Die Stärke der Nadeln richtet sich nach der Stärke der Wolle, dem Strickmuster und dem Verwendungszweck des Gestrickten.

Die meisten Spinnereien geben auf dem Garnetikett die Stärke der am besten geeigneten Nadeln, oft auch das Ergebnis der Maschenprobe an. Die Maschenprobe* sagt aus, wieviel Maschen und wieviel Reihen ein 10 × 10 cm großes Strickstück ergeben. Allerdings kann man sich auf diese Angaben nicht hundertprozentig verlassen, da jeder anders (extrem locker, normal oder extrem fest) arbeitet, wie die drei Strickproben (Fotos S. 123) zeigen. Es ist deshalb ratsam, vor jeder Arbeit selbst eine Strickprobe anzufertigen. Grundsätzlich gelten folgende Richtlinien: feinere Wollqualitäten strickt man mit 2 bis 2^1/$_2$ mm starken Nadeln, mittlere mit 3 bis 3^1/$_2$ mm starken Nadeln und dickere mit 4 bis 4^1/$_2$ mm starken Nadeln. Für Schnellstrickwolle oder Dochtgarne nimmt man 5 mm oder noch dickere Nadeln (JMRA-Jet). Die auf den Nadeln oder Nadelpackungen angegebenen Zahlen entsprechen deren Millimeterstärke. Die Strickproben dieses Buches wurden mit PERL-INOX Stricknadeln Nr. 3 (Wolle Britanica Medium Patons Turkey) angefertigt. Wer besonders fest strickt, wählt die Nadeln eine halbe Nummer stärker, wer locker strickt, eine halbe Nummer dünner.

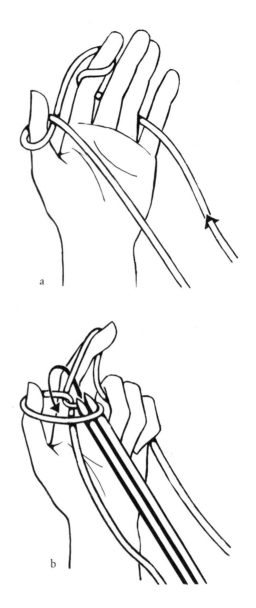

Der Maschenanschlag

Der gebräuchlichste Anschlag ist der Kreuzanschlag. Dazu nimmt man in die rechte Hand die für die Flachstrickerei erforderlichen beiden Stricknadeln. Die linke Hand hält man so, daß die Innenfläche auf den Boden zeigt. Jetzt führt man den Arbeitsfaden zwischen dem kleinen Finger und dem Ringfinger von unten nach oben hindurch, legt ihn über den Mittelfinger und wickelt ihn einmal über den Zeigefinger. Das Fadenende – für jeweils zehn anzuschlagende Maschen eine Nadellänge – wird, vom Zeigefinger kommend, an der Daumen-Innenseite vorbeigeführt, außen um den Daumen herumgelegt und innen über die Handfläche geführt (a). Wenn's geklappt hat, kommt der nächste Schritt: die Nadeln mit der rechten Hand von unten nach oben durch die Schlinge am Daumen führen, den Faden, der vom Zeigefinger

---

*Eine große Hilfe bei der Maschenprobe ist der INOX Strickrechner, eine Zahlentabelle, von der man mit Hilfe eines Schiebers die richtigen Maschen- und Reihenzahlen ablesen kann.

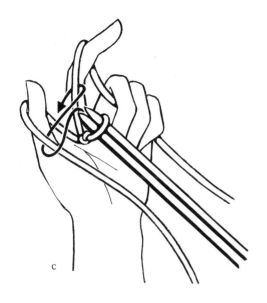

Zuerst aber noch eine andere Art, Maschen anzuschlagen, und zwar aus einer Masche. Man nennt sie *gestrickter Anschlag*. Das geht so vor sich: die Faden- und Nadelhaltung ist die gleiche wie beschrieben. Auch die erste Masche wird wie bekannt angeschlagen, jedoch nimmt man nur eine Nadel dazu. Die Nadel mit der angeschlagenen Masche nimmt man in die linke Hand, während man die zweite Nadel in die rechte Hand nimmt. Damit sticht man von vorn nach hinten in die auf der linken Nadel befindliche Masche ein (d), schlägt den Faden um die rechte Nadel (e) und zieht ihn durch die Masche (f). Die Masche selbst wird nicht abgehoben. Jetzt sticht man mit der linken Nadel in die Masche, die sich auf der rechten Nadel gebildet hat, schlägt den Faden um die rechte Nadel und zieht ihn durch (g). Dabei nicht die Masche abheben!

kommt, umschlagen und zurück durch die Daumenschlinge ziehen (b). Dabei nimmt man den Daumen gleich mit heraus und zieht die entstandene Schlinge, die jetzt auf den Nadeln sitzt, fest.

Beim Umschlagen des Fadens am Zeigefinger müssen die Nadeln stets hinter dem Arbeitsfaden liegen – aber das ergibt sich fast von selbst. Bei der zweiten Masche und allen weiteren Maschen geht man folgendermaßen vor: mit dem Fadenende, das durch die Faust läuft, bildet man um den Daumen eine neue Schlinge. Dann verfährt man wie bei der ersten Masche (c): von unten nach oben in die Daumenschlinge einstechen, um den Zeigefinger umschlagen, durch die Daumenschlinge durchziehen, Daumen mit herausnehmen und Schlinge fest anziehen. Hat man genügend Maschen angeschlagen (in manchen Gegenden sagt man auch aufgeschlagen), zieht man eine der beiden Nadeln sorgfältig heraus. Jetzt kann man mit dem Stricken beginnen.

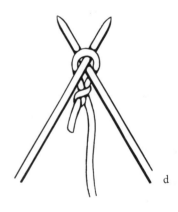

d

e

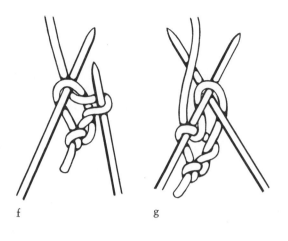

f   g

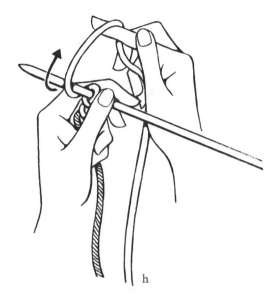

h

So fährt man laufend fort. Die Maschen auf der linken Nadel mehren sich, während auf der rechten Nadel immer nur eine Masche bleibt.

Da dieser Anschlag sehr lose ist, empfiehlt er sich nur dort, wo die Maschen später wieder aufgenommen werden sollen, zum Beispiel bei einem Saum. Als Abschlußkante eignet sich der gestrickte Anschlag nicht. Schließlich kann man noch Maschen aus einer gehäkelten Luftmaschenkette (siehe Seite 68) anschlagen. Dazu faßt man mit einer Stricknadel die oberen waagerechten Luftmaschenglieder von vorn nach hinten einzeln auf. Der *amerikanische* und der *französische Anschlag* entspricht im Prinzip dem einfachen Kreuzanschlag, jedoch arbeitet man später beim Weiterstricken mit dem Arbeitsfaden in der rechten Hand.

Anschlag für Rippenmuster

Der Anschlag für das Rippenmuster (1 M rechts, 1 M links im Wechsel) muß besonders elastisch sein. Für diese Anschlagart muß man den hängenden Faden vorher abmessen. Eine Anschlagmasche verbraucht 1–1,5 cm Fadenlänge. Für Rippenmuster schlägt man stets eine gerade Maschenzahl an. Man beginnt mit einer Anfangsschlinge. Die Schlinge wird mit Daumen und Zeigefinger der linken Hand festgehalten. Den Knäuel-Faden unter der Nadel nach vorn und über die Nadel zurückführen (h). Die Schlinge mit Daumen und Zeigefinger der rechten Hand festhalten und den lose hängenden Faden von hinten über die Nadel nach vorn führen (i). Die Schlinge mit Daumen und Zeigefinger der linken Hand festhalten und den Knäuel-Faden zunächst vorn über den hängenden Faden legen, dann ersteren unter der Nadel nach hinten führen (j). Die Schlinge mit Daumen und Zeigefinger der rechten Hand festhalten und den lose hängenden Faden von hinten über die Nadel nach vorn führen (k). Die Schlinge mit Daumen und Zeigefinger der linken Hand festhalten und den Knäuelfaden unter der Nadel nach vorn und über die Nadel wieder zurückführen (l). Die Schlingen mit Daumen und Zeigefinger der rechten Hand festhalten und den lose hängenden Faden zunächst über den Knäuel-Faden legen, dann ersteren unter der Nadel von hinten nach vorn führen. Es sind nun 2 Maschen zuzüglich Anfangsschlinge auf der Nadel. Diese 6 Arbeitsgänge fortlaufend wiederholen (m). Sind genügend Maschen angeschlagen, den Knäuel-Faden und den lose hängenden Faden über der Nadel miteinander verknoten (n).

Maschenbildung

Hat man die erforderliche Maschenzahl angeschlagen, zieht man eine der beiden Nadeln aus dem Maschenanschlag, nimmt die Nadel mit den Maschen in die linke Hand und führt den vom Knäuel kommenden Faden über den Zeigefinger und unter den übrigen Fingern der linken

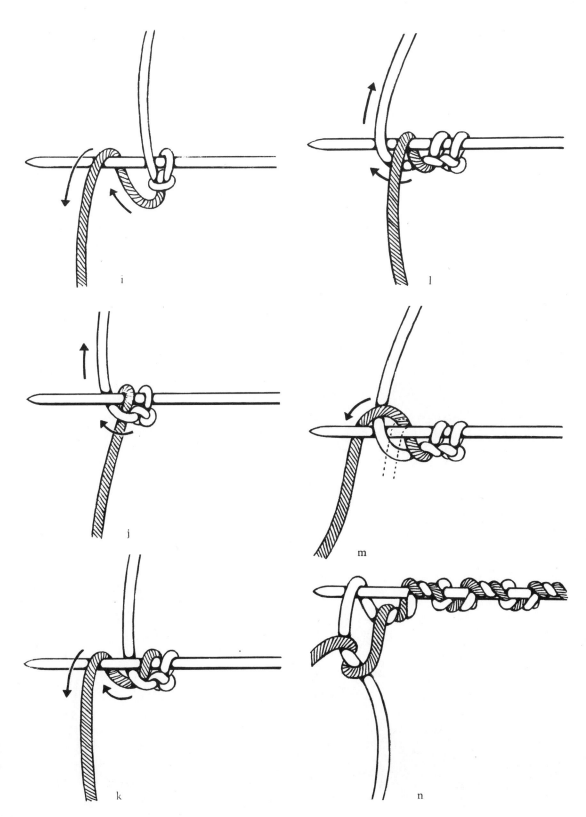

Hand hindurch. Die rechte Hand hält die zweite Nadel. Maschen entstehen aus Schlingen, die durch die Maschenglieder des Anschlages von der linken auf die rechte Nadel geholt werden. In jeder folgenden Reihe werden die Schlingen durch die Maschen der vorhergehenden Reihe geholt. Je nachdem, wie man die Schlingen durchholt, entstehen Rechts- oder Linksmaschen, rechts verschränkte oder links verschränkte Maschen (auch verdrehte Maschen genannt).

So strickt man rechts

Die rechte Nadel wird von vorn durch die Masche auf der linken Nadel geführt, der zum Zeigefinger führende Faden wird in Pfeilrichtung durchgeholt (a), und die Masche wird von der Nadel gehoben.

So strickt man links

Hier wird der Faden vor die linke Nadel gelegt, die rechte Nadel führt hinter dem Faden von oben in die Masche und holt die Schlinge in Pfeilrichtung durch (b).

Amerikanische und französische Methode

Das Abstricken nach der amerikanischen oder französischen Methode zeigen die Zeichnungen c–f. Hier wird jedoch der Arbeitsfaden mit der rechten Hand geführt. Die in den folgenden Kapiteln beschriebenen Einzelheiten (Wenden, Zunahmen, Abnahmen, Strickmuster) gelten – bis auf die seitenverkehrte Fadenführung – im Prinzip auch für die amerikanische Strickmethode.

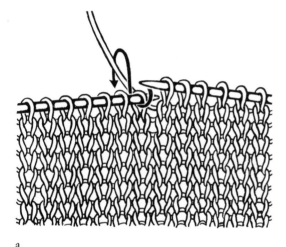

a

b

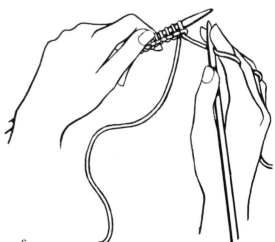

c

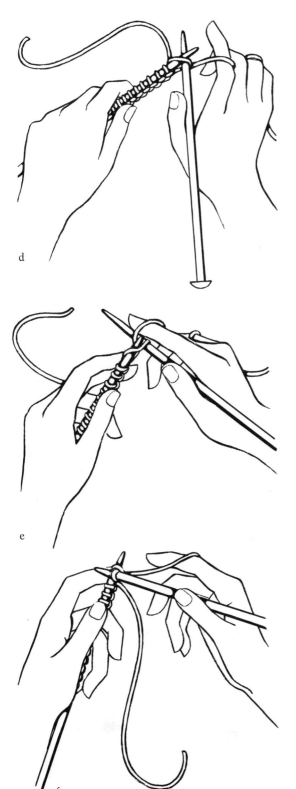

Verschränkte Maschen

Eine rechts verschränkte Masche entsteht, wenn man die rechte Nadel hinter der linken Nadel von oben in die Masche einführt und den Faden in Pfeilrichtung (g) durchholt.

Bei der links verschränkten Masche wird der Faden vor die linke Nadelspitze gelegt, die rechte Nadel führt hinter der linken Nadelspitze von unten in die Masche und holt den Faden durch (h).

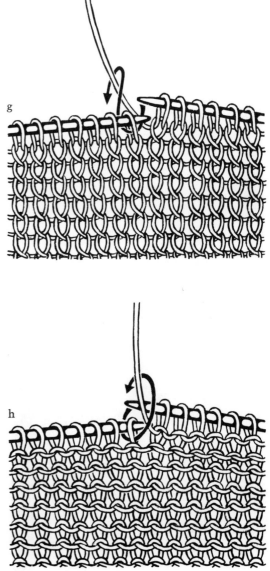

Wenden

Beim Flachstricken muß die Arbeit am Ende jeder Reihe exakt gewendet werden, damit die seitlichen Ränder gut aussehen. Die gebräuchlichsten Randbildungen sind: der Kettenrand, der Knötchenrand und der doppelte Rand. Bei Strickteilen, die später zusammengestrickt werden sollen, wendet man den Kettenrand an, weil sich die Maschenglieder gut auffassen lassen. Den Knötchenrand macht man immer dann, wenn Strickteile zusammengenäht werden. Der doppelte Rand wird ebenfalls bevorzugt, wenn die Maschen mit einer Nadel zum Weiterstricken aufgefaßt werden sollen.

Kettenrand: Man strickt die letzte Masche der Reihe nicht ab, sondern legt den Faden vor die linke Nadel und hebt die Masche hinter dem Faden mit der rechten Nadel ab. Dann wendet man und strickt diese Masche (nun die erste) verdreht (verschränkt) ab, indem man hinten einsticht und den Arbeitsfaden durchholt (links).

Knötchenrand: Die letzte Masche normal rechts abstricken, Faden so umschlagen, daß er vor der rechten Nadel liegt, zurück durch die Masche ziehen und die Masche abheben. Am Anfang der neuen Reihe wird der Faden außen um den Rand herum vor die linke Nadel gelegt. Dann sticht man hinten in die erste Masche ein und hebt sie ab. Beim Abstricken der zweiten Masche Arbeitsfaden fest anziehen (oben).

Doppelter Rand: Zum Arbeiten des doppelten Randes braucht man eine Hilfsnadel. Erste Reihe: die 1. Masche auf eine Hilfsnadel vor die Arbeit legen, die folgenden 2 Maschen wie zum Linksstricken abheben, den Faden vor diesen 2 Maschen weiterführen; dann die Maschen der Hilfsnadel rechts stricken. Anschließend Links-

Puppe aus Einzelteilen – Pulli, Hose, Socken – zusammengesetzt. Arbeitsbeschreibung S. 166.

maschen bis zu den letzten 3 Maschen der Reihe stricken. Die folgenden 2 Maschen auf einer Hilfsnadel hinter die Arbeit legen, die letzte Masche rechts stricken und dann die 2 Maschen von der Hilfsnadel wie zum Linksstricken abheben; dabei den Faden vor den Maschen weiterführen. Zweite Reihe: 2 Maschen rechts, 1 Masche wie zum Linksstricken abheben, den Faden vor der Masche weiterführen. Bis zu den letzten 3 Maschen der Reihe rechts stricken. Die folgende Masche wie zum Linksstricken abheben, den Faden vor der Masche weiterführen, 2 Maschen rechts stricken. Dritte Reihe: 2 Maschen wie zum Linksstricken abheben, den Faden vor den Maschen weiterführen, 1 Masche rechts; anschließend links stricken. Von den letzten 3 Maschen die 1. Masche rechts, 2 Maschen wie zum Linksstricken abheben, den Faden vor den Maschen weiterführen. Zweite und dritte Reihe abwechselnd wiederholen (unten).

Linke und rechte Maschen kombiniert

Im allgemeinen strickt man kaum eine Arbeit nur links (Foto links). Beliebt ist vor allem die glatte Strickart (Foto rechts unten). Während man auf der Vorderseite nur rechte Maschen hat, sind alle Maschen auf der Rückseite der Arbeit links. Dieses Maschenbild entsteht, wenn man die Hinreihe rechts und die Rückreihe links strickt. Abwandlung: die rechts verdrehte Masche. Während man bei Rechtsmaschen sonst von vorn nach hinten einsticht, führt man die Stricknadel bei der rechts verdrehten Masche nur hinten durch die Masche und zieht dann den umgeschlagenen Faden wie üblich durch die Masche zurück. Das Maschenbild weicht geringfügig von dem der anderen Strickart ab.

Einfache Muster aus Rechts- und Linksmaschen
Die bekannteste Kombination von rechten und linken Maschen ist das *Rippenmuster*, das man für Ärmel- und Pulloverbündchen, für Kragen und Halsabschlüsse – also überall dort anwendet, wo das Gestrickte besonders elastisch sein soll. Heißt es in einer Strickanleitung »eine Masche rechts und eine Masche links im Wechsel«, so strickt man die ganze Reihe durchgehend eine

Kinderweste: Rechtsmaschen in Hin- und Rückreihen. Kanten umhäkelt. Arbeitsanleitung Seite 166.

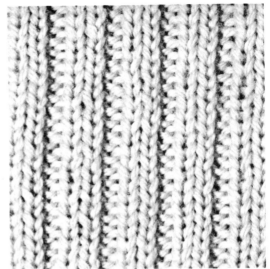

Masche rechts und eine Masche links, wendet dann die Arbeit und strickt in der gleichen Weise weiter. Auf dieser Seite erscheinen nun die vorher rechts gestrickten Maschen als linke und umgekehrt (Foto oben links).

Sehr gleichmäßig wird die Arbeit, wenn man die Rechtsmasche verdreht – wie schon erklärt – abstrickt (unten links). Die links verdrehte Masche wird im Prinzip wie die rechts verdrehte Masche gestrickt: man sticht nicht wie gewohnt, sondern entgegengesetzt, also verdreht ein. Bei der links verdrehten Masche wird die Nadel von unten nach oben eingestochen, und zwar auf der rückwärtigen, dem Körper abgewandten Seite der Arbeit.

Für Bund und Bündchen ist das *breite Rippenmuster* (oben) aus zwei rechten und zwei linken Maschen im Wechsel ebenfalls beliebt. Allerdings muß man dazu stets eine Maschenzahl anschlagen, die durch vier teilbar ist, sonst geht die Rechnung nicht auf.

Ein Muster aus breiten und schmalen Rippen entsteht, wenn man vier Maschen rechts und zwei Maschen links im Wechsel strickt (unten).

Waagerechte Rippen strickt man, indem man nicht zwischen rechten und linken Maschen bzw. Maschengruppen wechselt, sondern reihenweise rechte oder linke Maschen arbeitet (oben). Strickt man rechte und linke Maschen im Wechsel und versetzt den Rhythmus nach einigen Reihen, entsteht ein *Waffelmuster* (unten). Beispiel: 6 Reihen 6 links, 6 rechts im Wechsel. Danach 6 Reihen mit 6 rechts, 6 links im Wechsel. Man muß immer so viele Reihen im gleichen Rhythmus stricken, wie man Maschen gleicher Art strickt. Waffeln aus je 3 rechten und linken Maschen müssen 3 Reihen hoch sein usw. Selbstverständlich muß die angeschlagene Maschenzahl durch die Musterzahl (bei 3 Maschen breiten Waffeln durch 3) teilbar sein.

Leicht zu stricken ist auch das *Perlmuster*, mit dem man einen hübschen Effekt erzielen kann. Man schlägt dazu eine gerade Maschenzahl an und strickt dann die erste Reihe eine Masche rechts, eine Masche links im Wechsel. Bei den nächsten Reihen strickt man jeweils die links erscheinenden Maschen rechts, die rechts erscheinenden links ab. Man fängt nach dem Wenden immer mit der Masche an, mit der die vorige Reihe endete. Bei dieser Strickart liegen jeweils die rechten und die linken Maschen zweier Reihen versetzt übereinander (Foto oben rechts).

Das Patentstricken

Das einfache Patent (oben links) strickt man, von einer geraden Maschenzahl ausgehend, so: Erste Reihe: Randmasche rechts abstricken, dann einmal umschlagen, die nächste Masche links abheben und die dann folgende rechts stricken. Jetzt arbeitet man die Reihe fortlaufend weiter: umschlagen, links abheben, rechts stricken. Am Ende der Reihe kommt wieder eine Randmasche als Abschluß.

 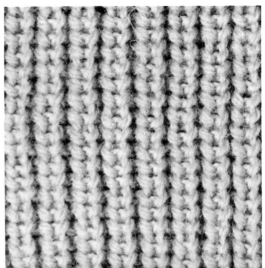

Zweite Reihe: nach der Randmasche einmal umschlagen, die nächste Masche links abheben, den umgeschlagenen Faden von der vorhergehenden Reihe mit der abgehobenen Masche rechts zusammenstricken. Fortfahren bis zum Ende der Reihe und wieder eine Randmasche stricken. Wie die zweite Reihe wird die ganze Arbeit gestrickt. (Foto oben links.)

Dackel, als Fensterabdichtung gegen Zugluft: aus Wollresten wie ein großer Strumpf gestrickt. Füße aus Pompons.

Das Halbpatent ist eine Strickart, deren Maschenbild dem des Rippenmusters mit rechtsverdrehter Masche ähnelt. Man braucht wieder eine gerade Maschenzahl und strickt zuerst eine Masche rechts, schlägt einmal um und hebt eine Masche links ab. So arbeitet man die ganze Reihe, wendet dann um und strickt in der zweiten Reihe jeweils die abgehobene Masche der Vorreihe mit dem umgeschlagenen Faden rechts zusammen. Die folgende Masche wird links gestrickt. Dann strickt man wieder die abgehobene Masche der Vorreihe mit dem Umschlag rechts

zusammen und so weiter bis zum Ende der Reihe. Jetzt strickt man abwechselnd eine Reihe wie die erste, die nächste wie die zweite Reihe, dann wieder wie die erste, im wechselnden Rhythmus, bis die Arbeit fertig ist.

Das Doppelpatent sieht ganz anders aus. Es zeigt auf beiden Seiten das gleiche Maschenbild: eine glatte Rechtsfläche. Gestrickt wird es so:

Erste Reihe: eine Masche rechts, eine Masche umschlagen im Wechsel (gerade Maschenzahl).

Zweite Reihe: die Umschläge der Vorreihe rechts stricken und die gestrickten Maschen der Vorreihe links abheben.

Dritte Reihe: die abgehobene Masche der Vorreihe rechts stricken und die gestrickte Masche der Vorreihe links abheben (der Faden liegt dabei vor den Maschen). Die Vorgänge wiederholen sich während der ganzen Arbeit.

Knopflöcher

Man unterscheidet zwischen senkrecht und waagerecht verlaufenden Knopflöchern. Das waagerecht verlaufende Knopfloch ist besonders leicht zu arbeiten. Natürlich muß man sich zunächst über die Größe im klaren sein. Ein Knopfloch ist im allgemeinen etwa fünf Maschen breit. Man braucht weiter nichts zu tun als die Maschen an der für das Knopfloch vorgesehenen Stelle in einer Reihe abzuketten und in der folgenden Reihe wieder neu anzuschlagen. Beim senkrechten Knopfloch muß die Arbeit an der betreffenden Stelle geteilt und dann bis zur Höhe des Knopflochs getrennt, also in zwei Teilen gestrickt werden. Nach dem Wenden wird an der Knopflochkante stets die erste Masche abgehoben. Ist das Knopfloch lang genug, strickt man die beiden Teile wieder zusammen. Gestrickte Knopflöcher werden anschließend wie Stoffknopflöcher umstochen.

Lochmuster und Zähnchenrand

Ein Zähnchenrand, der sich für Kanten und Säume eignet, entsteht durch eine gestrickte Lochreihe. Lochreihen kann man wiederum gut zum Durchziehen von Gummibändern oder Kordeln verwenden. Für eine Lochreihe wird auf der rechten Seite der Arbeit (bei glattem Gestrick) der Arbeitsfaden von vorn nach hinten über die rechte Nadel gelegt, also umgeschlagen. Danach strickt man zwei Maschen rechts zusammen. Diesen Vorgang wiederholt man während der ganzen Reihe. Sollen die Löcher nicht so dicht nebeneinander sein, kann man auch einige Rechtsmaschen Zwischenraum stricken, bevor man dann wieder einmal umschlägt und

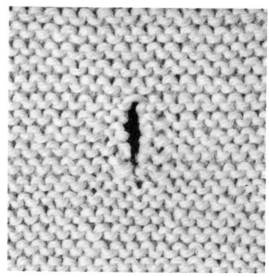

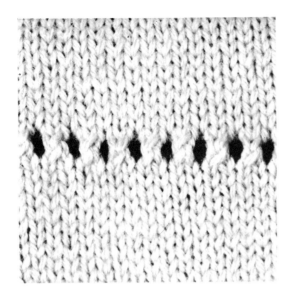
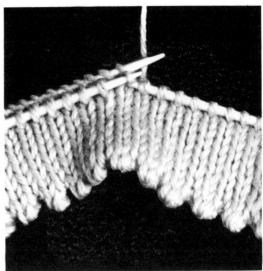

die folgenden beiden Maschen rechts zusammenstrickt. Soweit die Lochreihe.
Jetzt zum Saum. Bevor man die Lochreihe beginnt, strickt man einige Reihen glatt (Hinreihe rechts, Rückreihe links). Dann folgt die Lochreihe wie beschrieben. Anschließend strickt man eine Reihe nur links (auch die Umschläge). Dann strickt man die gleiche Anzahl Reihen wie vor der Lochreihe. Man hat nun also eine Reihe mehr. Das ist wichtig, damit der Saum, der nun umgeschlagen wird, nicht beult.

Die Anschlagmaschen werden zunächst mit einer Hilfsnadel aufgefaßt, und zwar von hinten nach vorn. Diese Hilfsnadel mit den aufgefaßten Maschen legt man hinter die linke Nadel und strickt mit der rechten Nadel jeweils eine Masche der vorderen und eine Masche der hinteren Nadel

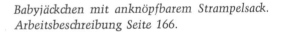

Babyjäckchen mit anknöpfbarem Strampelsack. Arbeitsbeschreibung Seite 166.

zusammen rechts ab. Zuerst ist das ein bißchen schwierig, aber man arbeitet sich ein. Wichtig ist, daß man genau die zusammengehörenden Maschen einer senkrechten Reihe zusammenstrickt und nicht etwa beim Auffassen eine Masche ausgelassen hat. Das Maschenbild (und damit der ganze Saum) würde sich dann verschieben.

Ganz leicht zu arbeiten: Babyschuhe aus einem Stück. Arbeitsbeschreibung Seite 167.

Verschiedene Strickmuster

Um die folgenden Anleitungen besser lesen zu können, hier ein wenig Stricklatein – Abkürzungen, die immer wiederkehren:

M	= Masche
R	= Reihe
Rd.	= Runde
Rdm.	= Randmasche
li	= links
r	= rechts
umschl.	= umschlagen
verdr. M	= verdrehte Masche
abn.	= abnehmen
zun.	= zunehmen
Anschl.	= Anschlag
übz.	= überziehen
abh.	= abheben
abk.	= abketten
zus.str.	= zusammenstricken
wd.	= wenden
wdh.	= wiederholen
Hinr.	= Hinreihe
Rückr.	= Rückreihe
Nd.	= Nadel

Zopfmuster

Ein Zopf entsteht, indem man zwei (oder auch mehrere – je nach Breite des Zopfes) abzustrickende Maschen auf eine Hilfsnadel nimmt, zuerst die dann folgenden beiden Maschen und danach die Maschen von der Hilfsnadel abstrickt. Diesen Vorgang wiederholt man nach einigen Reihen, und zwar immer auf der rechten Seite der Arbeit. Die Zöpfchen werden durch Linksmaschen oder durch Zwischenrippen. voneinander abgesetzt. Zopf und Zwischenraum nennt man Mustersatz. Für ein Zopfmuster mit Zwischenrippen (rechts) braucht man für einen Mustersatz 9 Maschen, das heißt die angeschlagene Maschenzahl muß durch 9 teilbar sein. Man strickt wie folgt:

1. Reihe: 2 links, 1 rechts verdreht (also hinten einstechen), 2 links, 6 rechts. Dann wieder 2 links usw.
2. Reihe: Maschen stricken, wie sie erscheinen – die linken links, die rechten rechts.

3. und 5. Reihe wie Reihe 1, 4. und 6. Reihe wie Reihe 2 stricken.
7. Reihe: 2 links, 1 rechtsverdreht, 2 links. 3 Maschen auf eine Hilfsnadel nehmen und vor der Arbeit lassen. Die folgenden 3 Maschen rechts stricken, danach die 3 Maschen von der Hilfsnadel rechts abstricken.
8. Reihe wie 2. Reihe stricken. Dann wieder wie bei Reihe 1 weiterarbeiten. Die Zwischenrippe fällt weg, wenn man statt der rechtsverdrehten Masche eine Linksmasche strickt.

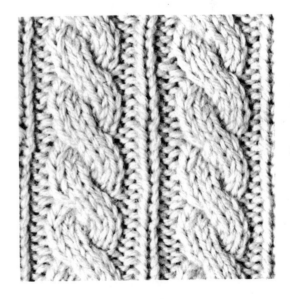

Diagonalrippen

Maschenzahl durch 8 teilbar und 2 Randmaschen.

Erste Reihe: Randm., * 4 M r, 4 M li. Ab * wiederholen, Randm.

Zweite Reihe: Randm., 1 M li, * 4 M r, 4 M li. Ab * wiederholen; die R endet mit 4 M r, 3 M li, Randm.

Dritte Reihe: Randm., 2 M r, * 4 M li, 4 M r. Ab * wiederholen; die R endet mit 4 M li, 2 M r, Randm.

Vierte Reihe: Randm., 3 M li, * 4 M r, 4 M li. Ab * wiederholen; die R endet mit 4 M r, 1 M li, Randm.

Fünfte Reihe: Randm., * 4 M li, 4 M r. Ab * wiederholen, Randm.
Sechste Reihe: Randm., 1 M r, * 4 M li, 4 M r. Ab * wiederholen; die R endet mit 4 M li, 3 M r, Randm.
Siebte Reihe: Randm., 2 M li, * 4 M r, 4 M li. Ab * wiederholen; die R endet mit 4 M r, 2 M li, Randm.
Achte Reihe: Randm., 3 M r, * 4 M li, 4 M r. Ab * wiederholen; die Reihe endet mit 4 M li, 1 M r, Randm.
Erste bis achte Reihe fortlaufend wiederholen.

Drehzopf

Maschenzahl durch 7 teilbar und 2 Randmaschen.
Erste Reihe: * 2 M li, folgende Masche auf Hilfsnadel nehmen und vor die Arbeit legen, 1 M r verdr. Hilfsnadel-M r str., 2 M li, 1 M r. Ab * wiederholen, Randm.
Zweite Reihe: Randm., * 1 M li, 2 M r, 2 M li, 2 M r. Ab * wiederholen, Randm.
Dritte und vierte Reihe: Maschen stricken, wie sie erscheinen.
Erste bis vierte Reihe fortlaufend wiederholen.

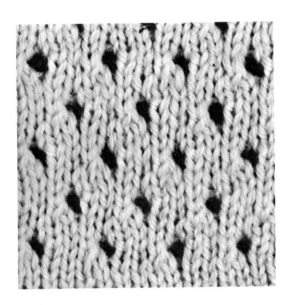

Lochmuster

Maschenzahl durch 4 teilbar.
Erste bis vierte Reihe: glatt rechts
Fünfte Reihe: Randm., * 1 Umschl., 2 M r zus. str., 2 M r. Ab * wiederholen. Die Reihe endet: 1 Umschl., 2 M r zus.str., Randm.
Sechste Reihe: links, auch die Umschl.
Siebte und achte Reihe: glatt rechts.
Neunte Reihe: Randm., 2 M r, * 1 Umschl., 2 M r zus.str., 2 M r. Ab * wiederh., Randm.
Zehnte Reihe: links, auch die Umschl.
Dritte bis zehnte Reihe fortlaufend wiederholen.

Doppelzopf

Maschenzahl durch 17 teilbar und 2 Randmaschen.
Erste Reihe: Randm., * 1 M li, 1 M r verdr., 3 M li, 8 M r, 3 M li, 1 M r verdr. Ab * wiederholen, Randm.
Zweite Reihe: Randm., * 1 M li verdr., 3 M r, 8 M li, 3 M r, 1 M li verdr., 1 M r. Ab * wiederholen, Randm.
Dritte Reihe: Randm., * 1 M li, 1 M r verdr., 3 M li, die nächsten 2 M auf Hilfsnd. nehmen und vor die Arbeit legen, 2 M r, die 2 Hilfsnd.-

M r str., die nächsten 2 M auf Hilfsnd. nehmen und hinter die Arbeit legen, 2 M r, die 2 Hilfsnd.-M str., 3 M li, 1 M r verdr. Ab * wiederholen.
Vierte Reihe wie die zweite Reihe.
Erste bis vierte Reihe fortlaufend wiederholen.

Kleines Flechtmuster

Gerade Maschenzahl.
Erste Reihe: Randm., * die nächsten 2 M wie folgt verkreuzen: 1. M auf Hilfsnd. nehmen und vor die Arbeit legen, 2. M r str., dann die Hilfsnd.-M r str. Ab * wiederholen, Randm.
Zweite Reihe: Randm., 1 M li, * die 2 folg. M kreuzen, und zwar zuerst die 2. M li str. (M bleibt auf der linken Nadel), dann 1. M li str. und beide M zus. von der Nadel nehmen. Ab * wiederholen. Die Reihe endet: 1 M li, Randm.
Diese beiden Reihen fortlaufend stricken. Geübte können auch ohne Hilfsnadel arbeiten.

Großes Flechtmuster

Maschenzahl durch 6 teilbar und 5 M (3 M und 2 Randmaschen).
Erste Reihe: rechts.
Zweite Reihe: links.
Dritte Reihe: Randm., * 3 M auf Hilfsnd. nehmen und vor die Arbeit legen, die folg. 3 M r str., dann die 3 Hilfsnd.-M r str. Ab * wiederholen, die Reihe endet: 3 M r, Randm.
Vierte Reihe: links.
Fünfte Reihe: rechts.
Sechste Reihe: links.
Siebte Reihe: Randm., 3 M r, * 3 M auf Hilfsnd. nehmen und hinter die Arbeit legen, die folg. 3 M r str., dann die 3 Hilfsnd.-M r str. Ab * wiederholen, Randm.
Achte Reihe: links.
Erste bis achte Reihe fortlaufend wiederholen.

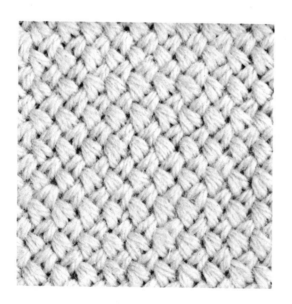

Gittermuster

Maschenzahl durch 9 teilbar und 2 Randmaschen.
Erste Reihe: Randm., * 3 M r, die folg. 3 M auf Hilfsnd. nehmen und vor die Arbeit legen, 3 M r, Hilfsnd.-M r str. Ab * wiederholen, Randm.
Zweite Reihe: links.
Dritte bis sechste Reihe: glatt rechts (= Hinr. r, Rückr. li).
Siebte Reihe: Randm., * die folg. 3 M auf Hilfsnd. nehmen und hinter die Arbeit legen, 3 M r, Hilfsnd.-M r, 3 M r. Ab * wiederholen, Randm.
Achte Reihe: links.
Neunte bis zwölfte Reihe: glatt rechts.
Erste bis zwölfte Reihe fortlaufend wiederholen.

Baby-Garnitur: Arbeitsbeschreibung auf Seite 167.

Netzpatent

Gerade Maschenzahl.
Erste Reihe: Randm., * 1 Umschl., folg. Masche li abh., 1 M r. Ab * wiederholen, Randm.
Zweite Reihe: Randm., * 2 M r, den Umschlag der Vorreihe li abh. (der Faden liegt hinter dem Umschl.). Ab * wiederholen, Randm.
Dritte Reihe: Randm., * folg. Masche mit dem Umschl. r zus.str., 1 Umschl. 1 M li abh. Ab * wiederholen, Randm.
Vierte Reihe: Randm., 1 M r, * den Umschl. der Vorreihe li abh. (der Faden liegt hinter dem Umschl.), 2 M r. Ab * wiederholen. Die Reihe endet: den Umschl. der Vorreihe li abheben (Faden hinten), 1 M r, Randm.
Fünfte Reihe: Randm., * 1 Umschl., 1 M li abh.

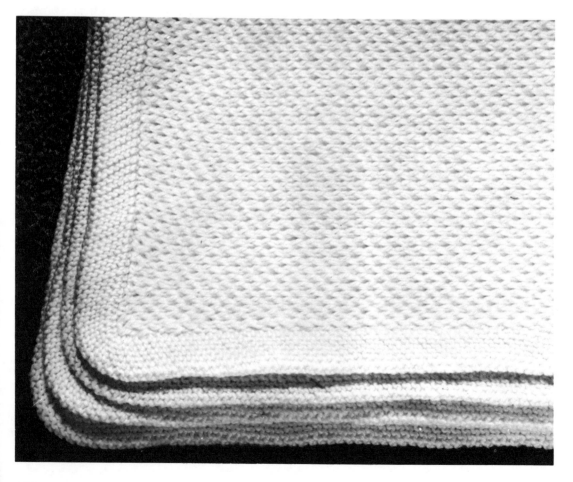

folg. Masche mit dem Umschl. r zus.str. Ab *
wiederholen, Randm.
Zweite bis fünfte Reihe fortlaufend wiederholen. Das Muster erscheint auf der linken Seite.

Mehrfarbiges Stricken

Beim mehrfarbigen Stricken unterscheidet man den Farbwechsel in Reihen oder Flächen und den Farbwechsel innerhalb einer Reihe, z. B. bei Jacquard- oder Folkloremustern (Norwegermuster). Der *Farbwechsel in Reihen* ist einfach. Man wechselt in der gewünschten Folge reihenweise die Farbe und erhält dadurch waagerechte Streifen. Dabei ist zu beachten, daß man die Farbe stets auf derselben Seite, und zwar auf der Rückseite der Arbeit wechselt. Handelt es sich um ein schmales Streifenmuster mit ständig wiederkehrendem Rapport (Farbwechsel), schneidet man die jeweiligen Fäden nicht ab und setzt sie neu an, sondern man läßt sie am Rand als Schlinge mitlaufen, übergeht also die in anderen Farben zu strickenden Reihen, bis die ruhende Farbe wieder gebraucht wird.

Bei senkrecht oder diagonal verlaufendem *Farbwechsel in Flächen* strickt man jede Farbfläche mit einem eigenen Faden (Fotos rechts) und kreuzt die Fäden beim Übergang von der einen zur anderen Farbe. Dabei wird der Faden der alten Farbe beim Holen des Fadens der neuen Farbe mit eingeschlungen (Zeichng. unten). Beim *Farbwechsel innerhalb einer Reihe* (Jacquard- oder Folkloremuster) läuft der Faden der zweiten Farbe auf der Rückseite der Arbeit als loser Spannfaden weiter mit. Die Randmaschen werden jeweils mit beiden Farben, also mit doppeltem Faden gestrickt. Jacquardmuster arbeitet man stets glatt (Hinreihe links, Rückreihe rechts). Damit das Maschenbild gleichmäßig ist, müssen die Fäden der verschiedenen Farben immer um die

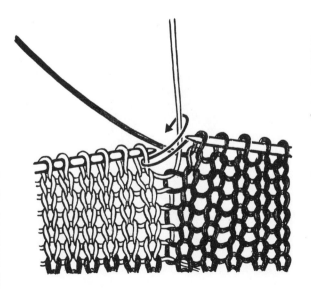

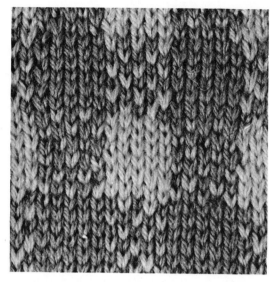

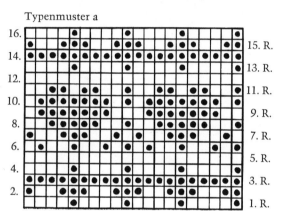

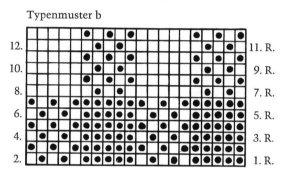

gleichen Finger der linken Hand geführt werden, z. B. der helle immer um den Zeigefinger, der dunkle um den Mittelfinger, unter Zuhilfenahme des Daumens (während des Strickens). Es gibt auch Strickfingerhüte, die mit kleinen Drahtösen ausgestattet sind, durch die die einzelnen Fäden gezogen werden. Sie sind aber für das zweifarbige Stricken nicht nötig.

Jacquard- und Folkloremuster strickt man nach einem Zählmuster, das genau wie ein Kreuzstichmuster auf Karopapier gezeichnet werden kann. Jedes Karo des Zählmusters ist als Masche abzustricken. Unterschiedliche Farben werden durch unterschiedliche Zeichen (man nennt sie Typen) gekennzeichnet. Bei hin- und hergehenden Reihen wird das Zählmuster abwechselnd von rechts nach links (Hinreihe) und von links

nach rechts (Rückreihe) abgelesen. Beim Rundstricken (Seite 159) liest man jede Zählmusterreihe von rechts nach links.

Herzbordüre, Karo- u. Hahnentrittmuster: Man arbeitet nach den Typenmustern (a, b oder c). Die Punkte kennzeichnen die dunkle Farbe des jeweiligen Musters. Bei den beiden erstgenannten Mustern besteht ein Rapport (Mustersatz) aus 10, beim Hahnentrittmuster aus 8 Maschen.

Tweedmuster: Das Tweedmuster wird mit maschenweise wechselnden Farben gearbeitet, und zwar wird der Farbrhythmus reihenweise versetzt. Den Anschlag in gerader Maschenzahl macht man einfarbig.

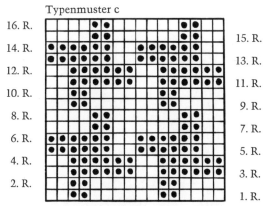

Typenmuster c

Abketten

Man kann eine Strickarbeit auf verschiedene Weise abketten. Dabei kommt es vor allem auf die Strickart an. Man kann Abketten durch Überziehen, durch Zusammenstricken oder auch durch Abhäkeln. Die letztgenannte Methode ist am einfachsten, wenn auch nicht besonders schön, aber sie eignet sich am besten für Anfänger.

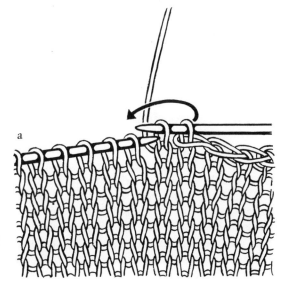

Abketten durch Überziehen: Für alle Strickarten – außer dem elastischen Rippenmuster – eignet sich beim Abketten der letzten Maschenreihe folgende Technik: man strickt die ersten zwei Maschen der Nadel wie gewöhnlich ab und zieht die zuerst gestrickte Masche über die zweite Masche (a), strickt dann die dritte Masche und zieht die zweite Masche darüber. So arbeitet man weiter, bis alle Maschen abgekettet sind. Durch die letzte noch auf der Nadel befindliche Masche zieht man den abgeschnittenen Endfaden und vernäht ihn möglichst wenig sichtbar auf der Rückseite der Arbeit (Zeichnung S. 147).

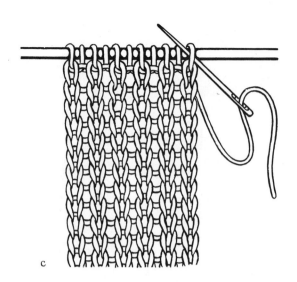

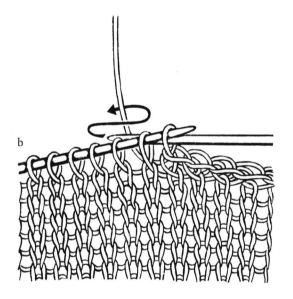

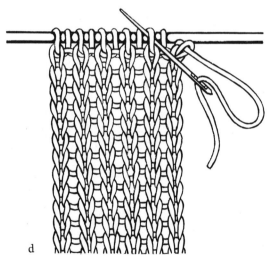

Abketten durch Zusammenstricken: Diese Technik kann man ebenfalls bei allen Strickarbeiten anwenden, die einen festen Rand haben sollen. Man strickt hierbei einfach zwei Maschen rechts verdreht zusammen (b). Die durch das Zusammenstricken gebildete Masche übernimmt man auf die linke Nadel und strickt diese Masche dann wieder mit der nächsten rechts verdreht zusammen. Der Vorgang wird so lange wiederholt, bis alle Maschen abgekettet sind. Bei der letzten Masche zieht man wieder den Endfaden durch und vernäht ihn.

Abnähen beim Rippenmuster: Hat man die letzte Reihe zu Ende gestrickt, läßt man einen längeren Faden hängen und fädelt dessen Ende durch eine Straminnadel (Sticknadel mit stumpfer Spitze). Die rechte Seite der Arbeit ist vorn. Mit der Straminnadel fährt man zunächst von rechts nach links in die erste Rechtsmasche, zieht Nadel und Faden durch und nimmt die Masche von der Stricknadel (c). Die nun folgende Linksmasche wird übergangen. Man sticht gleich in die nächste Rechtsmasche von rechts nach links ein, zieht Nadel und Faden durch, jedoch läßt

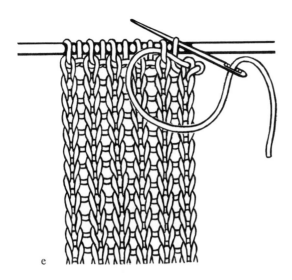

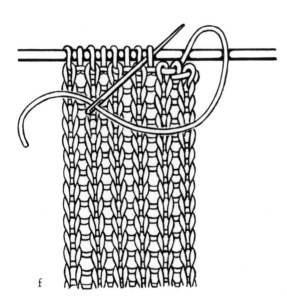

fang beschriebene Rechtsmasche behandelt. Daran schließen sich die vier letzten Arbeitsgänge immer wieder an, bis keine Maschen mehr auf der Nadel sind. Der Endfaden wird sorgfältig vernäht.

Abhäkeln: Zum Abhäkeln braucht man eine INOX-Häkelnadel. Soll die Kante lose werden, muß die Nadel dick sein. Für eine **mittlere** Kante nimmt man eine Häkelnadel in der Stärke der Stricknadeln, und eine besonders feste Kante arbeitet man mit einer dünneren Häkelnadel.

Zunächst werden die beiden ersten Maschen einzeln auf die Häkelnadel genommen, und zwar, indem man sie wie beim Rechtsstricken abhebt. Dann holt man mit der Häkelnadel den Arbeitsfaden und zieht ihn durch beide Maschen. Jetzt nimmt man jeweils die nächste Masche auf die Häkelnadel, holt den Arbeitsfaden und zieht ihn durch beide auf der Häkelnadel befindlichen Maschen. Man hat also immer eine Masche auf der Häkelnadel und nimmt eine dazu von der linken Stricknadel auf, bis die ganze Reihe abgehäkelt ist. Zum Schluß zieht man den abgeschnittenen Faden durch die letzte Masche und befestigt das Ende, indem man es mit einer Stopfnadel unsichtbar vernäht.

Aufhäkeln gefallener Rechtsmaschen

Man nimmt eine INOX-Häkelnadel in Stricknadelstärke und häkelt die Maschen einfach auf, und zwar einmal von der Vorder- und einmal von der Rückseite. Das heißt, man dreht die Arbeit bei jeder Masche so um, daß der Querfaden vor der gefallenen Masche liegt. Auf welcher Seite man beginnen muß, ergibt sich aus dem Maschenbild.

Aufheben gefallener Maschen

Bei der glatten Strickart (eine Seite rechts, die andere links gestrickt) müssen die Rechtsmaschen anders aufgehoben werden als die Linksmaschen.

man diese Masche auf der Nadel (d). Jetzt fährt man mit der Nadel von rechts nach links in die übersprungene Linksmasche, zieht den Faden hindurch und nimmt beide Maschen (die rechte und die linke) von der Stricknadel (e). In die folgende Linksmasche sticht man nun wieder von links nach rechts ein, zieht den Faden durch, läßt die Masche jedoch auf der Nadel. In die zuvor von der Nadel gehobene Rechtsmasche wird danach von rechts nach links eingestochen und der Faden durchgezogen (f). Die darauf folgende Rechtsmasche wird wieder wie die ganz zu An-

Rechtsmaschen: Mit der rechten Stricknadel faßt man den querliegenden Faden und die gefallene Masche von hinten nach vorn und legt beides auf die linke Nadel. Der Querfaden liegt rechts von der Masche. Nun faßt man mit der rechten Nadel die Masche von vorn, indem man von rechts nach links einsticht, und hebt sie über den Querfaden. Liegt die gefallene Masche mehrere Reihen weiter unten, so beginnt man mit dem unteren Querfaden und verfährt bei den folgenden Maschen in gleicher Weise wie beschrieben.

Linksmaschen: Bei Linksmaschen liegt die gefallene Masche auf der linken Nadel rechts vom Querfaden. Mit der rechten Nadel sticht man vorn (von rechts nach links) durch die aufgefaßte Masche und zieht den Querfaden hindurch. Allerdings kann man auch die ganze Arbeit wenden und die gefallene linke Masche nun von rechts wie eine rechte aufheben.

Verbreitern am Rand

Soll eine Strickarbeit verbreitert werden, kann man auf zweierlei Arten am Ende einer Reihe Maschen anschlagen.
Einmal legt man den Arbeitsfaden einfach in einer Schlinge um den Daumen der linken Hand, führt die Nadel von unten nach oben durch diese Schlinge, zieht den Daumen heraus und den Faden fest an. Man nimmt also praktisch einfach die Schlinge mit der Nadel vom Daumen ab (a). Diesen Vorgang kann man beliebig oft wiederholen, bis die gewünschte Anzahl Maschen auf der Nadel ist. Dann strickt man wie gewohnt weiter.
Zum anderen kann man aber auch eine gehäkelte Luftmaschenkette auf die Stricknadel der angefangenen Arbeit aufnehmen.
Soll die Arbeit um nur eine Masche verbreitert werden, so strickt man am Reihenanfang die

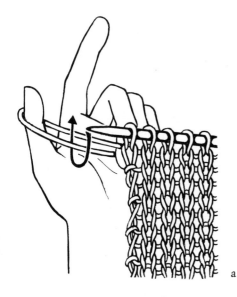

a

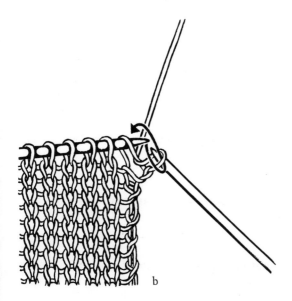

b

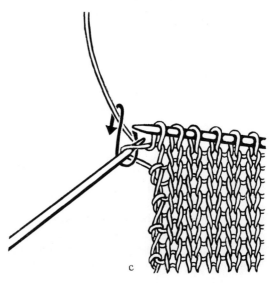

c

Randmasche rechts ab, läßt sie jedoch auf der Nadel und strickt noch einmal aus demselben Maschenglied eine rechts verdrehte Masche (b). Am Reihenende macht man es genauso (c).

Zunehmen innerhalb der Reihe

Das Zunehmen von Maschen innerhalb einer Maschenreihe geht so vor sich: Man bildet aus dem zwischen zwei Maschen liegenden Querfaden eine neue Masche, indem man ihn mit der linken Nadel auffaßt und rechts verdreht abstrickt (d). Sollen innerhalb einer Strickreihe mehrere Maschen zugenommen werden, wiederholt man diesen Vorgang in gleichen Abständen. Will man nicht nur innerhalb einer Reihe mehrere Maschen zunehmen, sondern sollen im Verlauf der Arbeit Maschen zugenommen werden, so legt man an den für das Zunehmen vorgesehenen Stellen einen farbigen Faden ein. Soll an jeder gekennzeichneten Stelle nur jeweils eine Masche zugenommen werden, so faßt man einmal den Querfaden vor und das nächste Mal den Querfaden hinter der markierten Stelle auf. Dadurch vermeidet man, daß sich Löcher bilden (Strickprobe oben).

Sollen in jeder Reihe zwei Maschen zugenommen werden, so faßt man jeweils den Querfaden vor und nach der bezeichneten Stelle auf

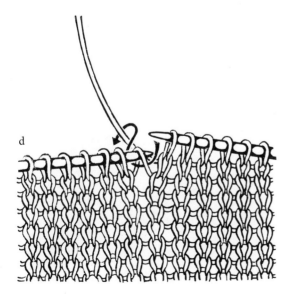

und strickt ihn rechts verdreht ab. Man kann auch jeweils vor und hinter zwei Rechtsmaschen zunehmen, so daß sich ein Maschenband zwischen den Zunahmen bildet (Strickprobe unten).

Abnehmen innerhalb der Reihe

Im allgemeinen nimmt man ab (verringert die Maschenzahl), indem man einfach zwei Maschen zusammenstrickt. Das kann entweder rechts (e), links (Fotos rechts) oder verdreht (f) geschehen, je nach Strickart.

Außerdem kann man Maschen durch Überziehen abnehmen. Soll die Gesamtzahl um eine Masche verringert werden, so hebt man eine Masche ab, strickt die nächste rechts ab und zieht die abgehobene Masche, die sich auf der rechten Nadel befindet, darüber. Soll die Zahl um zwei Maschen verringert werden, hebt man eine Masche ab, strickt die beiden folgenden Maschen zusammen und zieht die abgehobene Masche darüber.

Wird rechts abgenommen, so neigen die Maschen an den abgenommenen Stellen nach rechts. Sollen aber die abgenommenen Maschen nach links neigen, muß man auf der anderen Seite der Arbeit verdreht abnehmen. Will man innerhalb einer Reihe mehrere Maschen abnehmen, so zählt man gleiche Abstände aus.

Soll das Abnehmen von mehreren Maschen innerhalb einer Reihe im Verlauf einer Arbeit an denselben Stellen häufiger wiederholt werden, so kennzeichnet man die für das Abnehmen vorgesehenen Stellen zunächst mit einem anders-

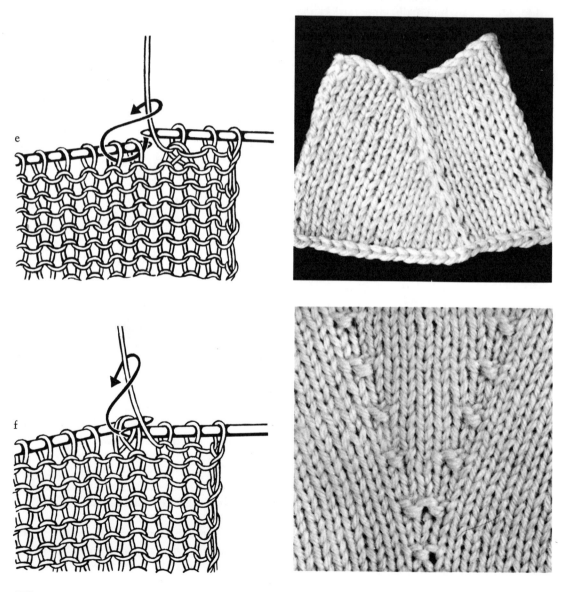

farbigen Faden, indem man ihn durch das Gestrick zieht. Dann verfährt man genauso wie beim Zunehmen, indem man einmal vor der Markierung abnimmt und in der folgenden Reihe hinter der Markierung. Auch hier kann man zwischen den beiden Abnahmestellen, mehrere Maschen als »Band« weiterlaufen lassen, indem man sie wie gewohnt abstrickt. Diese Technik (Bandabnahme) wird gern bei Fausthandschuhen und Socken angewandt.

Sollen am Anfang oder am Ende einer Reihe zwei Maschen (oder auch nur eine Masche) abgenommen werden – das kommt bei spitzen Ausschnitten oder Raglanschrägungen vor –, kann man entweder am Anfang einer Reihe die Randmasche mit zwei Maschen danach rechts verdreht zusammenstricken oder man läßt am Anfang und am Ende beliebig jeweils eine, zwei oder drei Maschen hochlaufen und strickt die Maschen danach (bzw. davor) wie beschrieben zusammen.

Sollen am Anfang oder am Ende mehrere Maschen auf einmal abgenommen werden, kettet man sie ab.

Abnehmen für den Armausschnitt

Die Zahl der hierfür abzunehmenden Maschen kann man nicht genau angeben, sie richtet sich einmal nach der Stärke von Garn und Nadeln, zum anderen nach der Größe des gewünschten Armausschnittes. Pullover, Jacken und andere Kleidungsstücke sollte man stets nach einem Schnittmuster stricken. Grundsätzlich arbeitet man einen Armausschnitt wie folgt:

Bevor man mit dem Abnehmen beginnt, legt man die angefangene Arbeit auf den Schnitt und zählt aus, wieviel Maschen in der nächsten Reihe abgenommen werden müssen. Das Foto zeigt den rechten Armausschnitt bei einem Rückenteil. Hier wurden am Anfang der Nadel fünf Maschen abgekettet. Nach Vollenden der Reihe und Wenden der Arbeit wurden für den linken Armausschnitt ebenfalls fünf Maschen abgekettet. Danach wird die Reihe zu Ende gestrickt. Nach dem Wenden kettet man zu Beginn der neuen Reihe wieder drei Maschen ab, strickt die Reihe bis zum Schluß, wendet die

Arbeit und kettet am Anfang der neuen Reihe für den zweiten Armausschnitt ebenfalls drei Maschen ab. Anschließend nimmt man noch einmal zwei bis drei Maschen auf jeder Seite ab und dann jeweils eine Masche, bis die Rückenbreite mit der des Schnittmusters übereinstimmt. Für einen kleineren Armausschnitt oder bei dickerer Wolle kettet man nur einmal vier und einmal drei Maschen auf jeder Seite ab. Danach nimmt man je Seite zwei Maschen und dann noch einmal eine Masche ab. Aber, wie schon gesagt, bietet ständiges Kontrollieren anhand des Schnittmusters die beste Gewähr für richtige Paßform.

Das Abnehmen für den spitzen Halsausschnitt

Hierbei kann man ebenfalls keine genauen Angaben über die abzunehmende Maschenzahl machen, da sie von Material und Modell abhängt. Allgemein verfährt man so:

Man zählt zunächst die ganze Maschenzahl des Vorderteils und teilt die Arbeit in ein rechtes und ein linkes Schulterteil. Für einen gleichmäßig schräg verlaufenden Ausschnitt nimmt man bei dem Teil für die linke Schulter jeweils am Ende der Rechtsreihe eine Masche ab (Foto S. 154), während dies für das rechte Schulterteil am Anfang der Reihe, ebenfalls auf der rechten Seite der Arbeit geschieht. Das ist zwar logisch, aber es wird häufig falsch gemacht. (Manche Strickerinnen nehmen am Ende der einen Nadel auf der linken Seite der Arbeit ab in der Meinung, das Ergebnis sei dasselbe. Das ist aber ein Irrtum.) Also noch einmal: Abgenommen wird in jedem Fall auf der rechten Seite der Arbeit, und zwar für das linke Schulterteil jeweils am Ende und für das rechte Schulterteil am Anfang der Nadel. Ist die Ausschnittschrägung steil, nimmt man nur bei jeder zweiten oder dritten Rechtsreihe ab. Maßgebend ist immer das Schnittmuster, ohne das man nicht auskommt, wenn man Wert auf gute Paßform legt.

Die Schulterschrägung

Vorlage ist wieder das Schnittmuster. Um eine schräge Richtung der Schulterlinie zu erhalten, läßt man stufenweise vier bis zehn Maschen ungestrickt auf der Nadel. Nach dem Wenden der Arbeit wird die erste Masche stets abgehoben, und zwar auf der Vorderseite rechts und auf der Rückseite links. Auf diese Weise fährt man fort bis die Schulter fertig ist. Zum Schluß werden alle Maschen abgekettet.

Halsabschlüsse

Halsabschlüsse sollten besonders sorgfältig ausgeführt werden, da sie das Auffälligste an einem gestrickten Kleidungsstück sind.

Das einfache Stehbündchen kann man entweder auf einer Rundnadel arbeiten, ohne vorher die Maschen des runden Ausschnitts abzuketten (sie werden während der Abnahme auf einen Hilfsfaden genommen), oder man kann die Maschen der Rückenpartie auf eine lange Nadel nehmen und die vorderen Maschen abketten. Der nach der zweiten Methode gearbeitete Abschluß hat die bessere Paßform, weil man die für das Stehbündchen erforderliche Maschenzahl genau ausrechnen kann. Das macht man wie folgt: In den Rand des vorderen Ausschnittes zieht man Markierungen in Abständen von 1 cm ein. Dann errechnet man anhand der Maschenprobe die Anzahl der Maschen für das ganze Bündchen und teilt diese durch die Anzahl der Zentimeter des Halsausschnitts. Die erhaltene Zahl entspricht den Maschen, die auf 1 cm aus dem Rand herauszustricken sind. Die Maschen für das Bündchen werden nicht aus den Randmaschen direkt, sondern aus den darunterliegenden Maschen aufgefaßt. Liegen die einzelnen Maschen zu weit auseinander, dann sind aus den dazwischenliegenden Quergliedern Maschen verdreht herauszustricken.

Man strickt entweder auf einer Rundnadel (JMRA-Plastik), einem Spiel Nadeln (5 Stück) oder – wenn der Ausschnitt einen seitlichen oder rückwärtigen Schlitz hat – mit 2 langen flexiblen Nadeln (JMRA-Flex) in hin- und her-

gehenden Reihen, und zwar im Rippenmuster: 1 M li / 1 M r. Nach etwa 2–3 cm näht man das Rippenmuster locker ab (Seite 148), damit der Ausschnitt elastisch bleibt.

Das doppelte Stehbündchen wird wie das einfache Bündchen, jedoch 5 cm lang gearbeitet, locker abgenäht, nach innen umgeschlagen und mit losen Hexenstichen (Seite 51) angesäumt.

Der Rollkragen wird als geschlossene Arbeit entweder auf einer Rundnadel oder einem Spiel Nadeln gearbeitet, und zwar genauso wie das Stehbündchen. Er soll etwa 10 cm lang sein. Man kann ihn auch im breiten Rippenmuster (2 M li / 2 M r) stricken.

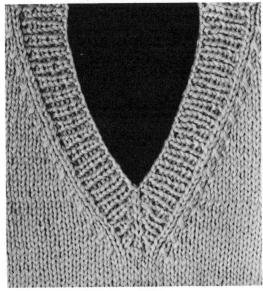

Der V-Ausschnitt. Die Maschen des Rückenteils werden nicht abgekettet. Die Maschen der schrägen Vorderteile (Abnehmen zum V-Ausschnitt Seite 154) für das Rippenmuster werden so herausgestrickt, wie beim einfachen Stehbündchen (Seite 155) beschrieben. Um einen schöneren Übergang zu bekommen, wird die erste Runde (auf der Rundnadel) links gestrickt, die folgenden Runden strickt man 1 M li / 1 M r im Wechsel. Eckenbildung an der Spitze, erste Reihe: die 2. M vor der Eckm. abheben, die folgende M rechts stricken, die abgehobene M überziehen, die Eckm. rechts stricken, die beiden folgenden M rechts zusammenstricken. Zweite Reihe: die 2. M vor der Eckm. abheben, die folgende M rechts stricken und die abgehobene M überziehen, die Eckm. links stricken, die folgenden 2 M rechts zusammenstricken. Diese beiden Reihen fortlaufend wiederholen. Zum Schluß abketten wie auf Seite 148 beschrieben.

Verschiedene Kragenblenden

Kragen aus glattem Gestrick (Hinreihe links, Rückreihe rechts) brauchen, sofern sie nicht doppelt gearbeitet werden, eine Abschlußblende. Diese Blende kann doppelt oder einfach sein.

Die doppelte Blende: Im Anschluß an die letzte Rückreihe werden die Maschen zunächst an der rechten Schmalseite mit neuem Faden aufgefaßt, die Maschen der Nadel abgestrickt und aus der linken Schmalseite die Maschen aufgefaßt. Die über Eck liegenden Maschen mit einem farbigen Faden markieren und in allen Hinreihen vor und nach jeder Eckmasche je 1 Masche aus dem Ma-

Strickkissen aus einzelnen im Rippenmuster gearbeiteten Teilen patchworkartig zusammengenäht.

schenquerdraht rechts verdreht herausstricken. Hat die Blende die gewünschte Breite, wird 1 Hinreihe links gestrickt (= Bruch). Nach der

Bruchreihe in ebensovielen Reihen beiderseits der Ecke je 2 Maschen rechts zusammenstricken. Maschen abketten, Blende hohl annähen (Foto S. 156, links).

Einfache Eckblende: Man strickt das glatte Rechtsteil nach dem Schnitt, am inneren Kragenrand beginnend. Aus den Randmaschen der Seitenkanten werden Maschen herausgestrickt, und man strickt nun an den drei äußeren Kragenrändern 5 Reihen rechts (kraus). Dabei müssen an den Ecken auf der linken (unrechten) Seite der Arbeit jeweils 3 Maschen aufgefaßt und herausgestrickt werden. Nach der 3. Rippe (5. Reihe) alle Maschen abketten (Foto Seite 156, rechts).

Bogenblende: Maschen wie bei der doppelten Blende auffassen. An den Rundungen aus jeder Masche bzw. Reihe (es geht ja um die Ecke) 1 Masche aufnehmen. Anschließend in der gewünschten Breite ein Rippenmuster stricken und die Maschen abketten wie sie erscheinen: linke links, rechte rechts (Foto unten).

Die gestrickte Tasche

Man strickt bis zum Taschenschlitz. Dann werden so viele Maschen auf eine Hilfsnadel genommen, wie die Tasche breit werden soll. An jeder Seite nimmt man 1 Masche für die Naht zu und strickt 10 Reihen im Grundmuster weiter. Danach macht man den auf Seite 137 beschriebenen Zähnchenrand (Lochreihe) und strickt anschließend im Grundmuster so lange weiter, bis die doppelte Taschentiefe erreicht ist. Die an beiden Seiten zugenommenen Maschen für die Naht werden abgekettet. Dann nimmt man die Maschen wieder auf die Hauptnadel und arbeitet wie bisher weiter. Die Nähte des Taschenbeutels werden später geschlossen. Die offenen Kanten der Taschenblende (die 10 Reihen) werden möglichst unauffällig seitlich angenäht.

Diagonalgestrick

Beim Diagonalgestrick (nicht zu verwechseln mit einem diagonal verlaufenden Muster) beginnt man mit einem Anschlag von zwei Maschen und nimmt am Anfang jeder Reihe eine Masche zu, indem man zwischen den beiden ersten Maschen ein Querglied auffaßt und als Masche abstrickt. Man beginnt mit dem Stricken einer Arbeit an einer der unteren Ecken und nimmt so lange zu, bis die Arbeit die gewünschte Breite hat. Dann nimmt man am Anfang jeder Reihe eine Masche ab, bis keine abzustrickenden Maschen mehr vorhanden sind. Bei dieser Strick-

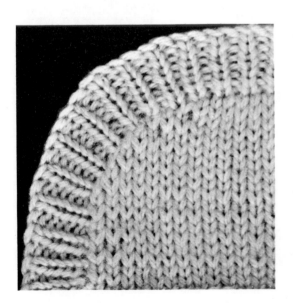

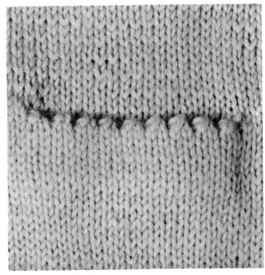

art entstand ein Quadrat. Will man ein Kleidungsstück (z. B. einen Pulli) diagonal stricken, so beginnt man an der rechten oder linken unteren Ecke und nimmt zu, bis die gewünschte Breite erreicht ist. Danach nimmt man an einer Seitennaht weiterhin jeweils eine Masche zu, während man an der gegenüberliegenden Seitennaht immer eine Masche abnimmt, um die gleiche Breite zu erhalten. Im übrigen arbeitet man dem Schnittmuster entsprechend weiter. Diagonalgestrick wirkt am besten, wenn man mit mehreren Farben in Streifen arbeitet. Das Kissen auf Seite 158 wurde mit Sportwolle in Oliv/Beige/Orangerot diagonal gestrickt.

Kissen mit Diagonalstreifen in Weiß, Rot und Oliv: an der Ecke begonnen, seitlich bis zur breitesten Stelle zugenommen, danach wieder bis zur gegenüberliegenden Ecke abgenommen.

Zusammennähen

Strickarbeiten kann man auf verschiedene Art zusammennähen. Sollen die Nähte besonders flach sein, z. B. bei Babysachen, näht man die Teile mit kleinen überwendlichen Stichen zusammen und bügelt die Naht unter einem feuchten Tuch. Fast unsichtbar kann man glatte Strickteile durch eine Zickzacknaht miteinander verbinden. Dazu legt man die beiden Teile mit den Rändern nebeneinander (linke Seite nach unten), sticht mit einer Stopfnadel in die ersten zwei Querglieder des Randes und zieht den Faden durch. Dasselbe macht man bei den ersten beiden Quergliedern des gegenüberliegenden Randes. Der Faden wird mäßig – also nicht zu fest – angezogen. So arbeitet man abwechselnd hin und her, wobei man immer den nächsten Stich am Ausgang des vorherigen ansetzt.

Auf die gleiche Weise kann man auch Strickteile mit offenem (nicht abgekettetem) Maschenrand verbinden. Das ist vor allem dort angebracht, wo ein Gestrick angesetzt, also verlängert werden soll, z. B. bei Kindersachen. Schließlich kann man Stricksachen auch wie Stoff zusammennähen. Man legt dazu beide Teile rechts auf rechts und näht sie mit kleinen Steppstichen, jeweils zwei Maschen fassend, zusammen. Der Faden darf nicht zu fest gezogen werden, damit die Elastizität des Gestricks erhalten bleibt. Statt des Steppstichs kann man auch den Kettenstich anwenden (Seite 51).

Das Rundstricken mit mehreren Nadeln

Die bisher beschriebene Strickart nennt man offene Arbeit im Gegensatz zur geschlossenen Arbeit, die jetzt behandelt wird. Zwar werden rechte und linke Maschen bei beiden Techniken in gleicher Weise gestrickt, jedoch ist der Maschenanschlag anders. Außerdem ist das Arbeiten mit fünf Nadeln (einem Spiel) für Anfänger zuerst etwas komplizierter. Das Maschenbild der geschlossenen Arbeit weicht von dem der offenen Arbeit ab. Strickt man beispielsweise nur rechte Maschen, so sieht die Arbeit beim Rundstricken zum Schluß genauso aus, als hätte man beim Flachstricken (offene Arbeit) glatt, nämlich Hinreihen rechts und Rückreihen links gestrickt. Das kommt daher, daß die geschlossene Arbeit nur eine Seite, nämlich die rechte, hat. Strickt man im Rippenmuster – eine Masche rechts, eine Masche links im Wechsel – so sieht das Gestrickte in diesem Fall nicht anders aus als bei einer offenen Arbeit.

Viele Stricksachen kann man wahlweise offen oder geschlossen arbeiten, zum Beispiel Pullover, Wäsche, Kinderkleidung verschiedener Art und durchgehende Kleider. Es gibt aber einige Arbeiten, die man nur mit fünf Nadeln stricken kann, wie Strümpfe und Handschuhe, um nur etwas zu nennen.

So strickt man einen Strumpf

Man beginnt mit dem Anschlagen der Maschen in dem auf Seite 124 beschriebenen Kreuzanschlag. Die Stärke der Nadeln richtet sich, wie immer, nach der Stärke der Wolle. Hat man auf einer Nadel genügend Maschen, nimmt man gleich die nächste Nadel, ohne Zwischenraum und ohne den Faden abzuschneiden oder die Arbeit sonstwie zu unterbrechen (a). Man schlägt nacheinander auf vier Nadeln an, und zwar müssen auf der ersten Nadel zwei Maschen mehr sein als auf der zweiten und dritten Nadel. Auf der letzten Nadel sind es zwei Ma-

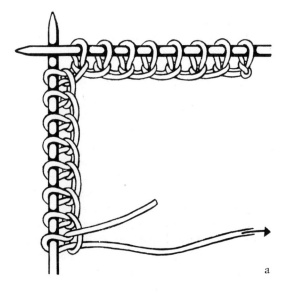

a

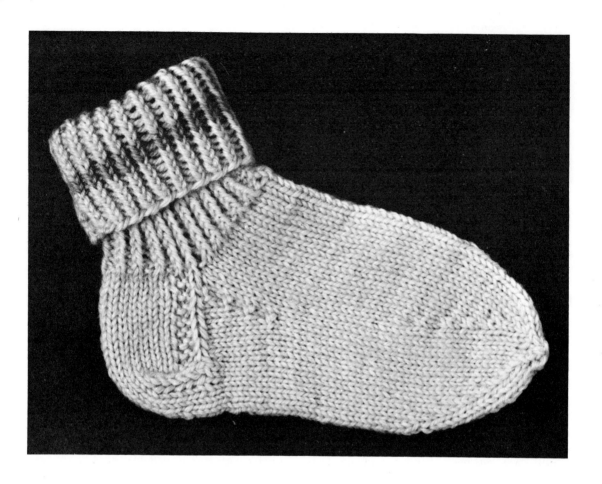

schen weniger. Beispiel: Braucht man insgesamt 80 Maschen, so kommen auf die erste Nadel 22, auf die zweite und dritte Nadel je 20 und auf die vierte Nadel 18 Maschen. Die beiden ersten Maschen der ersten Nadel werden zunächst mit der vierten Nadel, auf der sich die 18 angeschlagenen Maschen befinden, abgestrickt. Damit ist die Arbeit geschlossen. Man strickt jetzt mit der fünften Nadel weiter, immer ringsherum. Dabei muß man den Faden zwischen dem Ende der einen und dem Anfang der nächsten Nadel stets fest anziehen, sonst bildet sich dort ein größerer Maschenzwischenraum (b).

Ein Strumpf besteht aber nicht nur aus einem gestrickten Schlauch, sondern er hat eine ausgearbeitete Wade, eine Ferse, ein Käppchen, einen Spann und schließlich eine Spitze.

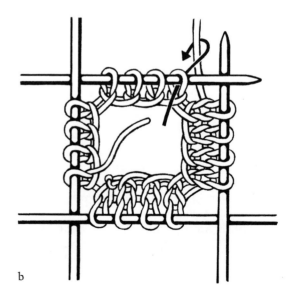

b

Das Abnehmen an der Wade
Von der Wade bis zur Ferse wird ein Strumpf durchschnittlich um ein Viertel enger. Dazu braucht man keine komplizierten Rechnungen aufzustellen: bei einer Anschlagzahl von 80 Maschen ist der Strumpf nach dem Abnehmen an der Ferse nur noch 60 Maschen weit. Man nimmt wie folgt ab: alle Maschen der vierten Nadel werden bis auf die letzten drei abgestrickt. Zwei von diesen letzten Maschen strickt man rechts zusammen, die dritte und letzte auf der Nadel wird rechts gestrickt. Die erste Masche auf der nächsten (also der ersten) Nadel wird rechts gestrickt, die folgenden beiden Maschen strickt man rechts zusammen. Das ist der gleiche Vorgang wie am Ende der vierten Nadel, nur in umgekehrter Reihenfolge. Man nimmt in einer Runde immer nur zwei Maschen ab, strickt dann sechs bis zehn Runden, bevor man erneut zwei Maschen wie beschrieben abnimmt. Nach zehnmaliger Wiederholung hat der Strumpf die richtige Weite, oder besser gesagt: Enge.

Die Ferse
Für die Ferse benötigt man die Hälfte der gesamten Maschenzahl. Man beginnt in der hinteren Mitte und arbeitet mit der ersten und vierten Nadel. Zunächst wird die erste Nadel abgestrickt. Dann wendet man die (jetzt offene) Arbeit, strickt die erste und vierte Nadel ab und so weiter, immer hin und her. Rechts und links soll die Ferse ein Doppelnähtchen haben. Es entsteht, indem man auf der Vorderseite die beiden letzten Maschen vor der Randmasche der ersten Nadel und die beiden ersten Maschen nach der Randmasche der vierten Nadel links abstrickt. Die Randmasche selbst wird wie bei dem auf Seite 130 beschriebenen Knötchenrand behandelt. Man strickt das Fersenteil übrigens immer glatt, das heißt: Hinreihe rechts, Rückreihe links. Die Zahl der Doppelnähtchen (oder Randmaschen) muß ein Sechstel der Anschlagmaschen betragen, dann ist die Ferse lang genug.

Das Käppchen
Zuerst teilt man die Maschen der Fersennadel in drei Teile, das sind in diesem Fall dreimal zehn (80 Maschen Anschlag, dann bei der Wade zehnmal 2 Maschen abgenommen, verbleiben noch 60, davon die Hälfte für die Ferse, also 30. Durch drei geteilt sind das demnach 10 Maschen). Die ersten beiden Drittel, also 20 Maschen, werden rechts abgestrickt. Dann strickt man die folgenden beiden Maschen rechtsverdreht zusammen und wendet die Arbeit. Dadurch entsteht eine Lücke. Nun wird die erste Masche links abgehoben, und die Reihe wird links zurückgestrickt, bis man an das erste Drittel – die letzten zehn Maschen auf der Nadel – kommt. Hiervon werden die ersten beiden Maschen links zusammengestrickt, die Arbeit wird wieder gewendet. Jetzt hebt man die erste Masche ab und strickt rechts weiter, bis man an die Masche vor der Lücke kommt. Von nun an

strickt man immer jeweils die Masche vor und die Masche nach der Lücke zusammen (Vorderseite rechts verdreht, Rückseite links), bis alle Maschen an beiden Seiten aufgestrickt sind. Damit ist das Käppchen fertig (Foto Seite 161).

Die Strumpfspitze
Bei jeder Abnehmrunde wird die drittletzte Masche auf jeder Nadel mit der folgenden Masche rechts zusammengestrickt. Dann strickt man nach der ersten und zweiten Abnehmrunde je drei Runden glatt weiter. Nach der dritten bis sechsten Abnehmrunde kommen je zwei Zwischenrunden glatt, und nach der siebenten bis elften Runde strickt man nur jeweils eine glatte Runde. Von jetzt ab wird in jeder Runde abgenommen, bis im ganzen nur noch acht Maschen übrig sind. Diese Maschen werden mit Nadel und Faden zusammengezogen und auf der Innenseite gut vernäht. Keine Knoten machen! (Foto oben.)

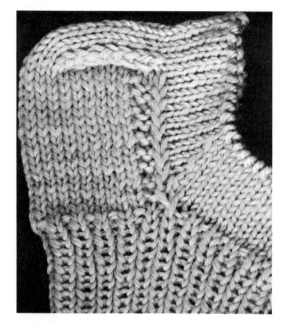

Der Keil zwischen Ferse und Spann
Die Käppchenmaschen werden auf zwei Nadeln verteilt. Dann faßt man an jeder Seite die Randmaschen der Ferse auf und stellt damit die Verbindung zum Spann her. Damit sich kein Loch bildet, kann man an beiden Verbindungsstellen, dort, wo es um die Ecke geht, einen Querfaden zwischen den Maschen auffassen. Jetzt muß man einen Keil stricken.

Man arbeitet wieder rundherum. Die aufgenommenen Fersenmaschen werden das erste Mal rechts verdreht abgestrickt. Nachdem zwei Runden glatt rechts gestrickt sind, kommt das Keilabnehmen. Man strickt zuerst die zweite und dritte Masche vor und dann die zweite und dritte Masche nach dem Spannteil zusammen. Auf diese Weise nimmt man in jeder dritten Runde zwei Maschen ab, bis die Maschenzahl vor Beginn der Ferse, also 60 Maschen, wieder erreicht ist (Foto oben). Dann strickt man durchgehend rechts weiter, bis das Fußteil an die kleine Zehe reicht.

So strickt man einen Handschuh

Angenommen, es sollen Handschuhe für ein acht- bis zehnjähriges Kind werden, dann braucht man außer einem Spiel Strumpfstricknadeln aus Metall (Perl-INOX) oder Kunststoff (JMRA) Nr. 2½ etwa 80 g mittelstarke Wolle (z. B. Schachenmayr Nomotta). Man beginnt mit dem auf Seite 126 beschriebenen Anschlag für das Rippenmuster am Bündchen. Das Bündchen soll 42 Maschen weit und 25 Runden lang sein. Danach werden sieben Runden glatt rechts gestrickt. Nun beginnt man mit dem Stricken eines Keils, ähnlich wie beim Strumpf zwischen Ferse und Spann. Man nennt einen solchen Keil Spickel. Für diesen Spickel wird am Anfang der ersten Nadel eine Masche zuge-

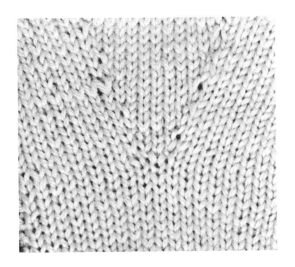

nommen, indem man einfach den Querfaden zwischen zwei Maschen auffaßt und rechts verdreht abstrickt. Dann wird eine Masche gestrickt und wieder eine Masche zugenommen. Hierauf folgen zwei Runden ohne Zunahmen. Danach nimmt man rechts und links von den zugenommenen Maschen abermals zu, das heißt also, man nimmt gleich zu Beginn der Nadel zu, strickt drei Maschen und nimmt wieder zu. Bevor man jetzt rechts und links von den zuletzt zugenommenen Maschen abermals je eine Masche zunimmt, müssen erst zwei Runden gestrickt werden. So lange wiederholen, bis der Daumenspickel fünfzehn Maschen zählt.

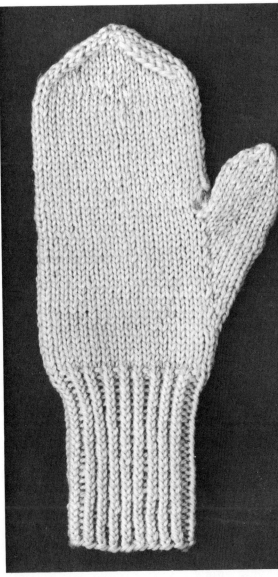

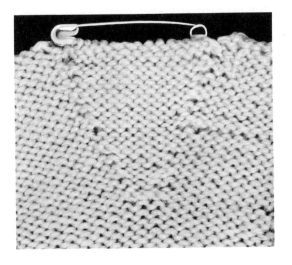

Das Daumenloch
Die Maschen des Daumenkeils werden auf eine Sicherheitsnadel genommen und vorerst stillgelegt. An ihrer Stelle müssen nun fünf Maschen neu angeschlagen werden, damit man die Runde für den Handschuh wieder schließen kann. Die aufgenommenen fünf Maschen werden keilförmig wieder abgenommen, und zwar immer die erste Masche durch Überziehen, die zweite durch Zusammenstricken. Das macht man in jeder

zweiten Runde, bis man wieder eine Maschenzahl erreicht hat, die man vor Beginn des Daumenspickels hatte. Danach strickt man rundherum glatt weiter, etwa bis zur Spitze des kleinen Fingers (das sind ungefähr 45 Runden).

Kinderhandschuhe aus handgesponnener Schafwolle, ohne Daumenkeil gestrickt.

Die Handschuhspitze
Für die Handschuhspitze nimmt man in jeder Runde ab, und zwar folgendermaßen: Auf der ersten Nadel werden die zweite und dritte Masche zusammengestrickt, auf der zweiten Nadel die drittletzte und die vorletzte Masche, auf der dritten Nadel wie bei der ersten Nadel und auf der vierten Nadel wie bei der zweiten Nadel. Also jeweils einmal die zweite und dritte und einmal die drittletzte und die vorletzte Masche (Foto oben).

Der Daumen
Zuerst werden die Maschen rund um das Daumenloch aufgenommen, wobei man eventuell zwei Maschen abnimmt. Dann strickt man den Daumen rundherum, bis er lang genug ist, und nimmt ab. Bei der ersten Runde strickt man immer jeweils zwei Maschen, nimmt ab, strickt zwei Maschen, nimmt ab und so weiter. Dann kommen zwei Runden ohne abzunehmen und anschließend arbeitet man im Rhythmus: eine Masche stricken, eine abnehmen, eine Masche stricken und so weiter. Die noch vorhandenen Maschen werden einmal in einer Runde glatt abgestrickt und zum Schluß mit einem Fadenende zusammengezogen und vernäht. Übrigens muß man darauf achten, daß man nicht zwei gleiche, also zwei linke oder zwei rechte Handschuhe strickt.

Handschuhe für Babys strickt man meistens ohne Daumen, Handschuhe für Kleinkinder kann man ohne Daumenkeil arbeiten.

Stricken mit der Rundnadel

Der Maschenanschlag geht genauso vor sich wie bei der offenen Arbeit, man strickt lediglich nach dem Anschlag einer Reihe die zuerst angeschlagene Masche mit dem Ende der biegsamen Nadel ab – also wendet nicht um –, sondern schließt damit die Arbeit und strickt rundherum weiter. Die Strickmethode mit der Rundnadel wendet man überall dort an, wo eine geschlossene Arbeit einen zu großen Umfang hat, um auf vier Nadeln gestrickt zu werden, zum Beispiel bei Pullovern, Mützen usw.

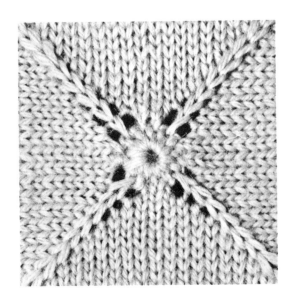

Kunststricken

Das Kunststricken ist eine offene Arbeit, die jedoch nicht in Hin- und Herreihen, sondern schneckenförmig rundherum mit vier oder fünf Nadeln ausgeführt wird. Es lassen sich runde, quadratische, drei- oder mehreckige Formen arbeiten.

Man schlägt zuerst eine Anzahl Maschen an, die durch die Zahl der Ecken teilbar ist (bei einem Quadrat also durch vier). Den Maschenanschlag macht man wie folgt: Der Fadenanfang wird zu einem Ring gelegt und mit Daumen und Zeigefinger der linken Hand festgehalten. Dann holt man abwechselnd einmal den Faden mit der Stricknadel von außen nach innen durch den Ring und schlägt ihn danach nur auf der Außenseite des Ringes um die Nadel (Zeichnung rechts).

Man kann allerdings auch von einem gehäkelten Luftmaschenring, dessen Glieder man einzeln auffaßt, ausgehen. Die aufgenommenen Maschen werden auf vier (bei einem Dreieck auf drei) Nadeln verteilt. Die Maschenzahl jeder Nadel muß durch zwei teilbar sein. Beispiel: für ein Quadrat schlägt man 8 Maschen an, auf jede Nadel kommen 2 Maschen. Man nimmt die letzte und die erste Nadel zusammen in die linke Hand und strickt nun mit der fünften Nadel (Arbeitsnadel) immer rundherum, und zwar feste Maschen. In der Mitte jeder Nadel nimmt man bei jeder Runde 2 Maschen zu, so daß sich allmählich 4 gleiche Keile bilden. Bei einem Dreieck sind es 3 Keile. Will man eine runde Form stricken, so nimmt man bei jeder Runde um 1 Masche versetzt zu, und zwar in der ersten Runde nach jeder Masche, in den folgenden Runden pro Nadel zweimal 1 Masche, jeweils hinter der in der Vorrunde zugenommenen Masche.

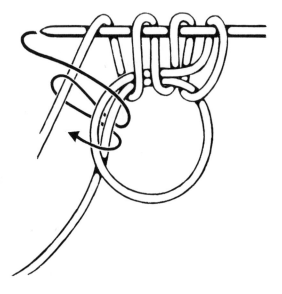

Arbeitsbeschreibungen zu den Strickmodellen

Strickpuppe, Seite 131

Man strickt die Puppe nach Schnitten, die man selbst herstellt, und zwar einen Schnitt für einen kleinen Pullover und einen für eine Hose. Anhand der Schnitte prüft man die Proportionen. Dann strickt man beide Teile separat, und zwar den Pullover glatt rechts, die Hose in Diagonalrippen. Die Hände werden wie Handschuhdaumen gearbeitet, die Füße wie Strümpfe. Alle Teile werden zusammengenäht und mit Diolen-Fill oder Kapok ausgestopft. Auf der Innenseite des Pullover-Rollkragens faßt man die Maschen auf vier Nadeln und strickt unter regelmäßiger Zunahme rundherum, bis zur breitesten Stelle des Kopfes (in halber Höhe). Danach strickt man je nach Größe der Puppe bzw. des Kopfes 6 bis 8 Runden ohne Zunahme weiter und stopft dann den Kopf sehr fest bis zur Hälfte aus. Dann strickt man weiter und nimmt wie bei einer Strumpfspitze ab. Bevor die Arbeit geschlossen wird, stopft man den Rest des Kopfes aus. Anschließend werden in die Maschen des Oberkopfes Schlingen (Seite 93) als Haare eingehäkelt. Mit einer Stricknadel lockert man nun das sehr fest gestopfte Füllmaterial der unteren Kopfhälfte und verteilt es gleichmäßig, indem man durch die Maschen sticht und es hochzieht. Nun wird das Gesicht zurechtgedrückt und eine kleine Nase abgenäht. Dann stickt man Augen und Mund. In die umgeschlagene Bruchkante des Rollkragens zieht man zum Schluß einen doppelten Faden und verknotet ihn unter dem Umschlag, so daß ein kleiner Hals entsteht.

Kinderweste, Seite 132

Material: 250 g Schnellstrickwolle Britanica, 2 Perl-INOX-Stricknadeln Nr. 5, 1 INOX-Häkelnadel Nr. 5.
Man strickt in Hin- und Rückreihen nur rechts, 2 Reihen ergeben 1 Rippe. Maschenprobe: 14 Maschen und 21 Reihen = 10×10 cm Gestrick.
Rücken: 46 Maschen anschlagen und 8 Reihen 2 M r, 3 M li stricken. Dann im Grundmuster (kraus) 60 Reihen ohne Zunahme arbeiten und in der 61. Reihe an Anfang und Ende je 4 M abnehmen. 30 Reihen hoch weiterstricken und alle Maschen abketten.
Vorderteil: 24 M anschlagen, 8 Reihen Rippenmuster stricken, anschließend 60 Reihen im Grundmuster arbeiten und in der 61. Reihe am Anfang 4 M (Armausschnitt) und am Ende 3 M (Knopfleiste) abnehmen. Danach am Ende jeder 2. Reihe 1 M für die Ausschnittschrägung abnehmen, bis nur noch 10 M auf der Nadel sind. In dieser Breite 20 Reihen weiterstricken und alle Maschen abketten. In das rechte Vorderteil werden, bei der 4. Reihe beginnend, mit je 11 Reihen Abstand 5 Knopflöcher eingearbeitet und später ausgenäht.
Taschen: Für die beiden großen Taschen je 14 M, für die kleine 10 M anschlagen, im Grundmuster stricken und dabei an Anfang und Ende jeder 2. Reihe 1 M abnehmen, und zwar 18 Reihen für die große und 14 Reihen für die kleine Tasche. Alle Teile mit Nadeln spannen und mit einem feuchten Tuch über Nacht bedecken. Nicht dämpfen. Danach alles mit überwendlichen Stichen zusammennähen und die Kanten umhäkeln. (Alle Angaben für Größe 150–158.)

Babyjäckchen mit anknöpfbarem Strampelsack, Seite 137

Material: 350 g Patons Jumper Wool in Weiß, 2 Langstricknadeln Perl-INOX Tric Nr. 3½, 1 INOX-Häkelnadel Nr. 3½, 8 flache Knöpfe.
Strickmuster: Rechts in Hin- und Herreihen.
Sack: 64 Maschen anschlagen und ein Rechteck von 70 cm Länge stricken. Nach der 3. und der drittletzten Reihe je 2 waagerechte Knopflöcher aus 3 Maschen arbeiten (siehe Seite 136), und zwar nach der 17. und der 44. Masche. Nach dem Stricken die Arbeit unter einem feuchten Tuch dämpfen, das Gestrick doppelt zusammenlegen und an den beiden Längsseiten zusammennähen. Nähte ebenfalls unter einem feuchten Tuch flachbügeln.
Rückwärtiges Jackenteil: 60 Maschen anschlagen, 40 Reihen gerade hoch stricken. Für die Armausschnitte an beiden Seiten je 3, in der nächsten Reihe je 2 und in der folgenden Reihe je 1 Masche abketten. Danach 20 Reihen gerade hoch stricken und für die Schulterschrägungen auf beiden Seiten einmal 5, danach wieder

Langschal und Mütze im Waffelmuster gestrickt. Mütze in der Kopfmitte wie eine Strumpfspitze abgenommen. Restmaschen zusammengezogen.

5 und in der folgenden Reihe 6 Maschen abketten. 1 Reihe stricken und die restlichen Maschen für den Halsausschnitt abketten.
Vorderteil: 45 Maschen anschlagen, 40 Reihen gerade hoch stricken. Danach für den Armausschnitt einmal 2 Maschen, einmal 1 Masche abnehmen. 19 Reihen hoch stricken. Dann an der vorderen Kante 20 Maschen abketten. Reihe zu Ende stricken und nach dem Wenden 5 Maschen für die Schulterschrägung abketten. Reihe zu Ende stricken. Nach dem Wenden 3 Maschen für den Halsausschnitt abketten. Weiter stricken, wenden und 5 Maschen abketten. Weiter stricken, wenden und 2 Maschen abketten. Weiter stricken, wenden und die restlichen Maschen abketten.
In eines der beiden Vorderteile müssen 6 waagerechte Knopflöcher von je 3 Maschen Breite eingearbeitet werden, und zwar an folgenden Stellen: nach der 6., 28. und 50. Reihe, jeweils 5 und 30 Maschen von der Vorderkante entfernt.
Ärmel: Maschenanschlag an der Armkugel: 16. Nach der Grundreihe bei jeder weiteren Reihe am Nadelende 2 Maschen zunehmen, bis die Arbeit 32 Maschen breit ist. Danach an jedem Nadelende so lange 1 Masche zunehmen, bis es

46 Maschen sind. Gerade weiterstricken, bis der Ärmel 56 Reihen lang ist. Dann alle Maschen abketten.
Alle Jackenteile dämpfen und mit kleinen Vorstichen zusammennähen. Nähte ebenfalls dämpfen, bis sie ganz flach sind. Knopflöcher mit Schlingstichen ausnähen. Knöpfe annähen: 6 vorn, 2 am unteren Rand des Rückteils. Halsausschnitt mit festen Maschen umhäkeln.

Babyschuhe, Seite 138

42 M anschlagen und 24 Reihen nur rechts (Hin- und Rückreihen) stricken. 9 M abketten, weiter stricken, wenden und am Anfang dieser Reihe ebenfalls 9 M abketten. 16 Reihen in dieser Breite weiterstricken. In der folgenden 17. Reihe jeweils 2 M rechts zusammenstricken. Rückreihe (18.) links stricken. Wenden, wieder jeweils 2 M zusammenstricken. Die folgende Rückreihe links stricken. Restliche Maschen mit einem doppelten Faden auffassen und zusammenziehen. Faden gut vernähen. Schuh in der vorderen Mitte zusammennähen.

Baby-Garnitur, Seite 143

Jäckchen: Material: 200 g Patons toppers, 2 Nd. Perl-INOX Tric Nr. 6, 1 Hilfsnadel.
Rücken: 39 M anschl. 2 Reihen (Hin- und Rückreihe) rechts. 3.–46. Reihe: Hinr. 4 M r, 1 M li im Wechsel. Rückr. rechts.
47. Reihe: 5 M abketten (für Armausschnitt), Reihe links zu Ende stricken.
48. Reihe: 5 M abketten, Reihe rechts zu Ende stricken.
49.–63. Reihe glatt stricken (Hinr. li, Rückr. r).
64. Reihe: von hier ab alles glatt stricken, und zwar: 8 M abstricken und auf die Hilfsnd. nehmen. 13 M abketten, die restlichen 8 M stricken.
65.–69. Reihe: die 8 auf der Nd. befindlichen Maschen glatt stricken und in der 70. Reihe abketten. Danach die 8 auf der Hilfsnadel stillgelegten Maschen des 2. Schulterteils gegengleich arbeiten.
Rechtes Vorderteil: 24 M anschl. 2 Reihen rechts. 3.–48. Reihe: Hinreihe 5 li, 4 r, 1 li, 4 r, 1 li, 4 r. Rückreihe rechts.
Am Anfang der 48. Reihe 5 M abketten. 49.–69. Reihe bis auf die 5 li M der Vorderblende glatt

stricken (wie Rückenteil). In der 61., 63. und 65. Reihe jeweils am Anfang 3 M, in der 67. Reihe 2 M für den Halsausschnitt abketten. In dieser Breite 2 Reihen stricken. Die 70. Reihe abketten. Linkes Vorderteil: gegengleich stricken und 5–6 waagerechte Knopflöcher einarbeiten (bei Mädchen in das rechte Vorderteil).
Ärmel: 21 M anschl. Die ersten beiden Reihen (Hin- u. Rückreihe) rechts arbeiten. Ab 3. Reihe: Hinr. 1 M li, 4 r, 1 li, 4 r, 1 li, 4 r, 1 li, 4 r, 1 li arbeiten. Die Maschen der späteren Zunahmen diesem Mustersatz entsprechend stricken. Rückr. nur rechts. 20. Reihe: am Anfang u. Ende je 1 M zun. In dieser Breite bis zur 30. Reihe weiterstricken. 31. Reihe: am Anfang u. Ende je 1 M zunehmen. Bis zur 52. Reihe in dieser Breite weiterstricken. 53. Reihe abketten.
2. Ärmel genauso arbeiten. Alle Teile dämpfen. Schulter- und Seitennähte der Jacke schließen. Ärmelnähte am Bündchen beginnend so weit zusammennähen, daß am oberen Ende ein Schlitz offen bleibt, dessen Länge der Breite der 5 abgenommenen Maschen für den Armausschnitt entspricht. Ärmel entsprechend ins Jäckchen nähen, Knopflöcher schürzen, Knöpfe annähen. Randmaschen vom Hals mit einer Rundnadel auffassen und drei Reihen rechts stricken.
Mütze: Material: 50 g Patons toppers. 2 Nadeln Nr. 6. Die Mütze besteht aus einem langen Zickzack-Streifen, der nur rechts gestrickt wird. 20 M anschlagen. Anschlußreihe stricken. 2.–18. Reihe: bei jeder 2. Reihe (das ist die Rückreihe), also 2. 4. 6. usw., am Anfang 1 M abnehmen, am Ende 1 M zunehmen. 19. Reihe: ohne Zu- oder Abnahme links stricken. 20. u. 21. Reihe: ohne Zu- oder Abnahme rechts stricken. 22.–38. Reihe: wie 2.–18. Reihe arbeiten. 39. Reihe: ohne Zu- oder Abnahme links stricken. 40.–46. Reihe: am Anfang jeder Rückreihe 1 M abn. 47. Reihe: am Ende 1 M zun. 48. Reihe: ohne Zu- und Abnahme stricken. 49. wie 47. Reihe. 50. wie 48. Reihe. 51. wie 47. Reihe. 52. wie 48. Reihe. 51. Reihe: links stricken ohne Zu- oder Abnahme. 52. Reihe: am Anfang 1 M abnehmen, am Ende 1 M zunehmen. Ab Reihe 53 in der gleichen Folge arbeiten wie Reihe 39 bis Reihe 1.
Die letzte Reihe abketten und mit der ersten Anschlagreihe verbinden (hintere Mützennaht). Die Zacken im Mützenkopf sinnvoll zusammennähen. 2 Kordeln drehen und als seitliche Bindebänder in die Mützenecken nähen.
Schuhe: Material: 50 g Patons toppers, 2 Nadeln Nr. 6. 15 M anschlagen. Nur rechts in Hin- und Rückreihen stricken. 14 Reihen in der angeschlagenen Maschenbreite arbeiten. Am Ende der 15. Reihe 10 M anschlagen, wenden, am Ende der 16. Reihe ebenfalls 10 M anschlagen. In dieser Breite 18 Reihen stricken und die letzte Reihe abketten. Den 2. Schuh in der gleichen Weise stricken und wie auf Seite 138 gezeigt zusammennähen.
Alle Angaben beziehen sich auf Baby-Größe 76 bis 82 (ca. 3 Monate Lebensalter).

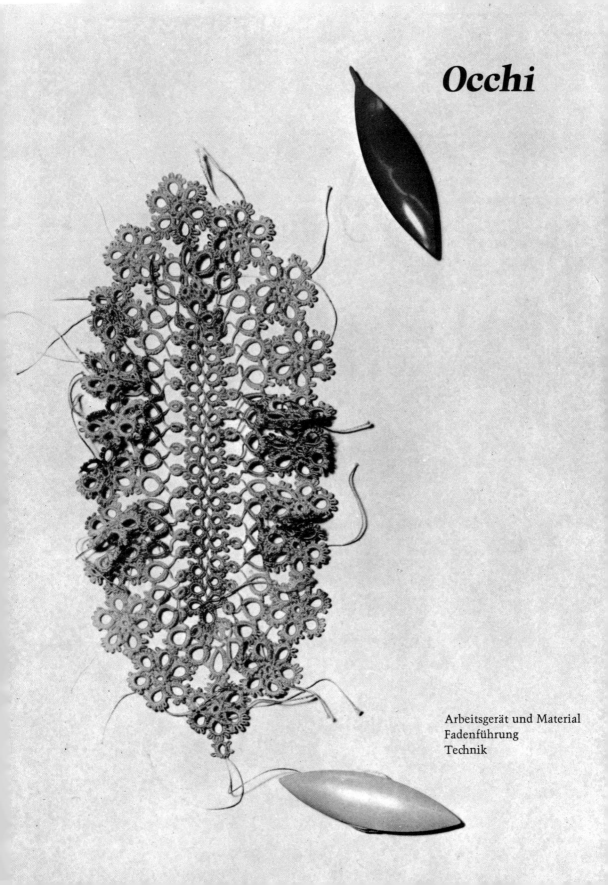

Occhi

Arbeitsgerät und Material
Fadenführung
Technik

Wie das Foto links zeigt, kann man Occhiarbeiten in vielerlei Formen herstellen. Die klassische Occhitechnik, wie sie hier gezeigt ist, wird mit feinem Glanzhäkelgarn Nr. 50 (MEZ) ausgeführt, jedoch kann man auch dünne Wolle oder Perlgarn nehmen.

Occhi – auch Schiffchenarbeit oder Frivolitäten genannt – ist eine feine Handarbeitstechnik, die man vor allem bei Zierkanten von Taschentüchern und Decken sowie für Tellermatten, Tablettdeckchen und Sets anwendet. Bei der Occhitechnik werden Schlingknoten in Ringen und Bögen um einen Arbeitsfaden geschlungen und untereinander zu phantasievollen Mustern verbunden.

Arbeitsgerät und Material

Man arbeitet mit Schiffchen aus Celluloid oder Kunststoff, die es in verschiedenen Farben gibt (JMRA). Für Ringe braucht man ein Schiffchen, für Bögen zwei. Je komplizierter das Muster ist, um so mehr Schiffchen werden benötigt. Die Schiffchen müssen alle verschiedene Farben haben, damit man sie während der Arbeit nicht verwechselt. Außer den Schiffchen braucht man noch eine der Garnstärke entsprechende Filethäkelnadel (INOX) zum Verbinden der Ringe und Bögen. Occhispitzen werden mit feinem Baumwollgarn gearbeitet, zum Beispiel mit MEZ Glanzhäkelgarn Nr. 50. Das Garn wird wie bei einer Spule um den Steg des Schiffchens gewickelt. Es darf nur soviel Garn aufgespult werden, wie der Steg faßt; die Windungen dürfen nicht zwischen den Schiffchenplatten hervorkommen.

Fadenführung

Den Fadenanfang zwischen Daumen und Zeigefinger der linken Hand fassen, Faden über die leicht gespreizten übrigen Finger legen und auf der Handinnenseite zurück zwischen Daumen und Zeigefinger führen. Zwischen Zeige- und Mittelfinger liegt der Knüpffaden, der später den Knoten bildet.
Die rechte Hand hält mit Daumen und Zeigefinger locker das Schiffchen. Der Abstand zum Fadenring soll etwa 20 cm betragen. Der vom Schiffchen kommende Faden ist der Handinnenfläche zugekehrt, er wird von rückwärts nach vorn über die rechte Hand gelegt. Der Fadenabstand zwischen rechter und linker Hand ist der Spannfaden, auf den Rechts- und Linksknoten aufgereiht werden.

Technik

Ein Doppelknoten (Dk.) besteht aus einem Rechts- und einem Linksknoten. *Rechtsknoten:* Das Schiffchen unter dem Fadenring durch- und über dem Fadenring zurückführen (a), ohne es zu wenden. Beim Zurückführen des Schiffchens wird der Fadenring durch Senken der Finger gelockert; bei straffem Spannfaden werden die Finger der linken Hand wieder gehoben, wobei die

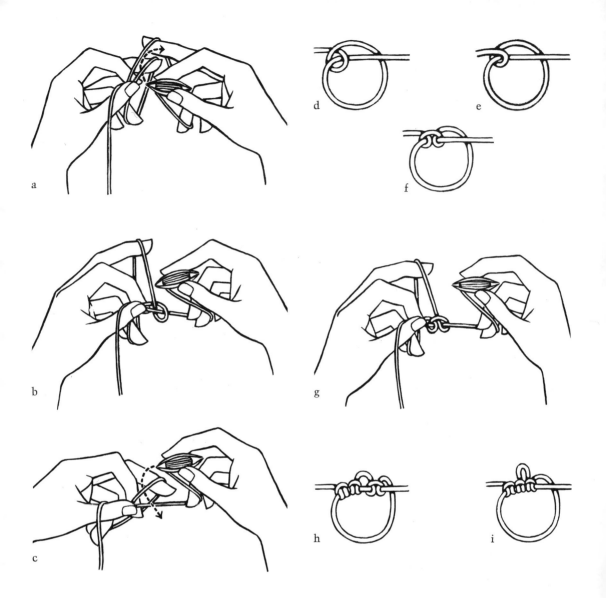

Schlinge angezogen und damit der Rechtsknoten gebildet wird (b). Für den *Linksknoten* muß das Schiffchen zuerst über, dann unter dem Fadenring (c) zurückgleiten. Zeichnung d zeigt den Rechtsknoten, e den Linksknoten, f den Doppelknoten. Nach dem Dk. arbeitet man weiter wie Zeichnung g zeigt. Pikots (Ösen) werden zwischen 2 Dk. gebildet (h, i). Der folgende Rechtsknoten wird hierbei nicht bis dicht an den vorhergehenden Dk. herangeschoben; die Länge des Zwischenraumes bestimmt die Größe der Öse. Durch einen Linksknoten ergänzt, wird der Dk. an die vorhergehenden Knoten geschoben. Es ist darauf zu achten, daß die Ösen innerhalb einer Arbeit gleichmäßig groß ausfallen. Ist die erforderliche Anzahl an Dk. und Pikots (Ösen) ausgeführt, läßt man den Fadenring von der linken Hand gleiten und zieht den Spannfaden vorsichtig an (j), bis der Ring geschlossen ist. Den folgenden Ring arbeitet man, je nachdem wie das Muster es vorschreibt, ganz dicht oder mit einigen Millimetern Abstand neben den vorhergehenden.

Anschlingen: Zwei Ringe werden miteinander verbunden, indem anstelle einer Öse an eine Öse des angrenzenden Ringes wie folgt ange-

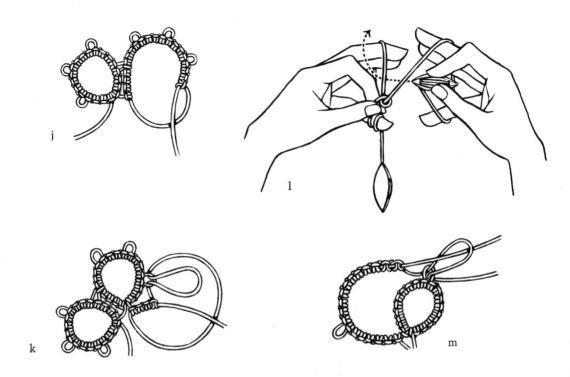

Occhispitzen für Taschentücher und Decken werden separat hergestellt und später angenäht.

schlungen wird: das Schiffchen loslassen, mit der Häkelnadel den Fadenring als Schlinge durch die Öse des angrenzenden Ringes durchholen, durch diese das Schiffchen von rechts nach links führen und die Schlinge zuziehen. Dann den nächsten Rechtsknoten (k) bilden und durch einen Linksknoten zum Dk. ergänzen.

Ein neuer Faden wird stets zwischen 2 Ringen oder zwischen Ring und Bogen angeknüpft und mit Dk. überschürzt.

Beim Arbeiten mit zwei Schiffchen knüpft man die Fadenenden von beiden Schiffchen zusammen und hält den Knoten mit Daumen und Zeigefinger der linken Hand. Nach dem Zuziehen bildet sich eine kleine Öse. Man wickelt den Faden der linken Hand zweimal um den kleinen Finger, das Schiffchen bleibt hängen. Mit dem 2. Schiffchen arbeitet man wie sonst mit der rechten Hand (l). Ringe und Bögen folgen beim Arbeiten mit zwei Schiffchen dicht aufeinander (m), ohne den Verbindungsfaden, der sich beim Arbeiten mit nur einem Schiffchen zwischen zwei Ringen bildet.

Das Wenden der Arbeit geschieht gleichzeitig mit dem Wechseln der Schiffchen von der linken

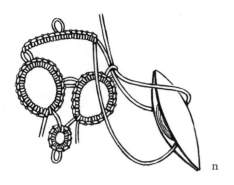

n

zur rechten bzw. von der rechten zur linken Hand. Anschlingen eines Bogens an einen Ring: Der vom linken Schiffchen kommende Faden wird mit der Häkelnadel durch die betreffende Öse des Ringes geholt, dabei darf der Faden nicht verdreht sein. Durch diese Schlinge wird nun das zweite Schiffchen geführt (n).

Occhidecke von Seite 175

Material: 3 Knäuel MEZ-Spitzengarn, 2 JMRA-Schiffchen (1 blau, 1 weiß).

Anleitung: In der ersten Runde 4 Ringe arbeiten. 1. Ring: 4-4-4-4 Dk., zz. 2. Ring: 4 Dk., an die folg. Öse des 1. Ringes anschl. 4-4-4 Dk., zz. 3. Ring wie 2. Ring. 4. Ring wie 2. Ring, anstelle der letzten Öse an den 1. Ring anschl. Nach dieser und auch nach allen folgenden Rd. Fäden abschneiden und sorgfältig verknoten.

Zweite Runde: ∗ 1. Ring: 3-4-4-3 Dk., zz. 2. Ring: 3 Dk., an die folg. Öse des 1. Ringes anschl., 4 Dk. an nächste Öse, die 2 Ringe der 1. Rd. verbinden, anschl. 4-3 Dk., zz. 3. Ring: 3 Dk. an die folg. Öse des 2. Ringes anschl., 4-4-3 Dk., zz., wenden. Bogen: 11-11-11-11 Dk., wenden. Ab ∗ dreimal wdh.

Dritte Runde: ∗ 1. bis 3. Ring wie 1. bis 3. Ring in zweiter Runde, den 2. Ring jeweils an die Ösen in den Bogen der zweiten Runde anschl.

Occhiarbeiten werden mit einem oder mehreren Schiffchen (JMRA) ausgeführt und bestehen aus Ringen und Bogen, auf denen kleine Schlingenknoten sitzen. Die winzigen Ösen an den Bogenkanten nennt man auch Pikots.

Die Bogen aus 10-10-10 Dk. arbeiten. 4. bis 6. Ring wie 1. bis 3. Ring, jedoch an Stelle der 2. Öse im 4. Ring an die Öse des vorhergehenden Ringes anschl. Den folg. Bogen wieder aus 10-10-10 Dk. arbeiten. Ab * noch 5mal wdh., an Stelle der 2. letzten Öse im letzten Ring an die 2. Öse im 1. Ring der Runde anschl.

Vierte Runde: Ring: 3-3-3-3 Dk., an einer Öse in den Bogen der 3. Runde anschl. 3-3-3-3 Dk., zz., wenden. Bogen: 10-10 Dk., wenden. Ab * noch 23mal wdh.

Fünfte Runde: Wie vierte Runde arbeiten, jedoch in den Ringen zwischen den Ösen 4, in den Bogen 13 Dk. arbeiten.

Sechste Runde: * Den 1. Ring aus 5-7-7-5 Dk., zz., 2. Ring: 5 Dk., an die folg. Öse des 1. Ringes anschl. 7 Dk., an einer Öse in einem Bogen

der 5. Runde anschl. 7-5 Dk., zz. 3. Ring: 5 Dk., an die folg. Öse des 2. Ringes anschl. 7-7-5 Dk., zz., wenden. Bogen: 12-12-12 Dk., wenden. Ab * noch 23mal wdh. In der letzten Wiederholung den letzten Ring an den 1. Ring anschlingen.

Siebte Runde: Wie die dritte Runde, die Bogen jedoch nur aus 10-10 Dk. ausführen. Die Rd. zählt 48 Bogen.

Achte Runde: Wie siebte Runde arbeiten, in den Ringen zwischen den Ösen jedoch 3-4-4-3 Dk., die Bogen aus 7-7-7-7 Dk. arbeiten.

Neunte Runde: Die Ringe aus 4-5-5-4 Dk., jeden folgenden Ring an Stelle der 2. Öse an den vorhergehenden und den 2. Ring jeder Dreiergruppe an die 2. Öse in einem Bogen der achten Runde anschlingen. Die Bogen aus 7-8-8-7 Dk. arbeiten.

Zehnte Runde: Wie die neunte Runde arbeiten, die Ringe bestehen jedoch aus 5-6-6-5 Dk. Die Bogen aus 8-9-9-8 Dk.

Elfte Runde: Wie neunte Runde arbeiten, die Ringe bestehen jedoch aus 6-7-7-6 Dk., die Bogen aus 12-12-12 Dk.

Occhiarbeiten sind nichts für Ungeduldige. Die Technik ist zwar nicht kompliziert, wenn man die wenigen Standardknoten beherrscht, jedoch erfordert sie Fingerfertigkeit und Konzentration. (Arbeitsbeschreibung unten, Musterausschnitt rechts).

(Abkürzungen: Dk = Doppelknoten, zz. = zuziehen, wdh. = wiederholen.)

Occhi-Platzdecken vom Foto oben
Man arbeitet mit einem Schiffchen.
1. Streifen, erste Reihe: * Ring aus 4 Dk., 2 Ösen, dazwischen 2 Dk. Ring schließen, Arbeit wenden. Kette aus 6 Dk., 2 Ösen, 6 Dk., 3 Dk. Fa-

den durch die letzte Öse des vorhergehenden Ringes anschlingen. Arbeit wenden. Kette aus 6 Dk., 1 Öse, 6 Dk. Arbeit wenden. Ring aus 4 Dk., an angrenzende Öse anschlingen. 2 Dk., 1 Öse, 4 Dk., schließen und wenden. Kette aus 3 Dk., wenden. Ab * 17mal wiederholen. Dann die letzte Kette am Ende der letzten Wiederholung auslassen.

Zweite Reihe: An die letzte Öse des letzten Ringes der Vorreihe anschlingen. Kette aus 6 Dk. Faden an die nächste freie Öse anschlingen. * Kette aus 2 Dk., 2 Ösen, dazwischen 1 Dk., 1 Dk., 3 große Ösen, dazwischen 2 Dk. 1 Dk., 2 Ösen, dazwischen 1 Dk. 2 Dk., Faden an die nächste Öse anschlingen. Kette aus 6 Dk., Faden an die nächste Öse anschlingen. Ab * wiederholen.

Dritte Reihe: Ring aus 4 Dk., 2 Ösen, dazwischen 2 Dk. 4 Dk., schließen, wenden. Kette aus 6 Dk. An das 1. Pikot der 1. Kette in der ersten Reihe anschlingen. 6 Dk., 1 Öse, 3 Dk., an die letzte Öse der Vorreihe anschlingen und wenden. * Kette aus 6 Dk., 1 Öse, 6 Dk., wenden. Ring aus 4 Dk. an die angrenzende Öse anschlingen, 2 Dk., an die nächste freie Öse der ersten Reihe anschlingen. 4 Dk., schließen und wenden. Kette aus 3 Dk., wenden. Ring aus 4 Dk., anschlingen an die nächste Öse der ersten Reihe. 2 Dk., 1 Öse, 4 Dk., schließen, wenden. Kette aus 6 Dk., 2 Ösen dazwischen, 6 Dk., 3 Dk., Faden an die Öse der Vorreihe anschlingen, wenden. Kette aus 6 Dk. an die nächste Öse der ersten Reihe anschlingen, 6 Dk., wenden. Ring aus 4 Dk., an die angrenzende Öse anschlingen, 2 Dk., 1 Öse, 4 Dk., schließen, wenden. Kette aus 3 Dk., wenden. Ring aus 4 Dk., 2 Ösen, dazwischen 2 Dk., 4 Dk., schließen * *, wenden. Kette aus 6 Dk. an die nächste Öse der ersten Reihe anschlingen. 6 Dk., 1 Öse, 3 Dk. Faden an die letzte Öse der Vorreihe anschlingen, wenden. Ab * wiederholen und die letzte Wiederholung bei ** beenden.

Vierte Reihe: wie zweite Reihe.

2. Streifen: Erste bis dritte Reihe wie beim 1. Streifen.

Vierte Reihe: Faden an die letzte Öse des letzten Ringes der Vorreihe anschlingen. Kette aus 6 Dk. Faden an die nächste Öse anschlingen. * Kette aus 2 Dk., 2 Ösen, dazwischen 1 Dk. 1 Dk. zweimal. An die entsprechende lange Öse des 1. Streifens anschlingen. 1 Dk., 2 Ösen, dazwischen 1 Dk. 2 Dk., an die nächste Öse des 2. Streifens. Kette aus 6 Dk., an die nächste Öse des 2. Streifens. Ab * bis zum Schluß wiederholen. Man arbeitet weitere 5 Streifen und verbindet sie jeweils wie Streifen 1 an 2. Zum Schluß werden die Fäden verknüpft, vernäht und abgeschnitten.

Weben

Das Material
Vorarbeiten
Der Webvorgang
Verlängern des Schußfadens
Mehrfarbiges Weben
Webmuster
Weben mit dem Trennstab
Knüpfweberei
Bandweben mit dem Kamm
Bildweberei

Für den Anfänger genügt ein einfacher Schulwebrahmen mit Gatterkamm (Kircher), der schon viele Möglichkeiten bietet und sich von größeren Rahmen nur durch die Breite unterscheidet. Man braucht also später nicht umzulernen, sondern kann auf den erworbenen Kenntnissen weiter aufbauen. Will man jedoch das Weben intensiv betreiben, sollte man gleich einen größeren Webrahmen anschaffen (z. B. Kircher Modell W), den man später durch ein Untergestell ergänzen und mit Schäften und Tritten für mehrschäftiges Weben ausrüsten kann. Die wichtigsten Teile des Webrahmens sind der Kettbaum (oberer Querholm) und der Warenbaum (unterer Querholm). Zwischen Kettbaum und Warenbaum werden die Längsfäden eines Gewebes ge-

Auf einem kleinen Schulwebrahmen (unten) kann man werkgerechte Webereien ausführen. Für größere Arbeiten braucht man einen Rahmen mit entsprechender Webbreite, den es als Tisch- oder Standmodell mit einem Untergestell gibt (alle Webrahmen: Kircher).

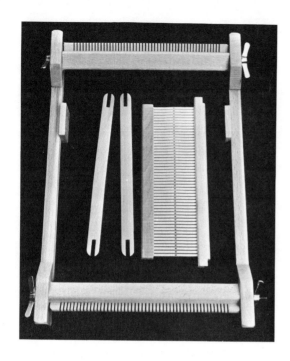

Schußfäden sollen jedoch niemals dünner als die Kette sein. Zum Teppichweben nimmt man Baumwolle-, Leinen- oder Hanfgarn für die Kette, im Handel als Teppichkettgarn erhältlich, und Teppichwolle oder Synthetikgarn für den Schuß. Selbst ungesponnene oder schwach gedrehte Wolle (Dochtwolle) kann man als Schußgarn verwenden. Dazu gehört allerdings einige Übung. Am besten beginnt man mit gleichmäßig gesponnenem Handstrickgarn (Schachenmayr Nomotta Extra), das man für Kette und Schuß verwendet.

Vorarbeiten

Die wichtigste Vorarbeit ist das Ablängen und Spannen der Kettfäden. Man nennt das: Aufbäumen oder Aufbringen der Kette. Dazu muß man zuerst die Länge der Kette und danach den ganzen Materialbedarf errechnen. Das macht man wie folgt: Zur Länge, die das fertige Stück haben soll – zum Beispiel der Stuhlbezug auf Seite 188 –, rechnet man 10 % hinzu, da das Gewebe beim Weben zusammengeht. Man nennt das: Einsprung. Dazu kommen noch einmal 30 cm (bei Anfängern 40 cm) für den Abfall. Der Bezug ist 120 cm lang, man rechnet also

spannt. Man nennt das die Kette. Die quer zur Kette eingewebten Fäden nennt man Schuß. Die Begriffe Kette und Schuß kehren bei der Weberei immer wieder. Ferner gehören zum Webrahmen noch der Kamm, auch Schaft genannt (rechts im Foto), und die Schiffchen (links neben dem Kamm). Die Schiffchen dienen zum Aufwickeln und Einlegen der Schußfäden. Solange man einfarbig webt, kommt man mit einem Schiffchen aus. Sonst braucht man für jede Farbe ein Schiffchen.

Das Material

Zum Weben kann man jedes Garn verwenden, ganz gleich, ob es sich um Wolle, Baumwolle oder Synthetik handelt, ob das Garn dick oder dünn ist. Am besten lassen sich Wollgarne und synthetische Garne mit wollähnlichem Charakter von mittlerer Stärke (Strick- und Häkelgarne) verarbeiten. Man kann – mit Ausnahme dicker Dochtwollen oder sog. Effektgarne – für Kette und Schuß das gleiche Material oder für die Kette dünneres Garn als für den Schuß nehmen. Die

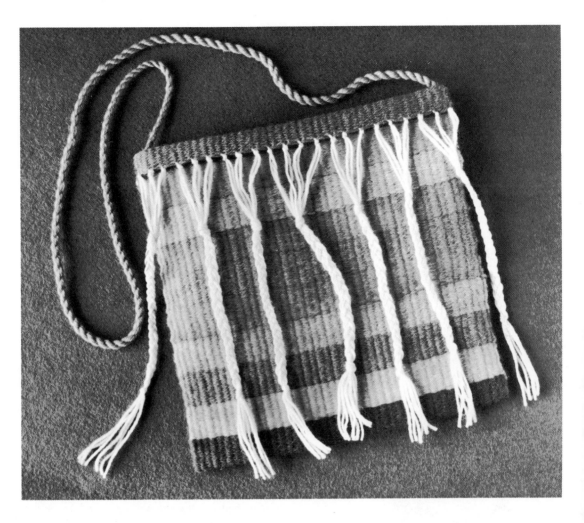

Kinder-Schultertasche, aus Wollresten in Schußripsbindung auf dem Schulwebrahmen gewebt.

Scheerklammer zum Abhängen der Kettfäden.

120 cm + 10 % = 132 cm + 30 cm Abfall = 162 cm. So lang müssen die gespannten Kettfäden sein. Zum Ablängen der Kettfäden braucht man zwei Scheerklammern (Schraubzwingen mit einem Haltestift – s. Foto links), die man am Tisch befestigt. Ihr Abstand soll der Hälfte der fertigen Kette entsprechen. Zwischen den Scheerklammern wird der Faden 10× hin- und hergewickelt. Dann nimmt man die Fäden ab und schneidet sie an einer Seite auf. So hat man die

gewünschte Länge. Damit die Fäden sich nicht verwirren, dreht man sie zu einem Bündel zusammen, oder man macht eine Schlaufe um das Fadenbündel. Diesen Vorgang wiederholt man so lange, bis man die gesamte Fadenzahl hat. Das Verfahren ist besonders geeignet für kurze Ketten (nicht länger als 2–3 m) vor allem für Anfänger. Hat man keine Scheerklammern, sucht man sich zwei feste Punkte (Fensterriegel und Türgriff, Garderobenhaken und Türgriff o. ä.), um die man jeweils 5 Fäden wickelt, sie mit einem Faden zusammenbündelt und an beiden Enden aufschneidet. Man kann auch 10 Fäden um eine 80 cm breite Tischplatte wickeln und sie an nur einer Seite aufschneiden. Die Stärke der Tischplatte ergibt an jedem Ende noch einmal 1 cm, so daß man schließlich 10 Fäden von 162 cm Länge hat. Man längt alle Fäden in Bündeln zu 10 Stück ab. Das erleichtert nicht nur das Zählen, sondern auch die Weiterverarbeitung der Fäden, die so nicht durcheinandergeraten können. Die Anzahl der benötigten Kettfäden läßt sich genauso exakt berechnen wie ihre Länge. Der Webkamm bei dem abgebildeten Kircher-Webrahmen ist so eingerichtet, daß 4 Fäden auf 1 cm kommen. Man bezeichnet ihn in der Fachsprache als 40/10er Schaft (40 Fäden auf 10 cm). Die gebräuchlichsten Schäfte außer dem 40/10er sind 30/10er für dicke Stoffe und 20/10er für Teppiche. Rechnet man nun die Breite des gewünschten Gewebes mal 4, so hat man bei einem 40/10er Schaft die Zahl der Kettfäden. Für einen 18 cm breiten Schal braucht man z. B. 18×4=72 Kettfäden, das sind 6 Bündel à 10 und 1 Bündel à 12 Fäden. Hat man alle Kettfäden abgelängt, wiegt man sie auf einer einfachen Küchenwaage. Etwa genausoviel Garn braucht man für den Schuß, wenn man in einfacher Leinenbindung arbeitet. Bei der einfachen Leinenbindung, die jeder Anfänger beherrschen sollte, bevor er experimentiert, haben Kette und Schuß die gleiche Dichte. Sind die Schußfäden dagegen wesentlich dichter eingewebt, entsteht eine Ripsbindung. Für diese Webart braucht man das anderthalbfache bis doppelte Gewicht der Kette für den Schuß. Die abgelängten Kettfäden werden einzeln aus den Bündeln herausgezupft und mit einer Häkelnadel in den Kamm eingezogen. In jedes Loch und in jede Ritze kommt ein Faden. Dazu kann man den Kamm entweder senkrecht stehend zwischen zwei Büchern festklemmen oder ihn so auf dem Tisch mit einer Scheerklammer befestigen, daß die Lochreihe noch gerade über die Tischkante hinausragt. Der Webrahmen wird auf den Tisch gelegt. Die innen an den Längsholmen befindlichen Auflageklötzchen für den Kamm, die sogenannten Schaftträger, müssen vom unteren Warenbaum weiter entfernt sein als vom oberen Kettbaum (siehe Foto Seite 182).

In den Rahmen stellt man den fertig eingezogenen Kamm, und zwar mit der Bundverlängerung – also dem breiteren Querholm – nach unten. Die Kettfäden werden jeweils paarweise (bei weitläufigerem Kamm einzeln) in eine Kerbe des Kettbaumes gelegt und so um die folgenden vier Zähne gewunden, wie es die Zeichnung zeigt. Die letzten Fäden werden zurückgeschlungen.

Sind alle Fäden befestigt, bedeckt man den Kettbaum mit einem Papierstreifen, lockert die Flügelmuttern ein wenig und wickelt die Fäden auf den Kettbaum, indem man ihn nach außen dreht. Dabei müssen die Kettfäden möglichst in gleichen Abständen aufgewickelt werden. Der eingelegte Papierstreifen verhindert, daß die Fäden in die Kerben rutschen. Hat man die Kette soweit aufgebäumt, daß die Enden gerade noch lang genug sind, um am Warenbaum befestigt zu werden, legt man sie dort ebenfalls paarweise in die Kerben und windet sie um die nächsten 4 Zähne. Der Kamm wird zuvor auf die Kammträger gestellt. Dabei muß man darauf achten, daß alle Fäden gerade verlaufen. Man darf also keine Kerbe auslassen. Das einwandfreie Aufbäumen der Kette ist für die Gleichmäßigkeit des Gewebes entscheidend. Bevor man die Kette am Warenbaum befestigt, müssen selbstverständlich die Flügelmuttern am Kettbaum wieder angezogen werden, sonst rollt die Kette von selbst ab. Auch die Muttern am Warenbaum müssen stramm sitzen. Ist die Kette aufgebracht, wird der Schußfaden von Kerbe zu Kerbe um das Schiffchen gewickelt.

Der Webvorgang

Am besten arbeitet man, wenn man den Webrahmen zwischen Schoß und Tischkante einklemmt. Die Kerben an den oberen Enden der Längsholme verhindern das Abrutschen von der Tischkante. Der Webkamm (oder Schaft) wird auf die beiden Schaftträger gelegt, oder besser gesagt: gestellt. Man sieht nun, daß zwischen den durch die Schlitze und den durch die Löcher gezogenen Kettfäden ein Zwischenraum entstanden ist. Diesen Zwischenraum nennt man Fach. Nimmt man den Schaft von den Klötzchen herunter und klemmt ihn unter die Schaftträger, so entsteht abermals ein Fach. Je nach Stand des Schaftes nennt man die Zwischenräume Oberfach oder Unterfach. Allerdings handelt es sich hier nur um ein sogenanntes Halbfach, das für alle einschäftigen Webereien genügt. Beim Halbfach werden immer nur die durch die Löcher gezogenen Kettfäden mit dem Schaft bewegt, während die durch die Schlitze gezogenen Fäden ihren Stand nicht verändern. Beim Vollfachweben, das mit mehreren Schäften (Kämmen) ausgeführt wird, werden alle Fäden von den Schäften geführt. Das Auf- und Abbewegen des Schafts nennt man Fachwechsel. In jedes entstandene Fach, abwechselnd Oberfach und Unterfach, wird mit Hilfe des Schiffchens der Schußfaden locker eingelegt und mit dem Schaft gegen den Warenbaum geschlagen. Der Schußfaden wird locker in schräger Aufwärtsrichtung eingelegt. Vom Einlegen des Schußfadens und vom gleichmäßigen Anschlagen mit dem Schaft hängt das Ergebnis der Arbeit ab. Legt man den Schußfaden zu locker ein, werden die Webkanten beulig. Zieht man dagegen den Schußfaden zu stramm, wird das Gewebe immer schmäler. Durch ungleichmäßig angeschlagene Schußfäden wird das Gewebe unterschiedlich fest, und es bilden sich sogenannte Straßen. Das Fach wird stets erst nach dem Anschlagen gewechselt. Es ist wichtig, daß man diese Punkte beim Weben genau beachtet und einen eingeschossenen Faden sofort korrigiert oder entwebt und neu einlegt, wenn sich eine Unregelmäßigkeit zeigt.

Hat man die Kettfäden bis nahe an den Kettbaum durchwebt, so daß sich kein genügend großes Fach mehr bilden läßt, muß man die

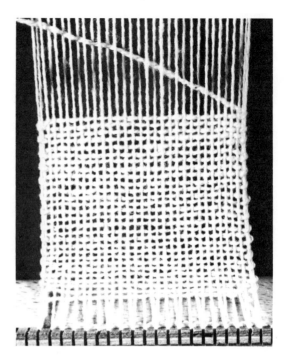

Der Schußfaden muß locker eingelegt werden, sonst zieht sich das Gewebe zusammen.

Brücke in Leinenbindung. Kette: Baumwollgarn, Schuß: dunkelblaue Dochtwolle.

Arbeit umspannen. Man löst dazu die 4 Flügelmuttern nur so weit, daß sich Kett- und Warenbaum gerade drehen lassen. Das fertig gewebte Stück wird auf den Warenbaum aufgerollt, zugleich rollt sich ein entsprechend langes Stück Kette ab. Nachdem man die Arbeit straff gespannt hat, werden die Flügelmuttern wieder fest angezogen, und man kann weiterarbeiten. Wenn die Kette zu Ende geht – sobald sich kein ausreichend großes Fach mehr bilden läßt –, schneidet man sie dicht an den Zähnen des Kettbaums ab und verknotet die Fäden paar- oder büschelweise zu Fransen. Ebenso macht man es mit den Kettfäden an der Seite des Warenbaums. Der abgeschnittene Schußfaden wird im Gewebe verstopft.

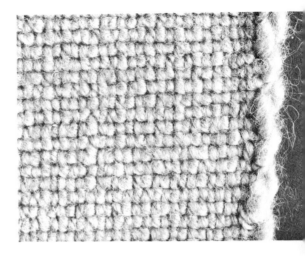

Verlängern des Schußfadens

Sollte der Schußfaden nicht für die ganze Arbeit reichen, so kann man ihn ohne weiteres ansetzen. Niemals sollte man beim Weben Fäden zusammenknoten. Ist der Faden zu Ende, schneidet man ihn so ab, daß er ungefähr in der Mitte des Gewebes ausläuft. Den neuen Schußfaden legt man in dasselbe Fach. Dabei sollen das Ende des alten und der Anfang des neuen Fadens einige Kettfäden breit übereinanderliegen. Ein Schußfaden sollte möglichst nicht an der Webkante enden oder neu eingelegt werden.

Mehrfarbiges Weben

Das Weben mit mehreren Farben ist nicht schwierig. Man kann Längsstreifen weben, indem man die Kettfäden in unterschiedlichen Far-

ben einzieht. Quergestreift wird ein Gewebe, wenn man den Schuß mit mehreren Schiffchen verschiedenfarbig einlegt. Arbeitet man bei Kette und Schuß mit mehreren Farben, wird das Gewebe kariert. Beim mehrfarbigen Schuß ist bei der Randbildung folgendes zu beachten: wenn man zum Beispiel 2 Schuß hell und 4 Schuß dunkel webt, so muß der helle Schußfaden an der Webkante die vier dunklen Schüsse überspringen, bevor man dann wieder mit dem hellen Schiffchen weiterwebt. Bei dickem Garn können das unter Umständen 2 cm sein. Es wäre häßlich, wollte man den jeweils nicht benutzten Schußfaden als Schlaufe am Rand weiterlaufen lassen, deshalb webt man ihn mit ein, indem man den Arbeitsfaden um den äußeren Kettfaden und den ruhenden Schußfaden der anderen Farbe herumführt (s. Foto Seite 187 oben).

Setzt man mit einer Farbe ganz ab, schneidet man den Schußfaden etwa 5–10 cm länger als die Webbreite ab, legt dieses Ende um den äußeren Kettfaden herum, zurück in das noch nicht gewechselte Fach, und schlägt den Schuß erst

Fleckerlteppich. Kette: Baumwolle, Schuß: aus Textilresten geschnittene Streifen.

Stuhlbezug in Leinenbindung. Material: MEZ Sudanwolle in Grau und Rosé.

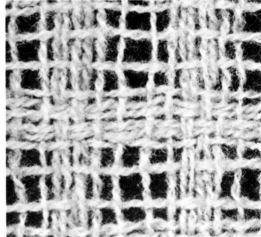

nach dem Fachwechsel mit dem Schaft an. Damit das Gewebe nicht schief wird, beginnt man mit dem neuen Faden auf der gegenüberliegenden Seite an der anderen Webkante.

Webmuster

Die beschriebene Webtechnik, Kette und Schuß aus gleichem Garn in gleicher Dichte gewebt, nennt man Leinen- oder Leinwandbindung. Nimmt man für Kette und Schuß doppelte Fäden, entsteht eine Panamabindung. Eine Schußripsbindung entsteht, wie schon erwähnt, wenn die Schußfäden dichter zusammenliegen als die

Gewebeproben in Leinenbindung. Oben: Die Zwischenräume entstehen durch Weglassen zweier Kettfäden (im Kamm beim Einzug Rille und Loch überspringen). Der Schuß wird genauso gewebt. Mitte: Die Kette wird teilweise doppelfädig, teilweise Rillen und Löcher überspringend eingezogen. Schußfolge dem Einzug entsprechend. Unten: Die Rippen entstehen dadurch, daß in 2 nebeneinanderliegenden Rillen je 3 Fäden eingezogen werden und das Loch dazwischen frei bleibt. Es fallen dadurch 6 Fäden zusammen, die dicke Rippen bilden. Der Schußfaden wird entweder sechsmal ins gleiche Fach eingelegt oder einmal sechsfädig genommen und in einem Durchgang eingeschossen.

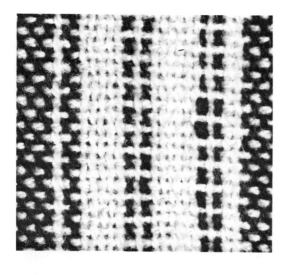
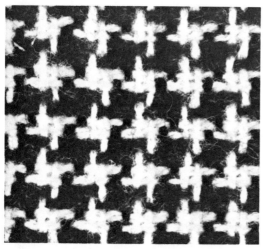

Gewebeproben in Leinenbindung. Musterbildung durch mehrfarbig eingezogene Kette und mehrfarbigen Schuß.

Kette. Das geschieht einmal, indem man die eingeschossenen Fäden jedes Fachs ganz fest mit dem Webkamm in Richtung auf den Warenbaum schlägt, zum anderen kann man auch die Kettfäden weitläufiger aufbäumen. Dazu braucht man einen Kamm (Schaft) mit 30/10er oder, bei dickem Schußgarn, 20/10er Einteilung (also 30 bzw. 20 Kettfäden auf 10 cm Breite).

Beim Kettrips ist es umgekehrt. Hier sind die Kettfäden dichter als der Schuß. Kettrips wird

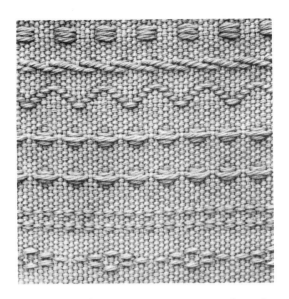

Gewebe in Phantasiemusterung: Grundgewebe in Leinenbindung gewebt, Schußfäden für die Musterbildung mit der Hand eingelesen.

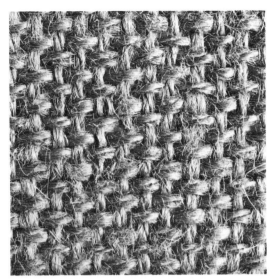

Gewebe in klassischer Leinenbindung: Kette und Schuß in gleichem Fadenabstand.

Gewebe in Halbpanamabindung: Kette einzeln eingezogen, Schußfäden doppelt eingelegt.

Schöne Effekte erzielt man, indem man bei Kette oder Schuß einzelne Fäden nicht einzieht bzw. beim Andrücken des Schusses eine Lücke läßt. Die Grundregel dabei ist, immer eine gerade Fadenzahl wegzulassen. Der Schuß muß fortlaufend in der Ober- und Unterfachfolge gewebt werden.

Weben mit dem Trennstab

Zum Kircher-Webrahmen gibt es einen Stab, der flach wie das Schiffchen, aber ohne Einkerbung an beiden Seiten und etwas länger ist: den Trennstab. Mit Hilfe des Trennstabes, der in die Rillenfäden hinter dem Kamm eingelesen wird, kann man, wenn man ihn im Tieffach senkrecht stellt oder im Hochfach flach ganz dicht an den Kamm heranschiebt, ein weiteres Fach bilden. Dadurch ergeben sich vielfältige Mustermöglichkeiten.

Beim Einlegen des Stabes muß der Kamm immer im Tieffach stehen. Zur Erleichterung beim Einlesen kann man einen Streifen Papier in das Fach, das hinter dem Kamm entsteht, einschieben. Die Lochfäden irritieren dann nicht.

meistens nur auf vollautomatischen Webstühlen industriell hergestellt. Allerdings entsteht Kettrips auch bei der auf Seite 195 beschriebenen Bandweberei.

Einlesen kann man den Trennstab z. B.: 1 Faden auf, 1 Faden unter dem Stab; oder: 1 Faden auf, 2 Fäden unter ... usw. Mehr als 3 Fäden sollte man nicht unter dem Stab einlesen. Man liest den Stab stets im Tieffach ein. Mustervorschlag:
In eine Wollkette, Kamm 40/10, Materialstärke 8/2 mit dem Grundschuß aus demselben Material liest man ein: 2 hoch, 2 tief, 1 hoch, 2 tief usw.
Webtechnik: 3 Schuß Leinenbindung als Grundgewebe (hoch, tief, hoch), 1 Schuß Noppenwolle, dabei wird der Stab im Tieffach hinter dem Kamm aufgestellt. 1 Schuß im Hochfach vom Grundmaterial, dann wieder Noppenwolle im Mustertieffach usw. Das ist natürlich nur eine von vielen Möglichkeiten, die man beim Weben mit Stab hat (Foto rechts).

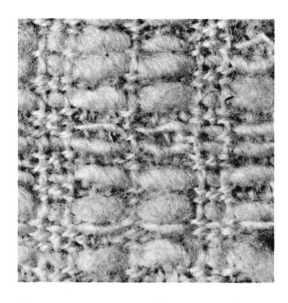

Phantasiemuster, mit Hilfe eines eingelesenen Trennstabes gebildet. Beschreibung links.

Knüpfweberei

Die Knüpfweberei ist eine kombinierte Technik, die aus Knüpfen und Weben besteht. In eine normal aufgebäumte 40/10er oder 30/10er Kette wird Wolle in Smyrnatechnik eingeknüpft. Jede

Bänder, als Krawatten, Gürtel und Zierborten zu verwenden, mit einem einfachen Gatterkamm ohne Rahmen in Kettripsbindung gewebt (rechts).

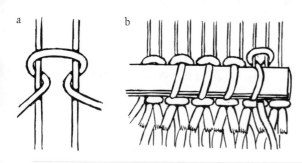

geknüpfte Reihe wird durch je einen Schuß mit dem Schiffchen im Unter- und Oberfach befestigt, bevor die nächste Knüpfreihe kommt. Man kann die Smyrnaknoten entweder aus geschnittener Wolle knüpfen oder sie über einem Holzstab mit stumpfer Nadel und langem Faden arbeiten. Beide Techniken sind auf Seite 208 bis 214 beim Teppichknüpfen beschrieben.

Teppich in Knüpfweberei: Reihenweise wechselnd werden Fäden eingeschossen und geschnittene Fäden eingeknüpft. Es entsteht ein dickes, aber elastisches Gewebe (Material: Patons Turkey Teppichwolle).

Die Knüpfweberei eignet sich vor allem für Vorlagen und Brücken. Sie ergibt ein sehr dikkes, elastisches Gewebe (Fotos S. 192 und 194).

Bandweben mit dem Kamm

Mit einem kleinen Gatterkamm, genannt Bandwebe, kann man Bänder, Krawatten usw. in Kettrips herstellen.

Als Material eignet sich am besten MEZ-Baumwolle, MEZ-Perlgarn oder MEZ-Sticktwist, also ein festes, glattes, nicht zu dickes Material.

Das Ablängen der Kettfäden und Einziehen geschieht wie auf Seite 182 beschrieben. Beim Bandweben wird das Muster von der Kette gebildet. Querstreifen ergeben sich, wenn Löcher und Schlitze in verschiedenen Farben eingezogen werden. Für Längsstreifen zieht man verschiedene Farben nebeneinander ein. Bei Karos wechselt die eine Farbe von Loch zu Schlitz. Dazu setzt man beim Übergang 2 Fäden der gleichen Farbe nebeneinander.

Kombiniert man diese 3 Möglichkeiten, ergänzt durch verschiedene Farben und Materialien, so hat man vielfältige Musterkombinationen (siehe Foto Seite 193). Den Schußfaden sieht man nur an den Kanten. Er soll dünn und farblich abgestimmt sein.

Beim Ablängen der Kettfäden bemißt man den Abfall reichlich (ca. 50 cm). Nach dem Einziehen werden alle Fäden an einem Ende gleichmäßig ausgerichtet und mit einem Knoten versehen. Diesen bringt man an einem festen Punkt an (Fensterkreuz, Türklinke). Durch Heranziehen des Kammes läßt sich die Kette dann leicht ordnen. Die andere Seite wird ebenfalls geknotet und mit einem Gürtel am Körper befestigt. Der Kamm hängt frei in Reichweite dazwischen. Die Spannung wird mit dem Körper reguliert.

Beim Weben schiebt man auch hier das Schiffchen abwechselnd durch Ober- und Unterfach. Der Schußfaden wird jedoch nicht mit dem Kamm angedrückt, sondern mit dem Schiffchen. Die eine Hand hält den Kamm in der richtigen Lage (Ober- oder Unterfach), die andere steckt das Schiffchen ins Fach. Dann läßt man den Kamm los, faßt das Schiffchen mit beiden Händen und drückt es gleichmäßig ans Gewebe. Mit dem Schußfaden zieht man die Kettfäden auf Bandbreite zusammen. Die Kettfäden sollen dicht und geschlossen nebeneinander liegen. Ist ein Stück Gewebe fertig, windet man es um den Gürtel (anstelle des Warenbaumes beim Webrahmen) und steckt es fest.

Bildweberei

Die Bildweberei ist eine sehr künstlerische Webtechnik. Die Grundbindung ist Schußrips, ein Gewebe, bei dem die Kette nicht sichtbar ist. Das Motiv wird vom Schuß gebildet, der nicht in einer Farbe über die ganze Webbreite läuft, sondern in kleineren Farbflächen, wie das Muster es vorschreibt. Es gibt spezielle Rahmen zum Bildweben (auch Kelimrahmen genannt), jedoch kann man genausogut auf einem normalen Webrahmen arbeiten.

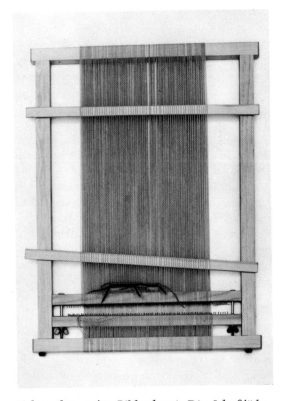

Kelimrahmen für Bildweberei. Die Schußfäden werden mit der Hand eingelesen.

Primitiv-Webgerät aus Guatemala. Die Verzahnung der Schußfäden, beim Farbwechsel um die jeweils gleichen Kettfäden geführt, wird hier und auf Seite 180 deutlich sichtbar.

Der Schußfaden wird nicht auf das Schiffchen gewickelt, da er nicht über das ganze Gewebe laufen soll. Man macht aus den verschiedenfarbigen Schußfäden kleine Bündel, die sich vom Anfang her wieder aufziehen lassen. Dazu wickelt man den Faden einige Male um die Hand, wobei zu beachten ist, daß man den Anfang nicht verliert. Am besten läßt man ihn ein Stück weit heraushängen, oder nimmt ihn zwischen zwei Finger. Dann nimmt man alles von der Hand ab und wickelt das Fadenende einige Male fest um die Mitte und verschlauft es.

Von einem Entwurf, dem sogenannten Karton, wird eine Zeichnung gemacht, bei der die Konturen besonders hervorgehoben werden. Die Zeichnung muß die Größe des späteren Bildteppichs haben. Man legt sie unter das Gewebe. Der Kamm kann zum Anschlagen des Schusses nicht verwendet werden. Bei größeren Flächen benutzt man ihn zur Fachbildung. Bei kleinen Flächen stellt man ihn ins Hochfach und greift das Gegenfach mit der Hand. Die Fäden dürfen dabei nicht verdreht werden. Den Schuß drückt man mit den Fingern an, man kann auch eine Nadel oder eine Anschlaggabel dazu verwenden.

Die einzelnen Farben werden jetzt nach der unterliegenden Zeichnung gewebt. Man webt eine Fläche nach der anderen immer ein Stückchen vor. Dabei achtet man darauf, daß schräg zurückfliehende Flächen zuerst gewebt werden. (unten). Bei großen Flächen muß der Schußfaden in großem Bogen eingelegt werden. Ist die Schußstrecke einer Farbe nur kurz, so ist auch der Bogen klein. Über einzelne Fäden muß man den Schußfaden sogar anziehen. Beachtet man diese Regel nicht, wird das Bild an Stellen mit lebhaftem Musterwechsel beulig.

Bei der Bildweberei müssen zurückfliehende Flächen zuerst gewebt werden.

Wandbehang in Kelimtechnik. Die für diese Webart typischen Schlitze zwischen den Farbfeldern sind links deutlich erkennbar.

Bildteppich in Gobelintechnik, mit handgesponnener Schafwolle gewebt. Entwurf und Ausführung: Alen Müller-Hellwig, Lübeck.

Zwischen den einzelnen Farbfeldern entstehen senkrechte Schlitze. Sind diese nur kurz, läßt man sie offen (Kelimtechnik, oben). Längere Schlitze werden später von der Rückseite zugenäht. Das Bilden von Schlitzen kann man jedoch vermeiden, wenn man beim Farbwechsel das Schußgarn vor dem Wenden um den letzten Kettfaden der angrenzenden Farbfläche führt (Gobelintechnik, rechts). Allerdings besteht leicht die Gefahr, daß das Muster nicht ganz exakt wird, weil die Schußfäden zweier Farbflächen auf dem Grenzkettfaden jeweils doppelt liegen und entsprechend auftragen. Man kann, um das zu vermeiden, für den Farbwechsel auch zwei oder mehrere Kettfäden zwischen zwei Farbflächen benutzen, so daß die Farben gegeneinander einen Zähnchenübergang bilden.

Es ist wichtig, sich vor dem Musterentwurf für eine dieser Möglichkeiten (Kelim oder Gobelin) zu entscheiden und den Entwurf darauf abzustellen. Man kann im übrigen das Muster entweder so weben, daß es zwischen den beiden Webkanten (waagerecht) erscheint, oder aber so, daß es zwischen Kettbaum und Warenbaum (senkrecht, also auf der Seite stehend) gebildet wird. Früher wurden alle Teppiche quer zum Bild gewebt, weil diese Methode feinere Konturen ermöglicht. Die Figuren solcher Bildteppiche wirken gestreckter, weil die Kette nach dem Entspannen nachgibt und das Gewebe einspringt. Beim Bildaufbau von oben nach unten wirken die Figuren und Ornamente gedrungener. Auch das muß man besonders bei einer Vorlage mit geometrischen Formen bedenken.

Bildteppich in Gobelin- und Kelimtechnik. Die zwischen den Farbfeldern entstandenen Schlitze wurden von der Rückseite zugenäht.

Teppichknüpfen

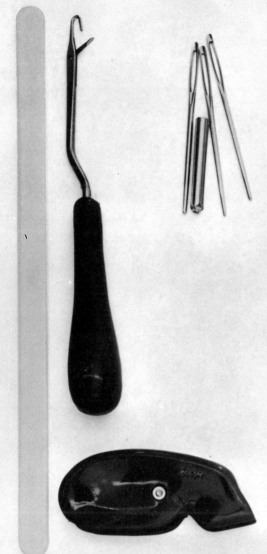

Material und Arbeitsgerät
Die Knüpfvorlage
Knüpfhaken für Feinsmyrna
und Kelim-Arbeit
Teppich-Haltegerät TAPIFIX
Smyrna-Technik
Finnen- und Rya-Technik
Versäubern der Teppichkanten

Großer Wandteppich, auf Rya-Stoff in Finnentechnik geknüpft. Material: Smyrnawolle in Strängen, mit der JMRA-Wollmühle geschnitten. Für den Zopf: MEZ Kelimwolle. Farben: Hell- und Dunkelgrün.

Knüpfgrund für Teppiche von oben nach unten: Smyrna-Stramin, Jute-Stramin, Feinsmyrna-Stramin (Zweigart), Rya-Stoff, Dreher-Stramin, Smyrnafix-Grundstoff (Herst. Smyrnafix).

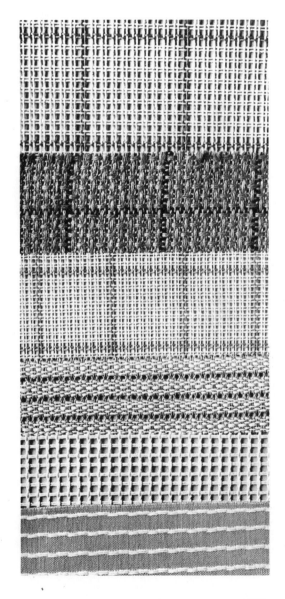

Material und Arbeitsgerät

Die Wahl des Garnes hängt von der Knüpftechnik, vom Grundstoff und vom Verwendungszweck des Teppichs ab. Man unterscheidet folgende Teppichgründe:

Smyrna-Stramin ist ein festes Baumwollmaterial, das es in Breiten von 80, 100, 130, 150 und 200 cm als Meterware gibt. Man kann darauf sowohl mit der Knüpfnadel als auch mit Sticknadel und Stäbchen arbeiten. Geknüpft wird nach Zählmustern (13 Karos = 10 cm), wobei eine blaue Kreuzmarkierung bei jeweils 10 Karos die Arbeit erleichtert.

Sudan-Stramin für Feinsmyrna-Arbeiten ist dichter als der normale Smyrna-Stramin: auf 10 cm kommen 18 Karos.

Dreher-Stramin ist fester, weil die sich zwischen den Karos kreuzenden Fadenpaare in einer Richtung gedreht sind. Dreher-Stramin, den es in 100 cm Breite gibt, eignet sich nur für Smyrnatechnik mit dem Knüpfhaken.

Smyrnafix-Grundstoff wird nicht durchgeknüpft. Man faßt mit der Knüpfnadel nur jeweils die aufliegenden Schlingenpaare. 13 Schlingenpaare (= Knoten) ergeben 10 cm. Smyrnafix-Grundstoff gibt es in den Breiten 75, 95 und 115 cm als Meterware oder in verschiedenen Abmessungen mit markierten Mustern.

Jute-Turkestan. Auf diesem elastischen, aber strapazierfähigen Gewebe arbeitet man mit Sticknadel (fortlaufendem Faden) und Stäbchen Auf 7 cm kommen 10 Knoten. Markierungen für je 10 Knoten erleichtern das Auszählen von Mustern.

Finnenstoff aus Jute ist ein spezieller Stoff für Finnentechnik (Seite 215). Man knüpft mit 2 Fäden Smyrnawolle und einer Sticknadel, ohne Stäbchen. 10 Knoten ergeben 10 cm. Die Knüpfreihen sind 2 cm weit auseinander. Finnenstoff liegt 50, 85 oder 145 cm breit.

Rya-Stoff ist etwas dichter als Finnenstoff. Abstand der Knüpfreihen: 1,5 cm, 12 Knoten ergeben 10 cm. Man arbeitet mit feiner Rya-Wolle, Sticknadel und Stäbchen (Technik Seite 216). Den Rya-Stoff gibt es in den Breiten 70 und 120 cm zu kaufen.

Ryafix ist ein Stoff, auf dem man mit dem Knüpfhaken arbeiten kann.

Smyrna-Arbeit mit Knüpfhaken auf Zweigart-Stramin. Geschnittene Wolle in Beige und Braun: Patons Turkey (oben).
Knüpfteppich von Webmeisterin Alen Müller-Hellwig, Lübeck, Burgtorhaus (rechts).

Den gesamten Bedarf an Knüpfwolle kauft man am besten auf einmal, um Farbabweichungen der einzelnen Partien zu umgehen. Für Smyrna- und Finnen-Technik braucht man Smyrna-Teppichwolle, für Feinsmyrna-Technik Sudanwolle und für Rya-Technik feingezwirnte Rya-Spezialwolle. Für die Smyrna-Technik kann man allerdings auch Smyrna-Knüpfgarn aus Kunstfaser nehmen. Dieses Material ist vollwaschbar und filzt nicht.

Der Wollbedarf richtet sich nach Wollstärke, Florlänge, Knotenabstand und Knüpftechnik. Für 1 qm Sticksmyrna (gestickter Ghiordesknoten) braucht man etwa 2,5 bis 3 kg Wolle, für 1 qm Knüpf-Smyrna (einfacher Smyrnaknoten mit Knüpfnadel) etwa 2,8 kg, für 1 qm Finnenteppich etwa 1,6 kg Wolle.

Je nach Knüpfart benötigt man noch verschiedene Arbeitsgeräte. Spezialsticknadeln mit stumpfer, aufwärts gebogener Spitze (JMRA) braucht man für die Sticktechnik, und zwar für jede Wollfarbe eine Nadel. Außerdem ein Knüpfstäbchen (Smyrnarute) mit oder ohne Rille, das man noch durch einen Schneidaufsatz (JMRA) zum Aufschneiden der Knüpfschlingen ergänzen kann. Knüpfstäbchen gibt es in verschiedenen Breiten, durch die die Länge der Schlingen (des späteren Flors) bestimmt wird.

Einen Wollschneider braucht man zum Zerschneiden von Strangwolle, wenn man den Ghiordes- oder den einfachen Smyrnaknoten ar-

Knüpfteppiche, auf mustergewebtem Smyrnafix-Grundstoff gearbeitet. Materialpackung Smyrna-joy (oben). – Unten und rechts: Smyrna-Teppiche, nach Zählmustern mit Patons Turkey Teppichwolle geknüpft.

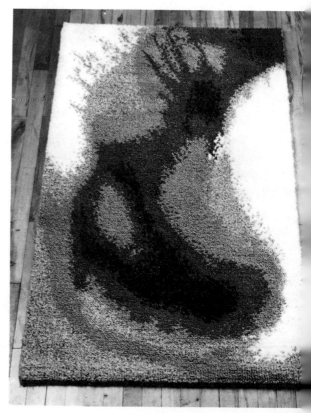

beiten will und keine fertig geschnittene Wolle hat. Solche Wollschneider gibt es für 5 bis 5,5 cm Fadenlänge (Ghiordesknoten) und 6,5 bis 7 cm lange Abschnitte (einfacher Smyrnaknoten). Geschnittene Wolle wird mit dem Knüpfhaken, einem häkelnadelähnlichen Gerät mit beweglicher Zunge verarbeitet. Knüpfhaken (auch Knüpfnadeln genannt) gibt es in verschiedenen Ausführungen. Die Anschaffung eines Knüpfrahmens, der den Teppichgrund sicher auf dem Tisch hält, so daß er nicht mit dem bereits geknüpften Teil herunterrutscht, ist nur dann empfehlenswert, wenn man häufiger größere Arbeiten knüpfen will. Eine Holzlatte, in die man in Abständen von etwa 5 cm Nägel ohne Köpfe eingeschlagen hat, ist ein guter Notbehelf. Man befestigt sie mit zwei Schraubzwingen an der Tischkante. Aber es geht auch ohne eine solche Halterung.

Die Knüpfvorlage

Die Vorlage zum Knüpfen ist das Zählmuster. In ihm sind die Knoten und ihre Farben einzeln angegeben. Für jede Farbe steht ein anderes Zei-

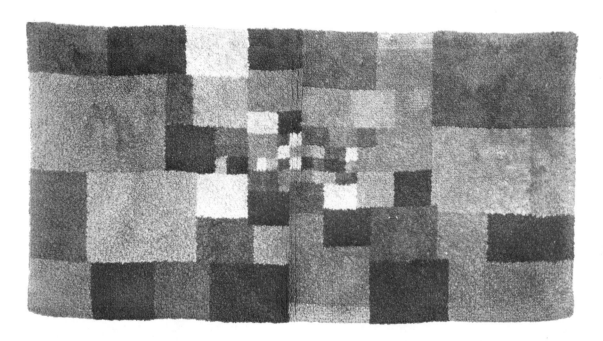

Smyrnabrücke mit dem Knüpfhaken und geschnittener Wolle geknüpft. Material: readicut

Kleiner Smyrnateppich, auf mustergewebtem Smyrnafix-Grundstoff mit dem Haken geknüpft. Material: Smyrna-joy. Wolle zweifädig verarbeitet.

chen. Zählmuster werden reihenweise von links nach rechts gelesen, und zwar von unten nach oben. Jedes Karo des Zählmusters bedeutet ein Knoten. Genauso wie man das Zählmuster liest, knüpft man die Wolle in den Grundstoff ein. Zeigt das Zählmuster nur die Hälfte des Teppichs, so muß man von der Mitte an seitenverkehrt (also im Spiegelbild) arbeiten. Wird nur ein Viertel des Teppichs gezeigt, sind die Reihen von der Mitte an (Markierung beachten!) jeweils entgegengesetzt – seitlich und aufwärts – zu wiederholen. Bei einem Teilausschnitt zu einem

Quadratischer Teppich, in Smyrnatechnik mit geschnittener Wolle zweifädig gearbeitet (Modell: Smyrna-joy).

Rapport (wiederkehrendes Muster) wiederholt man die angegebenen Farbkombinationen fortlaufend.

Dem Zählmuster entsprechend wird der Teppichgrund vorbereitet. Das Muster der Vorlage wird in Gewebekästchen ausgezählt. Man legt dazu die Mitte fest, zählt von hier aus die Knoten in Länge und Breite, und markiert die Begrenzung der zu knüpfenden Fläche. Für den Rand müssen außerhalb der Knüpffläche 6 bis 8 Karos ringsherum freibleiben. Der Knüpfgrund muß also entsprechend größer sein als das Zählmuster. Wenn man einen Teppichgrund mit einem aufgedruckten knotengerechten Farbmuster hat, fallen die Vorbereitungsarbeiten fort.

Smyrna-Technik

Die Smyrna-Technik läßt sich sowohl mit dem Knüpfhaken als auch mit der Sticknadel ausführen. Man unterscheidet den einfachen Smyrnaknoten und den Ghiordesknoten. Für den Ghiordesknoten braucht man etwas weniger Wolle.

Einfacher Smyrnaknoten: Als Teppichgrund kann man Smyrna- oder Dreherstramin nehmen. Auch der Smyrnafix-Grundstoff ist geeignet. Man arbeitet mit geschnittener Wolle von 6 bis 7 cm Länge und dem Knüpfhaken. Zwischen Daumen und Zeigefinger der linken Hand nimmt man die beiden Enden eines Wollabschnitts und steckt den Knüpfhaken durch die entstandene Schlinge (a). Mit dem Haken sticht man in Aufwärtsrichtung durch den Stramin und faßt zwei Querfäden, die jeweils zwei Kästchen voneinander trennen, auf. Die beiden Fadenenden werden in den Haken eingelegt (b) und hinter dem Querfaden des Stramins verlaufend durch die Garnschlinge nach vorn gezogen, wobei sich die kleine Zunge schließt. Mit Daumen und Zeigefinger der linken Hand zieht man an den beiden Fadenenden die Knotenschlinge fest (c).

Es gibt aber noch eine weitere Methode, den einfachen Smyrnaknoten auszuführen: Zuerst führt man den Knüpfhaken in Aufwärtsrichtung durch den Stramin und faßt zwei Querfäden

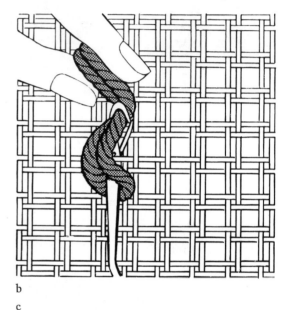

b

a

c

Der Teppich oben in den hübschen Braun-Schattierungen ist mit Rya-Wolle und in Rya-Technik geknüpft. Er trägt den Namen »Äquator«.

Der Teppich unten, »Nevada«, ist ebenfalls in Rya-Technik gearbeitet. Beide Teppiche wurden nach Knüpfmustern der Firma Leibfried gearbeitet.

auf. Dann legt man den zur Öse gebogenen Wollabschnitt in den geöffneten Haken und zieht den Haken nach unten, die beiden Enden der Wolle hält man mit Daumen und Zeigefinger fest. Nun stößt man den Haken in Aufwärtsrichtung, wobei sich die Zunge öffnet, legt die beiden Fadenenden in den Haken und zieht sie durch die Wollöse. Der so entstandene Knoten verläuft genau umgekehrt wie Knoten c. Ganz gleich welche Methode man anwendet, das Aussehen des Teppichs wird dadurch nicht beeinträchtigt. Auch sind die Knüpfer sich nicht darüber einig, ob man den Haken mit der Öffnung nach links oder nach rechts zeigend handhabt. Wichtig ist, daß man sich von vornherein angewöhnt, den Knüpfhaken nie aus der Hand zu legen, um sich an rhythmisches Arbeiten zu gewöhnen. Für einen Quadratmeter Knüpfarbeit braucht man etwa 45 Stunden. Geübte schaffen es schneller.

Ghiordesknoten: Der Ghiordesknoten wird auf Smyrna-Stramin mit dem Knüpfhaken gearbeitet. Die Schnittwolle muß 5 bis 5,5 cm lang sein.

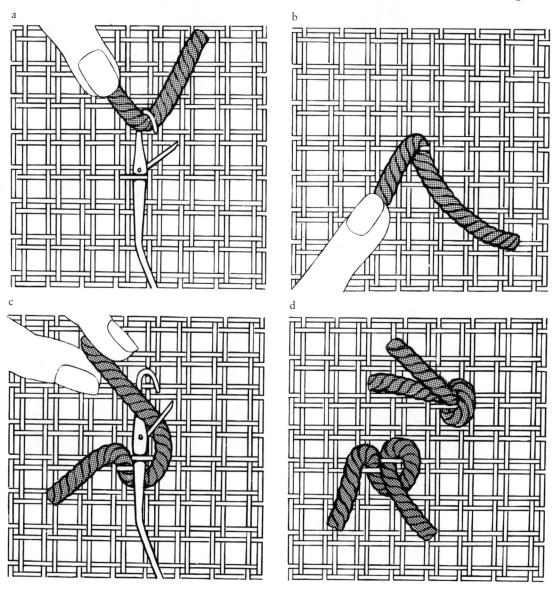

Schwere Brücke aus reiner Wolle (Patons Turkey). Ghiordes-Knoten auf Zweigart-Stramin mit dem Knüpfhaken gearbeitet.

Mit dem Knüpfhaken wird in Aufwärtsrichtung zuerst der untere zweier Querfäden des Stramins aufgefaßt. Dann wird der Faden in den Haken eingelegt (a) und der Haken zurückgezogen, wobei etwa ²/₃ des Fadens nach rechts unten mit durchgezogen werden. Für den zweiten Einstich wird das linke (kürzere) Fadenende nach unten gehalten (b). Dann sticht man mit dem Haken in Aufwärtsrichtung neben dem ersten Einstich unter dem oberen Querfaden hindurch, bis die Zunge frei ist. Das längere Ende des Fadens wird von rechts in den Haken eingelegt (c) und mit dem Haken durch den Stramin in Abwärtsrichtung zurückgezogen. Der Ghiordesknoten ist fertig (d). Die Fadenenden zieht man mit der linken Hand straff. Auch hier legt man, wie beim einfachen Smyrnaknoten, den Knüpfhaken nicht aus der Hand, um sich an rhythmisches Arbeiten zu gewöhnen. Bei den ersten Knoten macht es noch einige Schwierigkeiten, die durchzuziehende Fadenlänge (²/₃ der Gesamtlänge) abzuschätzen, doch bald hat man es im Griff. Unregelmäßige Knoten lieber aufmachen und neu knüpfen. Vor allem das gleichmäßige Festziehen nicht vergessen.

Smyrnaknoten mit Sticknadel und Stäbchen: Die Knotenbildung bei der Sticktechnik geschieht auf die gleiche Weise wie beim Ghiordesknoten mit dem Knüpfhaken. Man arbeitet jedoch bei der Smyrnastickerei mit der Sticknadel und fortlaufendem Faden unter Benutzung eines Stäbchens (8–14 mm breit, je nach gewünschter Florhöhe). Für jede Farbe des Musters hält man eine eingefädelte Nadel bereit. Man sticht mit der Nadel in Abwärtsrichtung unter dem unteren zweier parallel verlaufender Querfäden hindurch und

Kissen, aus einer kompletten Materialpackung geknüpft (oben). Material: Smyrna-joy.

Stuhlbezug in Smyrnatechnik, nach einem direkt auf den Grundstoff gezeichneten Entwurf geknüpft. Material: Smyrna-joy (links).

Der Teppich rechts »Spektrum« ist in Smyrnatechnik geknüpft (Zweigart & Sawitzki). Das zu knüpfende Muster ist auf dem Grundstoff vorgewebt und wird mit dem Haken zweifädig ausgearbeitet. Der Teppich ist in einer kompletten Materialpackung (Smyrnafix) zu kaufen.

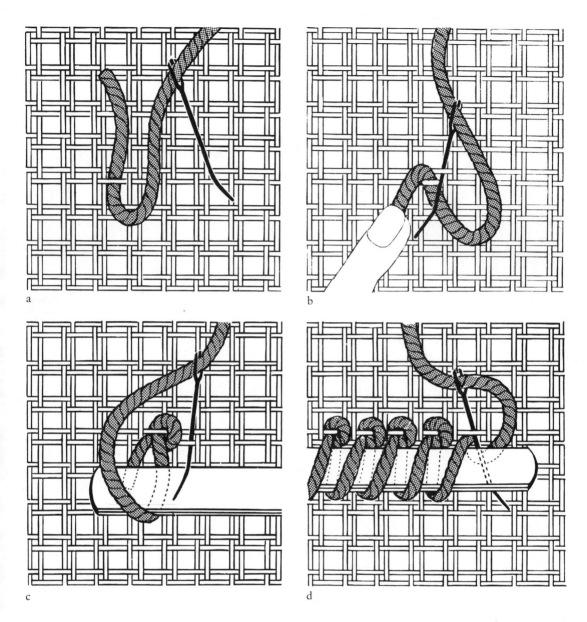

zieht den Faden so weit durch, daß ein Ende in etwa Stäbchenbreite stehenbleibt (a). Dann zieht man Nadel und Faden hinter dem oberen der beiden Querfäden des Stramins hindurch, wobei man das zuvor stehengelassene Fadenende mit dem Daumen der linken Hand nach unten hält (b). Man zieht den Arbeitsfaden fest, und der erste Knoten ist fertig. Für den nächsten und alle weiteren Knoten legt man das Stäbchen auf die beiden nach unten gerichteten Fäden des ersten Knotens (c) und arbeitet weiter wie am An-

fang. Dabei wird der Faden von unten über das Stäbchen geführt, mit der Nadel in Abwärtsrichtung durch den unteren der beiden Querfäden im Stramin gestochen, dann in Abwärtsrichtung durch den oberen Querfaden und unter dem Stäbchen hindurchgeführt (d). Wichtig ist, daß man den Arbeitsfaden immer stramm anzieht, damit die Knoten sich nicht lösen und die Schlingen gleichmäßig werden. Ist das Stäbchen mit Schlingen bedeckt, kann man es entweder aufrecht stellen und entlang der Rille alle

Schlingen mit der Schere oder dem JMRA-Schneideaufsatz aufschneiden, oder man zieht das Stäbchen heraus und schneidet die Schlingen einzeln mit der Schere auf. Smyrnastickerei kann man auch auf Jute-Turkestan arbeiten.

Finnen- und Rya-Technik

Finnen- und Ryateppiche sind langfloriger als Smyrnateppiche. Die Knüpfreihen des Grundstoffes stehen weiter auseinander. Finnenteppiche knüpft man mit dünner Wolle, und zwar mit fortlaufendem doppeltem Faden und einer Sticknadel, aber ohne Stäbchen. Für die Rya-Technik braucht man ein Rya-Stäbchen (2 bis 6 cm breit, je nach gewünschter Florhöhe) und Rya-Spezialwolle oder MEZ Kelimwolle. Beide Garne sind feinfädiger und weicher als Smyrnawolle. Sie werden drei- bis vierfädig verarbeitet. Finnen- und Ryateppiche arbeitet man jeweils auf einem Spezial-Grundstoff. Für 1 qm Teppich in Finnen- oder Rya-Technik braucht man 25 bis 30 Stunden Arbeitszeit.

Finnen-Technik: Zu jedem Knoten gehören zwei Gewebekreuze. Man kann entweder waagerecht von links nach rechts oder senkrecht von oben nach unten arbeiten. Die gebräuchlichste Arbeitsweise ist waagerecht. Man knüpft mit doppeltem Faden. Sind in der Mustervorlage zwei Farben angegeben, so fädelt man von jeder Farbe einen Faden in die Nadel. Man sticht zuerst von rechts nach links durch ein Gewebekreuz (a) und läßt den doppelten Faden 4 cm lang stehen. Diese Fadenenden werden mit dem linken Daumen nach unten gehalten, während man mit der Nadel wieder von rechts nach links durch das nächste Gewebekreuz fährt. Die Arbeitsfäden, aus denen sich eine große Schlinge bildet, liegen dabei oben (b). Zieht man nun die

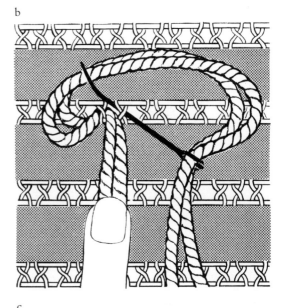

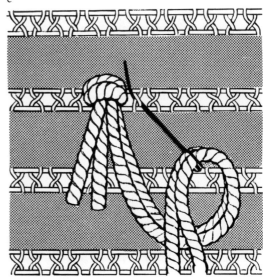

Fäden durch das Gewebe, bildet sich der erste Knoten, den man mäßig festzieht. Dann sticht man von rechts nach links unter dem folgenden Gewebekreuz hindurch. Die Fäden des ersten Knotens zeigen dabei nach unten (c). Die Arbeitsfäden werden so weit durchgezogen, daß sich eine etwa 4 cm lange Schlinge bildet, die man nun mit dem Daumen der linken Hand festhält. Danach sticht man wieder von rechts nach links durch das folgende Gewebekreuz und arbeitet in der beschriebenen Weise weiter, bis die Reihe zu Ende ist. Dann schneidet man die Schlingen einzeln und etwas unregelmäßig – also nicht genau im Bruchpunkt – auf.

Rya-Technik: Hier werden genau wie bei der Finnen-Technik für einen Knoten immer jeweils zwei Gewebekreuze von rechts nach links umstochen (a). Nach dem ersten Knoten wird das breite Stäbchen genommen. Man führt die Arbeitsfäden von unten nach oben um das Stäbchen herum, sticht von rechts nach links durch ein Gewebekreuz, legt die Arbeitsfäden zu einer großen Schlinge nach oben und sticht dann durch das danebenliegende Gewebekreuz von oben rechts nach links in Abwärtsrichtung unter dem Stäbchen durch (b). So arbeitet man weiter, bis die Reihe zu Ende ist. Dann stellt man das Stäbchen senkrecht und schneidet die Schlingen, reihenweise wechselnd, einmal auf und einmal neben der Rille auf. Dadurch entsteht die für Rya- und Finnenteppiche charakteristische unregelmäßige Florhöhe. Man kann die Rya-Technik auch ohne Stäbchen über zwei oder drei Fingern der linken Hand ausführen.

Versäubern der Teppichkanten

Nach dem Knüpfen wird der Teppich locker ausgeschüttelt und mit einer nicht zu harten Bürste von losen Wollfusseln befreit. Dann werden die

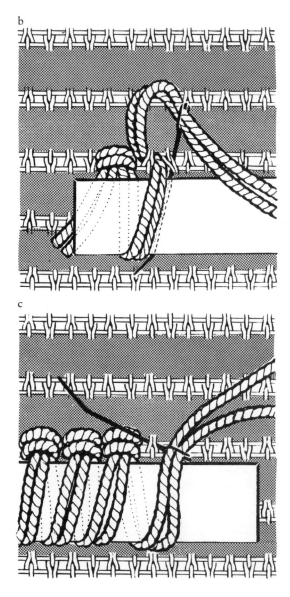

Schultertasche in kunterbunten Farben: Rya-Technik mit Knüpfnadel und Stäbchen.

Wandbehang aus Resten, auf Rya-Grundstoff in Finnentechnik mit doppelten Fäden geknüpft.

Kanten versäubert. Das kann auf verschiedene Art geschehen, je nachdem, welche Knüpftechnik, welchen Teppichgrund und welches Teppichformat man gewählt hat.

Smyrnateppiche werden an den Kanten umstochen. Dazu läßt man ringsherum neben der äußeren Knotenreihe eine Karobreite stehen und biegt den restlichen Überstand des Teppichgrundes nach hinten um. An den Ecken wird der Einschlag zu einer diagonal verlaufenden Naht gebogen. Der unterhalb dieser Naht mehrfach liegende Grundstoff wird herausgeschnitten, damit die Ecken nicht zu dick werden. Dann heftet man den Einschlag ringsherum mit Hexenstichen fest. Danach wird der Randstich (einfacher Wikkelstich) durch die doppelt liegenden Karoreihen gemacht. Man kann dabei einen doppelten Wollfaden, den man auf die Vorderseite des Straminüberstandes legt, mit einarbeiten, dann wird der Randwulst dicker.

Nach dem Umstechen näht man auf die Unterseite des Teppichs eine Teppichborte. Soll der Teppich an den beiden Schmalseiten Fransen bekommen, so versieht man nur die beiden Längskanten mit Wickelstichen. Dann knüpft man mit der Häkelnadel in jedes doppelt liegende Randkaro ein Fransenbündel aus je drei bis vier 35 cm langen Wollfäden ein (Seite 283). Die Knoten müssen gut festgezogen werden. Erst danach näht man die Teppichborte an.

Runde Teppiche und Kissen versäubert man am besten mit einem Häkelrand. Der Grundstoff, der während des Knüpfens der runden Form eckig bleibt, wird rundherum so weit abgeschnitten, daß 6 Karos stehenbleiben. Man biegt den Überstand zur Rückseite um und befestigt ihn zunächst mit Klebstreifen, damit er nicht ausfranst. Unmittelbar am Knotenrand entlang werden in den Grundstoff von der unrechten Seite her feste Maschen gehäkelt (Seite 68), die um die Kante herumgreifen. Damit sich der Rand nicht wellt, übergeht man gelegentlich ein Karo des Grundstoffs. Runde Teppiche werden auf der Unterseite nicht mit Teppichborte, sondern mit breiten Schrägstreifen aus Rupfen, die sich der Form besser anpassen, benäht. Runde Kissen füttert man ganz ab, wobei man eine Zwischenlage aus Schaumstoff mit einarbeitet.

Finnen- und Ryateppiche versäubert man folgendermaßen: Man näht auf der Vorderseite des Teppichs Teppichborte an, biegt sie nach hinten um und näht sie auf der Rückseite gegen den Grundstoff.

Applikationen

Patchwork
Zierstepperei

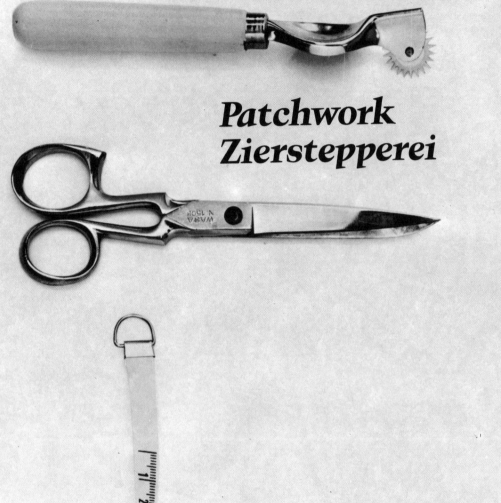

Entwerfen und Zuschneiden – Applizieren – Durchbruch-Applikation – Applikation in Reservetechnik – Lagenapplikation – Applikation in Richelieu-Technik – Stoffintarsien – Indianische Applikation – Orientalische Applikation – Sprengapplikation – Applikation in Filigrantechnik

Material und Musterbildung – Technik – Patchwork mit der Maschine – Patchwork in Applikationstechnik – Irisches Patchwork – Französisches Patchwork

Biesen – Schnurstepperei – Kordelstepperei – Stepperei in Applikationstechnik – Monogrammstepperei – Flächenstepperei

Die Stoffapplikation ist eine bildnerische Textil-Technik, deren Wirkung im Zusammenspiel von Formen und Farben der auf einen Grundstoff (Träger) genähten Stoffteile liegt. Das Aufnähen dieser Teile kann mit der Maschine oder mit der Hand geschehen. Beim Nähen mit der Maschine stellt man entweder den dichten Zickzackstich (Knopflochstich) oder einen dichten Zierstich ein. Die klassische Methode, mit der man die besten Ergebnisse erzielt, ist das Aufnähen mit der Hand. Man kann zwischen unsichtbaren Stichen und sichtbaren Zierstichen wählen. Die Zierstiche bringen ein weiteres Element in das Formenspiel der Applikationen.

Der Untergrund einer Applikationsarbeit darf nicht aus schwächerem oder dünnerem Material sein als die aufgenähten Stoffstücke. Zu locker gewebten Stoff verstärkt man auf der Rückseite mit aufbügelbarem Vliesstoff und füttert die Arbeit später ab. Wichtig ist, daß die zu applizierenden Stoffstücke alle im gleichen Fadenlauf zugeschnitten und aufgenäht werden. Geschieht das nicht, besteht die Gefahr, daß die Arbeit sich infolge der unterschiedlichen Gewebespannung verzieht und stellenweise beulig wird. Wo diagonaler Gewebeverlauf nicht zu umgehen ist, weil der Entwurf es vorschreibt (Schrägstreifen, Diagonalmuster aus Karos), müssen diese Stoffstücke auf Vilexit gebügelt werden.

Entwerfen und Zuschneiden

Beim Entwurf für eine Applikationsarbeit kann man zwei Wege gehen: entweder man zeichnet eine Rohskizze mit möglichst einfachen Konturen, malt sie farbig aus und beschafft danach die zu applizierenden Stoffstücke; oder man verteilt alle für die Applikation vorgesehenen Stoffstücke auf dem Grundstoff und schiebt sie so lange hin und her, bis die beste Wirkung erzielt ist. Dabei kann man schon grob die Formen ausschneiden. Ganz gleich, für welche Methode man sich entscheidet, man muß zuerst Größe und Format des Untergrundes festlegen und ihn genau begrenzen. Soll eine Fläche geometrisch aufgeteilt werden, kann man die einzelnen Felder durch Einbügeln von Bruchkanten (Falten) markieren.

Wenn die Applikation kein Zufallsprodukt sein soll, darf man die Stoffteile nicht nach Augenmaß zuschneiden. Für jede Schnittform fertigt man nach der Musterskizze eine Schablone aus Karton an, die auf den Stoff gelegt und mit einem weichen Beistift umrissen wird. Auf diese Weise hat man die Gewähr, daß die Formen gleicher Teile nicht voneinander abweichen, vorausgesetzt, daß man sie später beim Aufnähen nicht verzieht. Man kann das Verziehen von vornherein vermeiden, wenn man den Stoff auf

Vilexit aufbügelt. Das hat den weiteren Vorteil, daß er an den Schnittkanten nicht so leicht ausfranst und saubere Konturen bildet.

Applizieren

Mit der Hand: Vor dem Aufnähen werden die Stoffteile ohne Kanteneinschlag mit großen Stichen auf den Untergrund geheftet. Das Stecken mit Nadeln empfiehlt sich nicht, da der Stoff an den Einstichstellen leicht ausbeult und oft keine korrekte Übersicht über die Anordnung der Applikationen zuläßt. Die Größe der Stiche ist nicht so entscheidend wie ihre Gleichmäßigkeit. Stoffe, die leicht ausfransen, müssen mit dichteren Stichen aufgenäht werden als solche mit festen Schnittkanten (z. B. Filz, Tuch). Bei Stoffteilen, die mit Kanteneinschlag appliziert werden, geht man im Prinzip vor wie beim Patchwork (Seite 232): man fertigt eine Schablone für das zu applizierende Stoffteilchen an, schneidet nach dieser eine Einlage aus Vilexit zu und heftet sie mit der Schichtseite (rauhe Seite) nach oben auf die unrechte Stoffseite. Dann schneidet man das Stoffteil ringsherum 1/2 cm größer zu, schlägt die Zugaben um die Einlage und bügelt diese Umschläge fest. Bei bogenförmigen Konturen (Herzen, Kreisen, Ovalen) wird die Saumzugabe bis zur Einlagenkante mehrmals eingeschnitten, damit sich der Einschlag ohne Spannung oder Falten umbügeln läßt. Danach legt man die zu applizierenden Teile in ihrer vorgesehenen Anordnung auf den Grundstoff und fährt leicht mit dem Bügeleisen darüber, so daß sich Vilexit und Grundstoff schwach miteinander verbinden (aber nicht ganz fest aufbügeln, sonst sieht die Arbeit brettig aus). Durch das Anbügeln erspart man sich das Festheften. Anschließend werden die Stoffteile mit Saumstichen auf den Untergrund genäht. Man kann die Saumkanten mit Zierstichen übersticken.

Mit der Maschine: Man stellt die Maschine auf Zier- oder Zickzackstiche ein, und zwar auf 1 mm Stichlänge und 1,5 mm Stichbreite. Genäht wird im allgemeinen mit MEZ-Progressgarn, für synthetische Stoffe nimmt man MEZ-Syngress. Applikationen mit der Maschine werden stets ohne Kanteneinschlag gemacht. Die auf den Trägerstoff gehefteten Teile werden zunächst knappkantig mit normalen Steppstichen (3 mm Stichlänge) aufgenäht und anschließend mit Zickzackstichen übersteppt. Beginnt man nach dem Heften gleich mit dem Zickzackstich, besteht die Gefahr, daß sich die Arbeit – besonders an Rundungen und Ecken – verzieht.

Wenn man Filz verarbeitet, braucht man die Teile nur mit normalen Steppstichen (Stichlänge 2 1/2) aufzunähen (Foto unten).

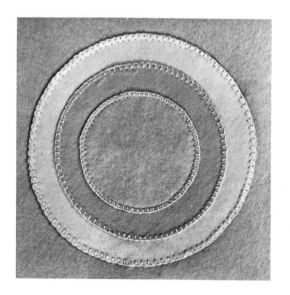

Durchbruch-Applikation

Die Durchbruch-Applikation ist eine mustergebundene Technik, die leicht auszuführen ist. Man braucht dazu Karostoff und einfarbigen Stoff vom gleichen Gewebe (Zweigart Schülertuch), weil es sich um eine flächige Applikation handelt. Bei unterschiedlichen Stoffarten besteht die Gefahr des Verziehens, besonders nach der Wäsche. Der einfarbige Stoff ist der Grundstoff, die Applikationen werden mit dem Karostoff gemacht. In den Karostoff werden dem Muster folgend quadratische oder rechteckige Ausschnitte gemacht, durch die der Grundstoff hervorschaut. Allerdings schneidet man diese Teile nicht heraus, sondern man markiert die Größe der Öffnungen mit Nadeln und schneidet das Gewebe kreuzweise über die Diagonale ein. Achtung beim Auszählen der Karos, man irrt sich leicht! Die vier entstandenen Keile werden zur unrechten Stoffseite kantengenau mit den Karos umgebügelt. Dann heftet man den ganzen, mit beliebig vielen Ausschnitten versehenen Karostoff auf den Grundstoff. Dabei beginnt man

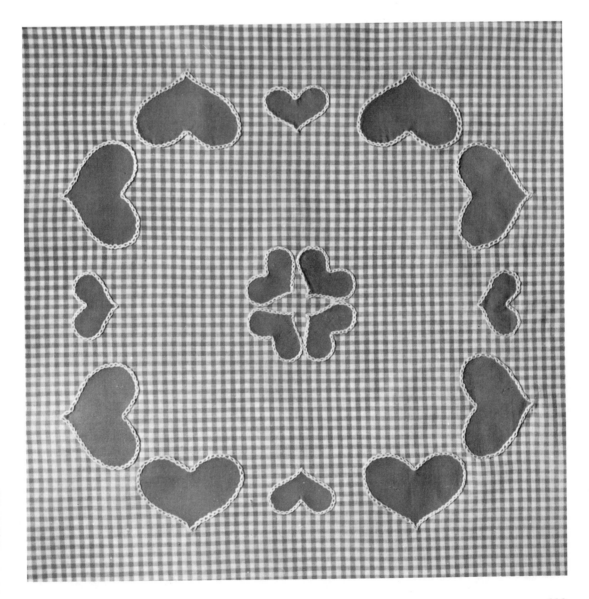

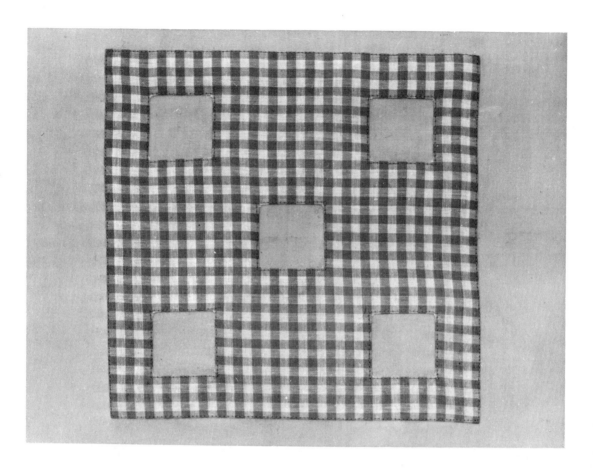

an den Kanten der Ausschnitte, die am weitesten zur Mitte liegen. Alle Ausschnitte müssen ringsherum auf den Grundstoff geheftet werden, wobei man stets auf fadengerade Stofflage achten muß. Anschließend werden die Ausschnittkanten mit kleinen Stichen (mit der Hand oder der Nähmaschine) auf den einfarbigen Untergrund genäht. Fadenanfang und -ende müssen jeweils genau an einer der Ecken zusammentreffen. Sie werden zur Rückseite durchzogen und paarweise vernäht (nicht verknotet, das gibt häßliche Erhöhungen). Erst danach schlägt man die Außenkanten des Karostoffs ein und näht sie ebenfalls mit kleinen Stichen auf den einfarbigen Grundstoff (Foto oben).

Applikation in Reservetechnik

Bei der Reservetechnik werden Stoff- und Häkelteile miteinander verarbeitet (rechts). Zunächst muß man die zu applizierenden Häkelteile in der gewünschten Anzahl herstellen (siehe Irische Häkelei, Motiv C, Seite 85). Aus Karton schneidet man anschließend (bei unterschiedlich großen Häkelteilen für jede Größe) eine Schablone aus, deren Umrisse denen der Häkelteile entsprechen. Die Schablone wird auf die Stoffrückseite gelegt und mit dem Bleistift überall dort nachgezeichnet, wo Häkelteile appliziert werden sollen. $1/2$ cm innerhalb dieser Markierung wird ein zweiter Kreis (oder eine der Form der Häkelteile entsprechende Markierung) gezeichnet, der anschließend mit dichten Langettenstichen (Seite 51) umstochen wird. Dabei müssen die Schlingenkanten der Langetten zum Innenkreis zeigen. Der Stoff wird innerhalb der ausgestickten Kreise herausgeschnitten. Dann heftet man von der rechten Seite die Häkelteile auf und näht sie mit der Hand mit MEZ-Progressgarn in der passenden Farbe in den Maschen am Außen- und Innenrand fest (s. Fotos).

Applikation in Reservetechnik: in Stoff eingesetzte Häkelteile.

Man kann die Stoffkreise (spätere Löcher) auch mit der Nähmaschine (Zickzackstich) einfassen. Die Häkelrosetten dürfen jedoch nicht mit der Maschine aufgenäht werden.

Lagenapplikation

Diese Technik wird mit der Nähmaschine auf dünnen Stoffen (Batist, Voile, Organza, Siebleinen) ausgeführt. Zunächst heftet man zwei Stofflagen des gleichen Materials aufeinander. Dann zeichnet man mit einem weichen Bleistift die Konturen der Teile, die appliziert werden sollen, auf die obere Stofflage. Die Bleistiftlinien werden mit der Maschine nachgesteppt, damit die Stofflagen sich nicht verschieben können. Die Steppstiche werden nun mit Zickzackstichen (Stichlänge 1 mm, Stichbreite 1,5 mm) übersteppt. Danach wird die obere Stofflage jeweils an den Außenrändern der gesteppten Kanten sauber abgeschnitten. Man kann die Applikationen noch durch Zierstickereien in der gleichen Stichart und -dichte ergänzen (Foto Seite 226).

Applikation in Richelieutechnik

Bei dieser Handarbeit, die der Lagenapplikation ähnlich ist, werden ebenfalls zwei Stofflagen aufeinandergelegt und zusammengeheftet. Aus Karton schneidet man die Formen der zu applizierenden Teile aus und zeichnet nach diesen Schablonen die Konturen mit einem spitzen Bleistift zart auf dem Stoff nach. Die Linien überstickt man mit kleinen dichten Kettenstichen (MEZ-Sticktwist, zweifädig) in der Farbe des Stoffes. Dabei müssen beide Stofflagen durchstochen werden. Anschließend zieht man die Heftfäden und schneidet die obere oder untere Stofflage außerhalb der gestickten Konturen dicht neben den Kettenstichen wie bei einer Richelieuarbeit (Seite 60/61) heraus (Fotos Seite 227 oben).

Lagenapplikation: Zwei Stofflagen mit der Maschine aufeinandergenäht, eine Lage teilweise herausgeschnitten (oben).

Stoffintarsien

Der Reiz dieser Handarbeit liegt in der umgekehrten Motivfolge von Positiv und Negativ: einmal erscheint ein einfarbiges Motiv in einem gemusterten Grund, einmal erscheint das gleiche Motiv gemustert in einfarbigem Grund (Foto rechts). So gestaltete Einzelmotive werden patchworkartig (Seite 232) zusammengesetzt. Man arbeitet wie folgt: Das Motiv (Herz) wird aus Karton zugeschnitten und auf die rechte Stoffseite gelegt. Die Konturen der Schablone werden mit Bleistift auf den Stoff gezeichnet und anschließend mit der Nähmaschine (normaler Nähstich 3 mm) nachgesteppt. Nun wird der zu applizierende Stoff mit der rechten Seite nach oben so auf den Grundstoff geheftet, daß das gesteppte Muster überdeckt ist. Von der unrech-

ten Stoffseite werden beide Stofflagen mit Zickzackstichen (Stichlänge 1 mm, Stichbreite 1,5 mm) entlang der vorgesteppten Umrandung des Motivs übernäht. Die Näharbeit wird umgedreht, und der applizierte Stoff wird an der Außenkante der Zickzacknaht entlang knapp abgeschnitten. Jetzt übernäht man noch einmal die Schnittkanten auf der Vorderseite mit 2 mm Stichbreite und schneidet dann auf der Rückseite innerhalb der Naht den Stoff heraus, so daß das Motiv wie eine Intarsie eingelegt ist.

Links und oben: Applikationen in Richelieumanier.

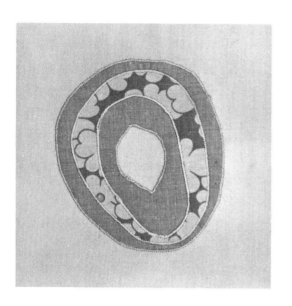

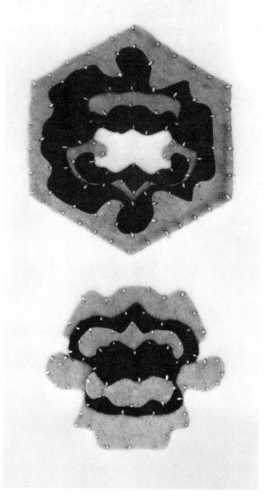

Indianische Applikation

Man kann diese Technik mit der Hand oder mit der Maschine ausführen. Es werden mehrere Stofflagen auf einen Grundstoff geheftet, die so groß sein müssen, wie das applizierte Motiv werden soll. Zuerst legt man den äußeren Umriß der Applikation fest und schneidet die obere Stofflage entsprechend zu. Die unteren Stofflagen werden diesen Konturen folgend, jedoch etwa ½ cm kleiner zugeschnitten. Dann schlägt man den oberen Stoff an den Kanten ein und näht ihn auf den Grundstoff. Jetzt wird die obere Lage nach einem vorher mit Bleistift gezeichneten Ausschnitt so herausgeschnitten, daß darunter die nächste Stofflage erscheint. Die Ausschnittkanten werden knapp nach innen umgeschlagen und gegen den darunterliegenden Stoff gesäumt. Danach wird die darunterliegende Stofflage mit einem etwas kleineren Ausschnitt versehen, so daß nun wiederum die bisher verdeckte Lage teilweise zum Vorschein kommt. So arbeitet man durch alle Stofflagen, bis der Grundstoff erscheint (oben links). Die einzelnen Ausschnitte werden jeweils an den Kanten nach innen umgeschlagen und gegen den darunterliegenden Stoff gesäumt. Arbeitet man mit der Nähmaschine, dann umsteppt man die Kanten mit Zickzackstichen jeweils durch alle Stofflagen – die klassische Indianertechnik wird jedoch mit der Hand ausgeführt.

Orientalische Applikation

Bei der klassischen Methode dieser Technik arbeitet man mit Bouretteseide, jedoch franst dieses Material an den Kanten sehr leicht aus, und die Arbeit wird schnell unansehnlich. Klarere

Wandbehang: Applikation in Filigrantechnik auf reiner Seide. Die applizierten Teile sind aus Goldfäden (MEZ Astrella) gehäkelt und gestrickt. Das Gitterwerk dazwischen ist gestickt.

Konturen behält sie, wenn man Filz verwendet. Die Orientalische Applikation besteht aus mehreren Stofflagen, die phantasievoll ausgeschnitten und, bei der unteren Lage beginnend, aufeinander appliziert werden. Diese Ausschnitte sind in Größe und Form unterschiedlich, der nächstgrößere Ausschnitt bildet immer den Rahmen für den vorhergehenden. Die herausgeschnittenen Stoffteile werden in umgekehrter Reihenfolge ebenfalls aufeinandergelegt und unterhalb des Rahmenmotivs aufgenäht. Dabei sticht man jeweils mit einem geraden Stich (einem sogenannten Knopf) in etwa 1 cm großen Abständen um die Schnittkanten der einzelnen Motive bzw. Ausschnitte herum. Die fertige Applikation wirkt außerordentlich plastisch (Foto Seite 228).

Sprengapplikation

Die Sprengapplikation ist sehr einfach auszuführen, trotzdem ist sie nicht weniger dekorativ, wie das Foto auf Seite 220 zeigt. Man wählt für die Applikation zunächst eine große einfache Grundform (Kreis, Quadrat, Rechteck, Dreieck) und schneidet sie aus Packpapier aus. Diese Grundform wird in Streifen und Ecken von unterschiedlicher Form und Größe auseinandergeschnitten und auf den Grundstoff (bei dem Modell eine Wolldecke) gelegt. Dann schiebt man alle Teile so weit auseinander, daß sie sich klar voneinander abheben, wobei die Grundform jedoch erkennbar bleiben muß – sie wirkt wie auseinandergesprengt. Jetzt überlegt man, welche Stoffe man für die einzelnen Formen nimmt, und wie man sie zusammenstellt. Einen kleinen Eindruck bekommt man schon, wenn man kleinere Stoffabschnitte auf die Papiermuster verteilt. Hat man sich entschieden, wird der Stoff (beim Modell ist es Filz) nach den Papiermustern zugeschnitten und wieder auf den Grundstoff gelegt. Damit man nichts verwechselt, schneidet man immer nur jeweils ein Stoffteil zu und legt es anstelle des Papierteils auf den Untergrund. Sind die zu applizierenden Teile alle in der richtigen Reihenfolge und Lage angeordnet, werden sie festgesteckt und ringsherum sorgfältig auf den Grund geheftet. Das Heften ist sehr wichtig, weil davon die exakte

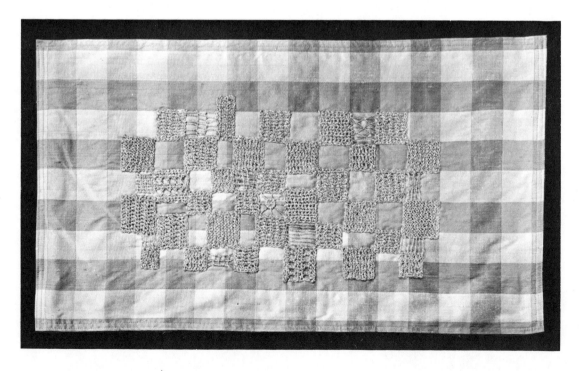

Applikation abhängt. Anschließend wird der Stoff je nach Stoffart mit Kanteneinschlag oder direkt an den Schnittkanten auf den Untergrund genäht. Dabei kann man Zierstiche anwenden (Kettenstiche, Langetten, Hexenstiche), die noch ein zusätzliches dekoratives Element sind, besonders, wenn man ausschließlich einfarbige Stoffe verwendet hat.

Applikation in Filigrantechnik

Diese Applikationsart ist eine reine Schmucktechnik, die sich nur für dekorative Wandbehänge, nicht für Gebrauchsgegenstände eignet. Grundstoff ist reine Seide, die mit einer dünnen Lage Diolen-Fill unterlegt und in senkrechter und waagerechter Richtung mehrmals durchgesteppt wird (bei Karostoffen den Farbfeldern folgend). Die auf diesen Grundstoff zu applizierenden Teile aus Goldfäden (MEZ Astrella) sollen alle in verschiedenen Maschenarten gestrickt und gehäkelt sein. Sie werden mit der Hand auf den Grundstoff genäht. Einige Felder zwischen den applizierten Goldquadraten und -rechtecken werden phantasievoll mit Spannstichen, Webstichen, Hexenstichen und Spinnwebstichen (siehe Sticken, Seite 51/52) ausgestickt, so daß die Applikation wie eine Filigranarbeit aussieht.

Patchwork

Patchworks bestehen aus vielen kleinen Stoffteilen in geometrischen Formen, die in bunter Folge mosaikartig zusammengesetzt werden, so daß sich phantasievolle Muster ergeben. Sie werden entweder mit der Hand oder mit der Nähmaschine ausgeführt. Die klassische Technik ist die Handarbeit. Alle Patchworks müssen auf der Rückseite gefüttert werden, und zwar einmal, damit sie haltbarer sind (sie werden ja nur durch die Nähstiche zusammengehalten), zum anderen, damit sie formbeständig bleiben. Man kann Patchwork außerdem noch mit Watteline oder Diolen-Fill unterfüttern und mit der Maschine in dichten Reihen gerade oder in einem Muster (Wellen, Bögen, Zickzack, Karos) mit der Maschine übersteppen, wobei man entweder die

Kleiner Teppich: Die Stoffteile wurden nach einem gezeichneten Entwurf in Batikmanier eingefärbt.

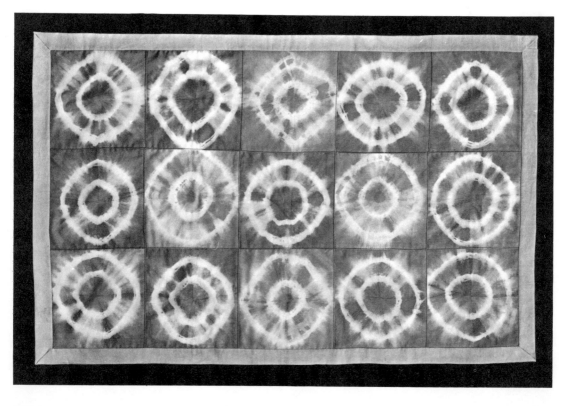

Ansatznähte betont oder kaschiert. Solche Arbeiten nennt man Quilts.

Zum Patchwork eignen sich am besten Gewebe in einfacher Leinenbindung (die meisten Baumwollgewebe), weil sie in Quer- und Längsrichtung in gleichem Maße dehnbar sind, während sich Phantasiebindungen (Gewebe, bei denen Quer- und Längsfäden von unterschiedlicher Stärke in unterschiedlicher Art miteinander verwebt sind) oft ungleichmäßig verziehen. Die Verarbeitung gleicher oder ähnlicher Gewebe ist vor allem dann notwendig, wenn aus kleinen geometrischen Stoffteilen ein großflächiges Muster zusammengestellt werden soll. Bei unterschiedlichen Geweben wirkt eine solche Arbeit nie exakt. Die Möglichkeiten der Resteverwertung sind deshalb nur gering. Zwar ist die Patchworktechnik in den angelsächsischen Ländern ursprünglich durch die Verwertung von Textilresten entstanden, jedoch zu einer Zeit, als es noch nicht so viele unterschiedliche Gewebe gab.

Patchteile mit verschiedenen Formen legt man vor dem Zusammennähen probeweise auf Karton.

Material und Musterbildung

Patchwork kann man aus beliebig gemusterten Stoffen zusammensetzen, jedoch eignen sich kleine Dessins am besten. Auch aus Karos und besonders aus Streifen lassen sich interessante neue Muster zusammenstellen. Es ist nicht ratsam, für eine größere Arbeit ausschließlich kleingemusterte Stoffe zu verwenden, das würde zu unruhig aussehen, zumal die einzelnen Nähte zwischen den Stoffteilen zusätzlich ein eigenes Muster ergeben. Eine in sich geschlossene, aber trotzdem lebhafte Flächenmusterung erreicht man, indem man gemusterte und einfarbige Stoffe miteinander kombiniert. Dabei sollte ein Dessin oder eine Farbe dominieren. Beim Ent-

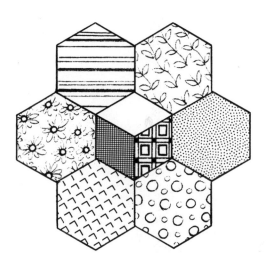

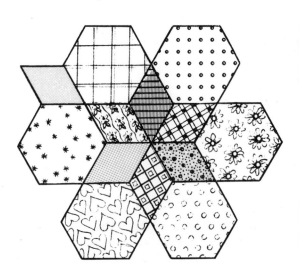

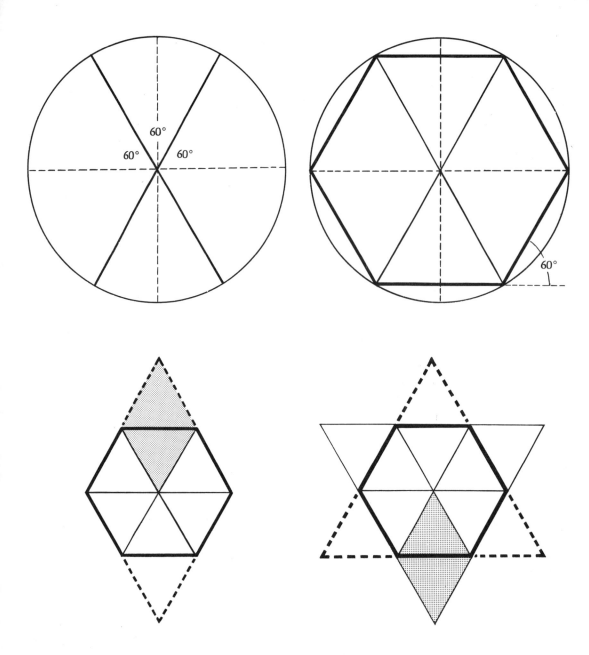

wurf der Arbeit muß man aber schon berücksichtigen, daß einfarbige Stoffe flächiger wirken als bunte, so daß sie leicht in den Vordergrund treten.
Patchwork ausschließlich aus einfarbigen Stoffen kann sehr schön aussehen, stellt aber hohe Ansprüche an die rein handwerkliche Ausführung: die Patchteile müssen außerordentlich kantengenau ausgeschnitten und zusammengenäht werden. Fehler, die bei bunten Stoffen durch das Dessin vertuscht werden, fallen beim einfarbigen Patchwork sofort ins Auge. Es ist ratsam, bei einfarbigem Patchwork die Teile erst einmal probeweise auf einer festen Unterlage zusammenzulegen (Foto S. 233), um eventuell verschnittene Teile auszuwechseln. Es sei ausdrücklich davor gewarnt, fehlerhafte Patchteile durch Beschneiden zu korrigieren. Eine solche Kor-

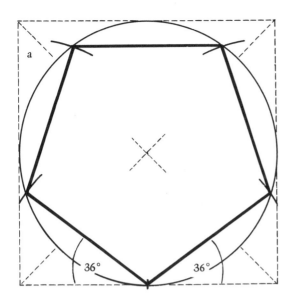

men und Farben ersichtlich sind. Kariertes Papier ist dabei ein gutes Hilfsmittel, um die geometrischen Formen anzuordnen. Will man mit einfarbigen Stoffen arbeiten, läßt sich die Farbkomposition leicht auf dem Papier festlegen, und man kann ausrechnen, wie viele Patchteile von jeder Farbe gebraucht werden. Sollen jedoch gemusterte Stoffe verwendet werden, so ist es besser, zunächst eine Anzahl von Patchteilen aus verschiedenen Farben und Mustern in einer Grundform vorzubereiten und sie probeweise zusammenzulegen. Die gebräuchlichsten Grundformen der Stoffteile sind: Quadrat, Rhombus (Raute), Dreieck, Fünfeck, Sechseck und Achteck (Zeichnungen S. 234–237).

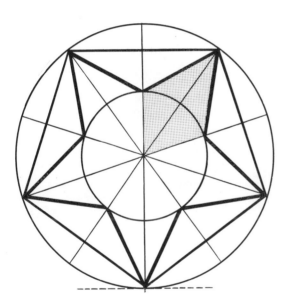

rektur zieht meistens eine Reihe von weiteren Korrekturen an den anderen Stoffstücken nach sich, und zum Schluß paßt meistens nichts mehr zusammen.

Will man ein Patchwork ganz individuell gestalten, so kann man einfarbige Stoffteile in Batikmanier einfärben und zusammenfügen (Foto S. 232). Es ist zweckmäßig, vor Beginn der Arbeit eine Skizze anzufertigen, aus der For-

Stuhlauflage: aus Baumwollstoffen zusammengesetzt, mit Diolen-Fill unterlegt und durchgesteppt.

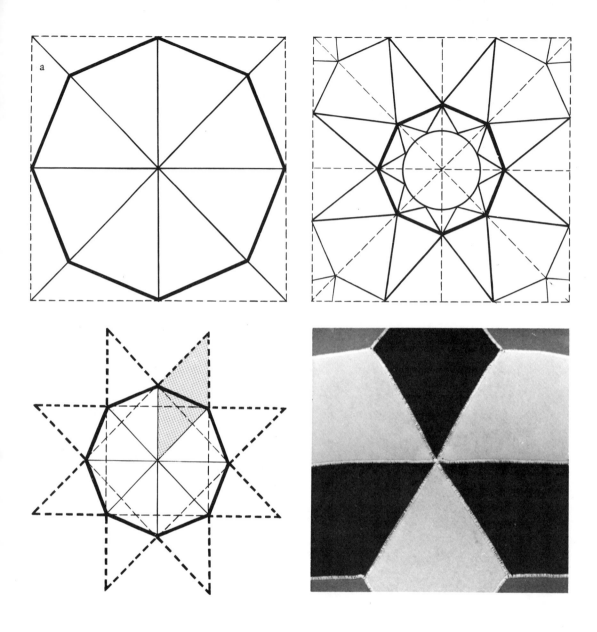

Technik

Vor dem Zuschneiden des Stoffes wird eine Schablone angefertigt. Dazu zeichnet man die gewünschte Grundform auf Karton und um diese herum eine weitere Kontur in etwa 1–2 cm Abstand, je nach Größe des Patchteils. Der Zeichenkarton wird innerhalb und außerhalb des gezeichneten Rahmens sauber ausgeschnitten. Nun kann man den Rahmen auf die zur Verfügung stehenden Stoffe legen und im Rahmenfenster den am besten geeigneten Ausschnitt wählen. Um die Rahmenaußenkante herum wird der Stoff ausgeschnitten. Dazu umreißt man die Rahmenkonturen mit einem weichen Bleistift. Für jedes Stoffteil muß ein entsprechen-

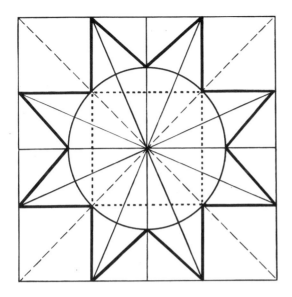 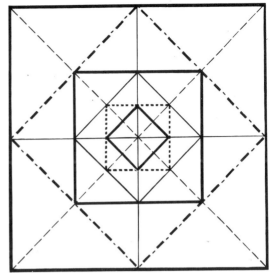

Foto links: Patchwork in Applikationstechnik.

Foto unten: Patchwork, in Quiltmanier an den Nahtstellen durchsteppt.

des Papierteil ausgeschnitten werden, das die Innenmaße des Rahmenfensters hat. Die Papierteile werden jeweils auf der linken Seite in die Mitte der Stoffteile gelegt und mit Nadeln fest-

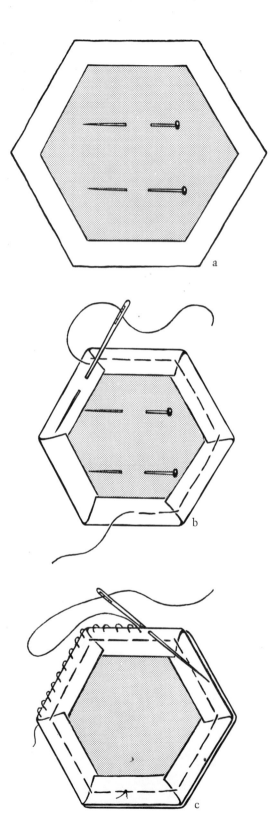

gesteckt (a). Dann schlägt man die Stoffüberstände ringsherum um das Papier und heftet sie fest (b). Hat man genügend Patchteile vorbereitet, legt man jeweils zwei mit den Schauseiten gegeneinander und näht sie an einer Kantenseite mit kleinen Stichen zusammen (c). Man setzt zuerst die Einzelteile zu Streifen, dann die Streifen zu einer ganzen Fläche zusammen. Danach zieht man die Heftfäden heraus, entfernt die Papierteile und bügelt die Arbeit von links ohne Druck. Zum Schluß füttert man sie mit einem geeigneten Stoff ab.

Anstelle der Papierteile kann man auch Vlieseline zum Aufbügeln verwenden. Man legt dazu die im Schablonenfenster genau ausgeschnittene Vlieseline mit der Schichtseite (sie faßt sich rauher an) nach oben bzw. mit der rechten Seite nach unten auf die unrechte Stoffseite und bügelt ringsherum die Stoffüberstände auf die Einlage. Man erspart sich dadurch das langwierige Heften und das Ziehen der Heftfäden. Zudem wird die Arbeit auch etwas stabiler, ohne starr zu wirken (was geschehen würde, wenn man die Vlieseline mit der Schichtseite auf den Stoff legt und festbügelt).

Will man ein Patchwork aus Quadraten machen, kann man auf den Kartonrahmen als Hilfsmittel verzichten. Man schneidet dann die Papier- bzw. Vlieselinequadrate 2 cm kleiner als den Stoff.

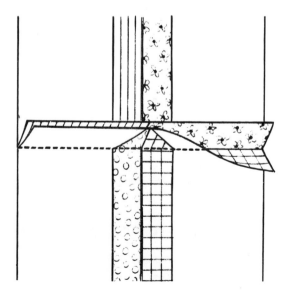

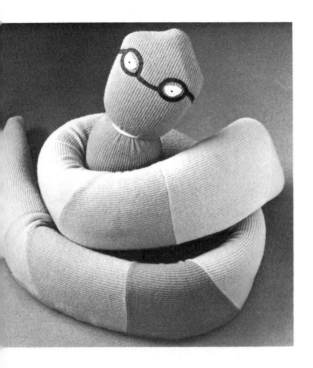

Der Bezug für die Spielschlange aus Schaumstoff wurde aus diagonal durchgeschnittenen Jerseyquadraten patchworkartig zusammengesetzt.

Diese Schnittkanten werden mit der Maschine mit engen Zickzack- oder Kurbelstichen übernäht, bis alle Teile zusammengesetzt sind. Danach schneidet man den Grundstoff auf der Rückseite knapp neben allen Nähten ab und bügelt die Arbeit auf Vilexit (elastischer, aufbügelbarer Vliesstoff).

Irisches Patchwork

Beim Irischen Patchwork werden die einzelnen Teile ohne Berechnung eines Saumeinschlages aus Filz zugeschnitten. Danach umstich man sie ringsherum mit Langettenstichen (Seite 51) und häkelt dann die einzelnen Filzteile an den Lan-

Patchwork mit der Maschine

Eine Patchworktechnik, die sich aber nur für einfache Grundformen (Quadrate, Rechtecke, Rauten) eignet, ist das Zusammennähen der Stoffteile mit der Maschine. Man verzichtet hierbei auf das Einarbeiten von Papierkernen und näht die einzelnen Stoffstücke nach vorherigem Zusammenheften zu Streifen aneinander. Danach werden alle Nähte gut auseinandergebügelt. Anschließend heftet und näht man die Streifen zu einer Fläche zusammen. Wieder müssen die Nähte gut auseinandergebügelt werden. Die Ecken der Überstände an den sich kreuzenden Nahtstellen werden schräg abgeschnitten.

Patchwork in Applikationstechnik

Bei dieser Methode werden die einzelnen Stoffteile in ihrer endgültigen Anordnung auf einen leichten Stoffgrund (Kretonne, Nessel o. ä.) geheftet, und zwar so dicht zusammen, daß die Schnittkanten überall gegeneinanderstoßen.

Irisches Patchwork – sechseckige Teile zusammengehäkelt.

gettenkanten mit festen Maschen (Seite 68) aneinander. Danach breitet man die fertige Arbeit aus und ordnet auf den einzelnen Patchteilen kleinere Filzteile mit der gleichen Form an. Diese Teile werden zunächst mit Nadeln festgesteckt und danach mit kleinen, aber sichtbaren Vorstichen (Seite 52) auf die Patchteile appliziert. Die klassische irische Technik schreibt unbedingt gleiche Formen vor: Sechsecke auf Sechsecke, Rhomben auf Rhomben, Quadrate auf Quadrate usw.

Französisches Patchwork

Ähnlich ist die in Frankreich praktizierte Patchtechnik. Auch hier werden Patchteile aus Filz ausgeschnitten und ohne Einschlag zusammengefügt. Allerdings näht man die Patchteile mit kleinen Hexenstichen (Seite 51) so zusammen, daß die Stiche auf der späteren Vorderseite nicht zu sehen sind. Die Patchteile werden anschließend (oder vorher) mit Stickereien (Rosetten) versehen.

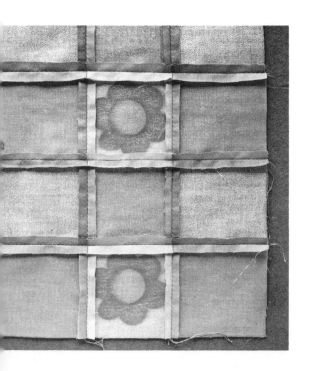

Tischdecke aus einfarbigem und bedrucktem Baumwollstoff in Hellgrün, Gelb, Orange und Pink. Stoffquadrate mit der Maschine zu Streifen zusammengenäht. Streifen aneinandergesetzt.

Italienisches Patchwork

Wie bei der angelsächsischen (klassischen) Technik, werden die Patchteile mit Saumzugabe zugeschnitten und um eine Einlage aus Papier oder Stoff geheftet. Beim Zusammenfügen beginnt man jedoch in der Mitte – meistens von einem Quadrat ausgehend – und näht die Teile knappkantig übereinandergreifend (ähnlich wie bei Applikationen) mit der Hand oder Maschine zusammen. Der Leinenteppich aus gebatikten Teilen auf Seite 232 wurde in dieser Manier hergestellt.

Zierstepperei

Unter Zierstepperei versteht man die Belebung einer Fläche durch plastisch hervortretende Motive. Die Technik kommt – genau wie das Patchwork – aus den angelsächsischen Ländern, in denen sie meisterlich beherrscht wird. Dort nennt man solche Arbeiten Quilts. Das Nachsteppen von Konturen ohne plastische Betonung wird zwar oft irrtümlicherweise als Zierstepperei bezeichnet, es handelt sich hier aber um eine Sticktechnik. Zierstepperei kann man auf vielerlei Art ausführen. Man unterscheidet Biesen, Schnurstepperei, Kordelstepperei, Stepperei in Applikationstechnik, Monogrammstepperei, motivgebundene Flächenstepperei und freie Flächenstepperei.

Biesen

Biesen macht man vor dem endgültigen Zuschneiden des Stoffes, da er, je nach Abstand und Breite der Biesen, in Länge und Breite erheblich eingeht. Man kann den Bedarf vorher genau errechnen, jedoch ist es ratsam, den Stoff reichlicher zu bemessen. Führt man die Biesen als motivgebundene Stepperei aus, z. B. bei Karostoff (rechts), genügt es, die Biesen einzubügeln. Ist das nicht der Fall, muß man die Abstände der Biesen genau ausrechnen und die Bruchkanten (Biesenkanten) mit Heftfäden markieren. Den Heftfäden entsprechend wird der Stoff gebügelt und schließlich 2–3 Millimeter

neben dieser Markierung durchgesteppt. Sollen die Biesen in Längs- und Querrichtung verlaufen, so müssen sie an den sich überschneidenden Punkten alle in die gleiche Richtung zeigen. Das ist auch beim Weiterverarbeiten an den Nähten zu beachten. Nach dem Steppen werden die Biesen gegen den Strich (entgegen ihrer Neigung) gebügelt, damit sie sich wieder aufrichten.

Schnurstepperei

Am einfachsten auszuführen ist die geometrische Schnurstepperei. Dazu werden zwei Stofflagen aufeinandergeheftet und so durchsteppt, daß jeweils zwei Stepplinien parallel verlaufen. Ihr Abstand soll der Schnurstärke entsprechen. In die Durchgänge dieser paarweise angeordneten Stepplinien zieht man eine dünne Schnur ein, die sich auf dem Stoff als kleiner Wulst abzeichnet. Als Durchzugmaterial eignet sich elastische Gardinenschnur aus Baumwolle oder Kunstseide am besten. Man kann auch selbst Schnüre aus Baumwollgarn (MEZ Blautulpe) drehen. Zum Einziehen verwendet man eine kleine Sicherheitsnadel oder eine Durchzugnadel, wie man sie für Wäschegummiband braucht. Ist die Schnur dicker als das Nadelöhr, näht man einen Baumwollfaden daran und fädelt diesen in die Nadel. Hat man alle Schnüre durchgezogen, wird der Stoff in Längsrichtung der Wülste straff gezogen, damit die Schnureinzüge locker sitzen und das Gewebe nicht spannen. Die Enden der Schnüre werden an ihren Ausgangspunkten durchsteppt oder mit der Hand festgenäht und abgeschnitten.

Auch einzelne Motive kann man durch Schnurstepperei plastisch hervorheben. Dabei geht man wie folgt vor: Zuerst zeichnet man das Motiv mit einem weichen Bleistift auf ein Stück Stoff, das als Unterstoff (Futter) dient. Dieser soll möglichst fester – auf keinen Fall elastischer – als der Oberstoff sein. Der Unterstoff wird nun an die für die Schnurstepperei vorgesehene Stelle so unter den Oberstoff geheftet, daß das Motiv außen liegt und nachgesteppt werden kann. Man arbeitet entweder mit der Hand in kleinen Steppstichen oder mit der Maschine. Dabei müssen Obergarn und Spule die gleiche Farbe und Stärke haben (MEZ Progress). Die Konturen des Motivs werden in zwei parallel verlaufenden Linien, deren Zwischenraum der Stärke der einzuziehenden Schnur entspricht, gesteppt – also einmal außen und einmal innen neben den Bleistiftlinien. Anschließend wird der Unterstoff mit einer Rasierklinge an einer Stelle waagerecht zur Stepperei aufgeschnitten und die in eine Durchzugnadel gefädelte Schnur eingezogen. Hat das Motiv sehr viele Ecken und Bögen, muß der Unterstoff eventuell mehrmals eingeschnitten werden, damit man mit der Nadel nach außen fahren und neu ansetzen kann. Die Einschnittstellen werden später mit überwendlichen Stichen übernäht. Anfang und Ende der Schnur müssen nach dem Einzug ausgedünnt werden, bevor man sie – etwas übereinandergehend – zusammennäht. Dazu läßt man bei Beginn des Einzugs ein Stück Schnur aus der Einstichstelle heraushängen, dünnt es aus, während die restliche Schnur durchgezogen, aber noch eingefädelt ist und zieht das ausgedünnte Ende in den Durchgang. Dann führt man die Nadel mit dem noch eingefädelten Schnurende so weit in den Durchzug, daß die Schnüre sich etwa $1/2$ bis 1 cm überschneiden. Danach sticht man durch einen neuen kleinen Einschnitt im Unterstoff nach außen, hält die austretende Schnur an dieser Stelle fest und schneidet sie knapp ab. Dann zieht man sie ein Stückchen heraus (so daß sich der Stoff etwas kräuselt), dünnt sie aus und läßt sie in den Durchgang zurückrutschen. Durch den Unterstoff hindurch werden die beiden Schnurenden zusammengenäht.

Kordelstepperei: Kordeln zwischen zwei Stofflagen gelegt und mit eingesteppt – im Gegensatz zur Schnurstepperei (Fotos Seite 242), bei der die Schnüre nachträglich eingezogen werden.

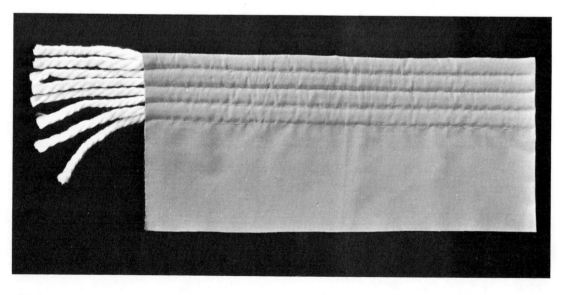

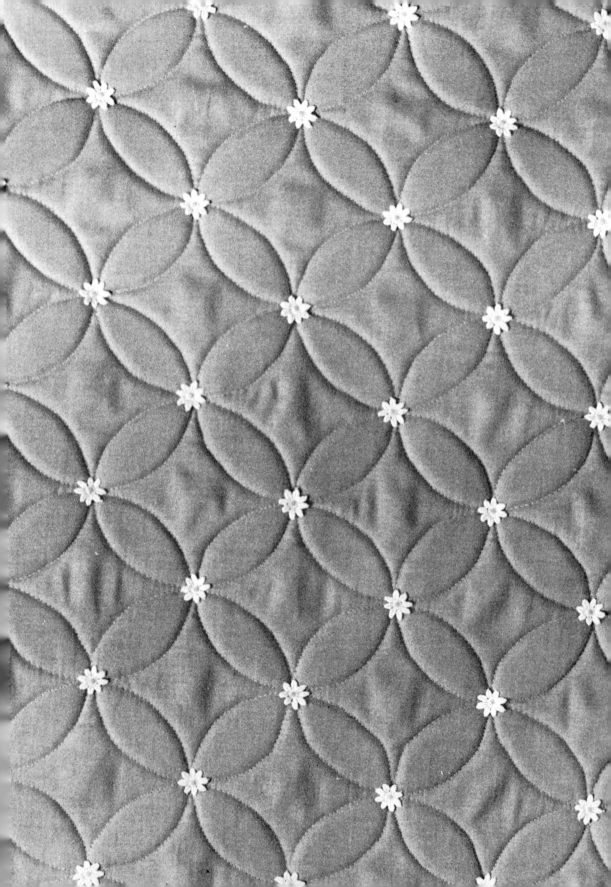

Kordelstepperei

Die Kordelstepperei wird meistens als Kantenverzierung bei Kissen und Bettüberwürfen angewendet. Im Gegensatz zur Schnurstepperei kann die wesentlich dickere Kordel nicht nachträglich in gesteppte Durchzugsäume eingezogen werden, weil die sich bildenden Wülste auf beiden Stoffseiten gleich stark hervortreten und die plastische Wirkung mindern würden. Bei der Kordelstepperei muß der Unterstoff flach bleiben, während der Oberstoff sich den Konturen der Kordel anpaßt (Foto S. 244). Das erreicht man folgendermaßen: Man beginnt mit einer einfachen Steppnaht auf der rechten Seite des auf dem Unterstoff liegenden Oberstoffes. Nun legt man zwischen beide Stofflagen die Kordel ganz nahe an die Stepplinie und schiebt den Oberstoff gegen die Kordel, während man den Unterstoff straff zieht. Beide Stofflagen werden durchgeheftet. Dann steppt man ganz nahe an der Kordel entlang, und zwar mit dem halben Nähfuß (wenn vorhanden). Die Kordel liegt dabei links vom Nähfuß. So arbeitet man weiter, Reihe neben Reihe. An den Enden werden die Kordeln, die man auch paarweise einlegen kann, so weit aus den Durchgängen herausgezogen und abgeschnitten, wie der Umschlagsaum breit werden soll (sie werden also nicht mit umgebogen). Die Kordelenden werden durch den Unterstoff hindurch festgenäht.

Stepperei in Applikationstechnik

Bei dieser Technik, die sehr einfach auszuführen ist, werden Motivteile auf einen Grundstoff appliziert (siehe auch Seite 222). Diese Teile (Blüten, Blätter, Figuren) unterlegt man während der Arbeit mit Diolen-Fill, einem watteähnlichen Polstermaterial. Anschließend werden die plastisch hervortretenden Motive übersteppt.

Monogrammstepperei

Die Technik der Monogrammstepperei richtet sich nach Art und Größe des Vorhabens. Das

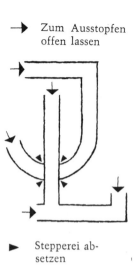

→ Zum Ausstopfen offen lassen

▶ Stepperei absetzen

kleine Monogramm für ein Kissen wird anders ausgeführt als das Flächenmonogramm für einen großen Bettüberwurf (Foto rechts).

Kleines Monogramm: Die für das Monogramm vorgesehene Stelle wird mit Nadeln abgegrenzt. Sie sollte nicht kleiner als 6×6 cm sein. Mit einem weichen spitzen Bleistift wird das Monogramm in Blockbuchstaben auf den Stoff gezeichnet. Wenn man die Buchstaben nicht neben-, sondern übereinander anordnet, sollte man darauf bedacht sein, daß sich möglichst wenig Überschneidungen ergeben. (Das trifft auch bei Ornamenten zu.) Ist die Musterzeichnung fertig, heftet man ein entsprechend großes Stück Taft, Perlon oder anderen festen Stoff unter die markierte Stelle. Dann steppt man die Konturen der Buchstaben mit der Maschine oder mit der Hand nach. Bei Überschneidungen dürfen nur die Nähte eines Buchstabens (und zwar die des Nachnamens) durchgehend gesteppt werden, während man die kreuzenden Nähte an diesen Stellen unterbrechen und neu ansetzen muß (siehe Bogen des J auf der Zeichnung). Die Schmalseiten (Anfang und Ende der Buchstaben) werden erst später zugesteppt. Sie müssen offenbleiben, damit man nun von der Rückseite her den Raum zwischen den Konturennähten mit Watteröllchen oder Schnur ausfüllen kann. Vorher müssen die Heftstiche, mit denen der Unterstoff befestigt wurde, gelöst werden. Je schma-

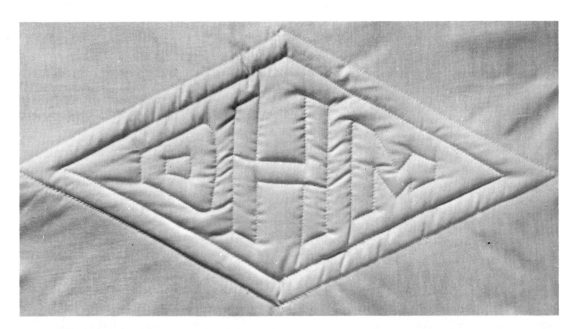

ler die Buchstaben sind, um so schwieriger ist das Ausstopfen. Man schiebt die Watte mit einem Streichholz oder einer Häkelnadel nach. Hängt sie irgendwo fest, so kann man sie weiterschieben, indem man mit einer Stopfnadel durch den Unterlagestoff sticht und von dort aus nachhilft.

Großes Monogramm: Es ist ratsam, den Stoff reichlich zu bemessen, denn er geht durch die Stepperei 2 bis 3 cm in Höhe und Breite zusammen. Man geht von einem Entwurf aus, den man in der gewünschten Größe auf Pergamentpapier zeichnet und probeweise auf den Stoff legt. Nach diesem Entwurf markiert man mit großen Heftstichen die für das Monogramm vorgesehene Stelle. Anschließend wird der Papierentwurf auf Vlieseline oder einen anderen leichten Stoff in Spiegelschrift übertragen. Aus Watteline oder Diolen-Fill, etwa 3 bis 5 mm stark, schneidet man ein Stück zu, das wesentlich größer als die Monogrammfläche ist. Auf die Stoffrückseite werden nun Polstermaterial und Unterstoff (Vlieseline o. a.) so an die markierte Stelle geheftet, daß das Monogramm mit der Zeichnung nach außen ganz gerade sitzt und nicht etwa nach einer Seite kippt. Man muß den Stand peinlich genau prüfen, weil davon das Gelingen der Arbeit weitgehend abhängt. Mit dem Nachsteppen der Buchstaben beginnt man in der senkrechten Mitte und arbeitet dann nach außen. Nicht an einer Seite beginnen, weil sich die Arbeit zur Mitte hin etwas verschiebt und dann beulig wird oder nicht mehr genau in der Mitte sitzt. Sofern das Monogramm von einer Rahmenstepperei umrandet werden soll, macht man diese ganz zum Schluß, wobei man mit der Innenlinie beginnt. Während des Steppens muß der unten liegende Oberstoff ständig mit den Händen straff gespannt werden, es bilden sich sehr leicht kleine Fältchen, wenn das nicht geschieht. Ist die Arbeit soweit fertig, schneidet man den Unterstoff neben der äußeren Stepplinie ab. Die darunterliegende Polsterung wird lagenweise abgestuft, so daß sich ein allmählicher Übergang zum übrigen Oberstoff ergibt.

Flächenstepperei

Man unterscheidet mustergebundene und freie Flächenstepperei. Bei der *mustergebundenen* Stepperei hat der Oberstoff aufgedruckte oder eingewebte Ornamente, deren Konturen nachgesteppt werden (rechts). Zwischen Ober- und Unterstoff sitzt eine Zwischenlage aus 3 mm starkem Diolen-Fill. Bevor man mit dem Steppen beginnt, müssen alle drei Stofflagen über die ganze Fläche in Längs- und Querrichtung aufeinander geheftet werden, und zwar in Nahtabständen von 10 cm. Unterläßt man diese Vorarbeit, wird die Stepperei nicht gelingen, weil sich die Stofflagen während des Nähens verschieben und später stellenweise spannen oder beulen.

Man kann den gemusterten Stoff auch als Unterstoff benutzen und einfarbiges Material als Oberstoff nehmen. Die Konturen des Musters werden mit Garn (MEZ Progress) in der Farbe des Oberstoffes von links nachgesteppt, und es entsteht auf der Schauseite der Eindruck einer freien Flächenstepperei (Foto oben).

Die *freie* Flächenstepperei ist die klassische, aber auch schwierigste Technik, vor allem, wenn es sich um großflächige Arbeiten handelt. Dabei ist nicht vorausgesetzt, daß eine ganze Fläche mit Steppereien versehen werden muß, jedoch ist die ganze Fläche durchgehend mit einer wattierten Zwischenlage versehen, die, sobald sie verschoben wird, eine unebene Oberfläche verursacht.

Motivgebundene Stepperei: Die Konturen eines einfarbigen Stoffes mit Webmuster wurden hier nachgesteppt (rechts). Man kann auch den gemusterten Stoff als Unterstoff nehmen, dann wirkt die Arbeit auf der Vorderseite eines ungemusterten Stoffes wie eine freie Stepperei (oben).

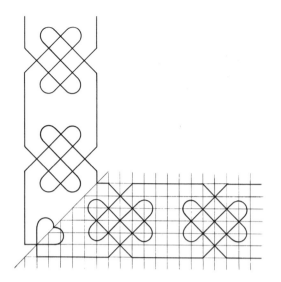
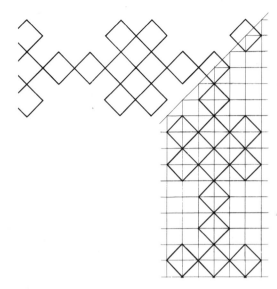

Die wichtigste Vorarbeit bei der Flächenstepperei ist darum das Zusammenheften von Unterstoff, Zwischenlage und Oberstoff. Je weicher und elastischer der Oberstoff ist, um so plastischer erscheint die Stepperei. Ist der Unterstoff zu weich, erscheint die Stepperei auf der Unterseite plastischer als auf der Schauseite. Alle Stofflagen müssen in Quer- und Längsrichtung (wie bei der mustergebundenen Technik) durchgeheftet werden. Je kleiner die Abstände zwischen den einzelnen Heftreihen sind, um so präziser fällt die Arbeit aus. Man beginnt mit dem Steppen in der Mitte der Fläche bzw. der am weitesten zur Mitte liegenden Linie eines Musters und arbeitet – soweit es das Muster erlaubt – zum Außenrand hin. Bei einer Arbeit mit durchlaufenden Linien (senkrecht, waagerecht, diagonal, Wellen, Zickzack) muß man besonders auf gleiche Nahtabstände achten. Gerade auf einer großflächigen Arbeit erkennt man Unregelmäßigkeiten sofort. Einfach ist es, wenn man eine Nähmaschine mit verschiebbarem Steppbügel hat, mit dessen Hilfe sich die Abstände genau einstellen lassen.

Die Krönung einer Flächenstepperei ist die Unterbrechung eines durchgehenden Musters durch ornamentale Steppereien als Rand- oder Mittelmotiv. Die Zeichnungen auf Seite 250 und oben geben Anregungen für streng grafische Bordüren und für Muster im Jugendstil. Man überträgt die Motive wie auf Seite 41 bei der Stikkerei beschrieben.

Nachgesteppt werden sie jedoch erst, nachdem man die übrige Flächenstepperei ausgeführt hat. Dabei verfährt man so: Man setzt mit der Steppperei reihenweise jeweils in der gleichen Höhe vor dem Motiv ab, zieht die Arbeit unter dem Steppfuß der Maschine hindurch (ohne den Faden abzuschneiden) und setzt unterhalb des vorgesehenen Motivs die Stepperei fort, ebenfalls reihenweise in gleicher Höhe. Anschließend schneidet man die über das Motiv laufenden Nähfäden durch, zieht sie auf die Rückseite und verknotet sie dort gut. Eine weitere Vervollkommnung der Technik: Man setzt die Flächenstepperei den Konturen des Motivs folgend, jedoch in etwa 1 bis 2 cm Abstand ab und fährt unterhalb des Motivs auf die gleiche Weise fort, so daß ein freier Raum wie ein Rahmen entsteht.

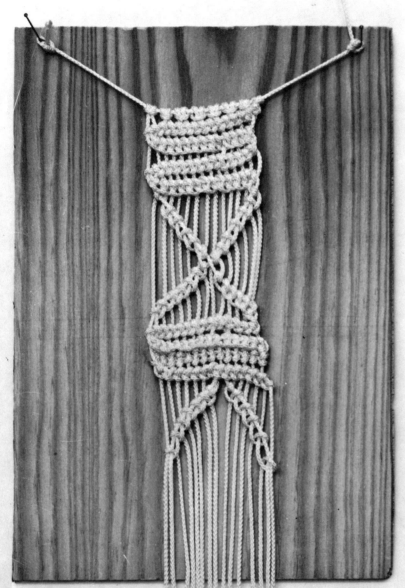

Makramee

Materialbedarf
Die Technik

Makramee, vom arabischen mucharram = Gitterwerk abgeleitet, ist eine verhältnismäßig einfache Knüpftechnik, obwohl sie sehr kompliziert aussieht. Sie basiert auf einer Gruppe von Knoten, die in verschiedener Reihenfolge angeordnet immer wiederkehren. Es sind dies: der Halbknoten, der Quadratknoten (auch Flachknoten genannt), der waagerechte, der senkrechte und der diagonale Rippenknoten. Die Rippenknoten werden alle um einen Strang (Knotenbasis genannt) geknüpft, den man – unabhängig von der Lage der Knoten – senkrecht, waagerecht oder diagonal spannen kann. Auch der geflochtene Ring (S. 264) – Türkischer Bund genannt – und die aus mehreren Strängen geflochtene Kordel (S. 261) – Platting genannt – zählen zu den Makramee-Knoten. Die früher so beliebten Posamentenverschlüsse muß man ebenfalls dieser Handarbeit zuordnen (S. 261).

Man kann für Makramee verschiedenes Kordelmaterial verwenden. Auch dicke Handarbeitsgarne mit glatter Struktur eignen sich. Das Ma-

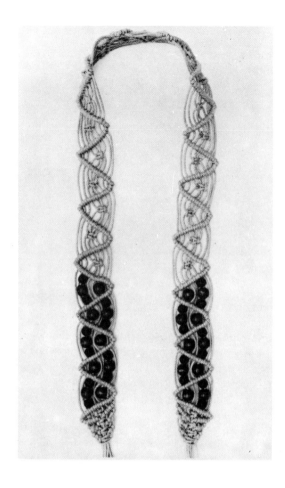

Gürtel aus Hanfkordel mit diagonalen Rippenknoten. Die Perlen werden während des Knüpfens aufgereiht.

terial muß so elastisch sein, daß man daraus gleichmäßige Knoten knüpfen kann; andererseits soll es aber so fest sein, daß es beim Festziehen der Knoten nicht zu stark nachgibt, sonst entsteht ein ungleichmäßiges Knotenbild. Am besten eignet sich mittlere Baumwollkordel (Gardinenschnur), am wenigsten Perlon- oder Kunststoffschnur.

Materialbedarf

Schon bei Beginn der Arbeit muß man sich über deren Größe (vor allem Länge) im klaren sein, weil man die Stränge nicht wie beim Häkeln oder Stricken verlängern kann. Die Stränge zum Knüpfen müssen viermal so lang sein wie die fertige Arbeit. Da man als Ausgangsbasis immer von einem doppelten Strang ausgeht, verliert man hier also schon einmal die Hälfte der ganzen Länge. Den übrigen Längenüberschuß nehmen mehr oder weniger – ja nach Art des Knüpfens – die Knoten auf. Die beiden äußeren Stränge rechts und links müssen doppelt so lang sein wie die dazwischenhängenden mittleren Stränge, da sie in den meisten Fällen als Knotenbasis (Haltestrang für die anderen Knoten) dienen. Der Spannstrang, auf den zu Beginn alle anderen Stränge aufgereiht werden, muß etwa 10 cm länger sein als die fertige Arbeit breit werden soll. Damit die aufgereihten Fäden nicht von diesem Spannstrang abrutschen, wird er an jedem Ende geknotet. Man kann statt des Spannstranges, den man für elastische Kanten (Gürtel, Einkaufsnetz) braucht, auch eine Leiste als Halterung für die Stränge nehmen (z. B. für einen Wandbehang). In diesem Fall muß die Leiste 3 bis 6 cm breiter sein als die fertige Arbeit bzw. der Entwurf. Damit die Stränge nicht abrutschen, umwickelt man die Leiste an beiden Enden mit Garn oder Gummiband.

Einige Knotenarten verbrauchen mehr Strangmaterial als normal, zum Beispiel die Rippenknoten. Der senkrechte Rippenknoten verbraucht wiederum doppelt soviel Strangmaterial wie der waagerechte Rippenknoten. Sind solche Knoten für eine Arbeit vorgesehen, muß man die als Knotenbasis dienenden äußeren Stränge rechts und links von vornherein so reichlich bemessen, daß man ganz sicher mit der Länge auskommt.

Die Technik

Das Knüpfwerk besteht aus einem waagerecht verlaufenden Strang (Spannstrang) und senkrechten Strangpaaren, die an dem Spannstrang hängen. Zuerst wird der rechts und links mit einem Knoten versehene Spannstrang mit zwei Nägeln auf einem Brett befestigt. Man kann auch die Enden des Spannstrangs länger abmessen und sie um die Holme einer Stuhllehne bin-

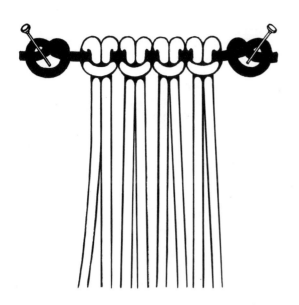

Der Halbknoten wird aus zwei nebeneinanderliegenden Strangpaaren gemacht. Die beiden mittleren Stränge, um die die beiden äußeren Stränge rechts und links herumgeknüpft werden, müssen an den Enden geknotet und mit Nadeln oder Nägeln gespannt werden. Man kann auch eine kleine Leiste waagerecht einknoten und diese mit den Füßen festhalten. Nun wird der rechts außen liegende Strang über die gespannten mittleren Stränge geführt, den links außen liegenden führt man hinter den mittleren vorbei und außen über den rechten Strang (Zeichnung a). Eine Reihe solcher fortlaufend geknüpfter Halbknoten ergibt eine Spirale (siehe Schlüsselanhänger, Foto Seite 261, oben).

Der Quadratknoten besteht aus zwei Halbknoten, von denen einer in entgegengesetzter Richtung geknüpft wird (Zeichnung b). Dabei wird der rechts außen liegende Strang zuerst hinter den gespannten mittleren Strängen vorbeigeführt, während der linke hinter dem Ende des nun links hängenden rechten Strangs über die gespannten Mittelstränge geführt und rechts von vorn nach hinten durch die sich gebildete Öse des dortigen Stranges gesteckt wird. (Die Ausführung des Knotens ist wesentlich einfacher als die Beschreibung des Arbeitsvorganges, es ist deshalb empfehlenswert, die einzelnen Gänge an einer Probekordel sogleich nachzuvollziehen.)

den. Wichtig ist, daß dieser Strang während der ganzen Arbeit straff gespannt ist. Die für die Knüpferei nötigen Knotenstränge werden einzeln um den Spannstrang geknotet, und zwar legt man jeden Strang doppelt zusammen, führt die entstandene Öse von oben nach unten hinter dem Spannstrang vorbei und steckt die beiden langen Enden durch die Öse (ähnlich wie beim Einknüpfen von Fransen). So werden alle Stränge aufgereiht (Zeichnung oben).

a

b

Versetzte Flachknoten (Quadratknoten): Die Anordnung der Knoten ist deutlich aus der Arbeitsprobe (links) zu erkennen. Man arbeitet, wie beim Quadratknoten beschrieben, mit jeweils zwei ruhenden und zwei arbeitenden Strängen. Hat man eine Reihe geknüpft, werden die Flachknoten in der folgenden Reihe versetzt: die ruhenden Stränge werden geknüpft, während die Arbeitsstränge gespannt werden. In der dritten Reihe arbeitet man wie in der ersten, in der vierten wie in der zweiten usw. Bei dem Einkaufsnetz (rechts) wurden als Knotenbasis zwei Ringe genommen, die zuvor mit Halbknoten umknüpft worden sind. Für die Netzeingriffe sind rechts und links Schlitze offengelassen. Sie entstehen, wenn man zunächst jede Netzhälfte in hin- und hergehenden Reihen beginnt und danach die Stränge beider Hälften zusammenknüpft und rundherum weiterarbeitet. Am Netzboden werden die Strangpaare zu viert mit einem Schlingknoten zusammengeknüpft.

Der waagerechte Rippenknoten. Die Bezeichnung waagerecht bezieht sich auf die Knotenform, nicht auf die Anordnung der Knoten innerhalb einer Reihe. Man kann den waagerechten Rippenknoten in waagerechter, senkrechter oder diagonaler Reihe anordnen; ebenso den senkrechten Rippenknoten, der später erklärt wird. Der waagerechte Rippenknoten wird mit einer Strangstärke Abstand zur oberen Knotenreihe (Anfangsreihe) geknüpft. Man beginnt von rechts nach links und benutzt den rechten äußeren Strang als Knotenbasis. Dieser Strang wird von rechts nach links über alle übrigen Stränge gelegt und mit einer Nadel oder einem Nagel straff gespannt. Dann nimmt man den zweiten Strang von rechts und führt ihn im Uhrzeigersinn um den waagerecht gespannten Faden herum (c). So wird die ganze Reihe gearbeitet: Schlinge neben Schlinge. Dabei muß der Arbeitsfaden stets gleichmäßig fest angezogen werden. Ist die Reihe beendet, wiederholt man den ganzen Prozeß in umgekehrter Richtung: der äu-

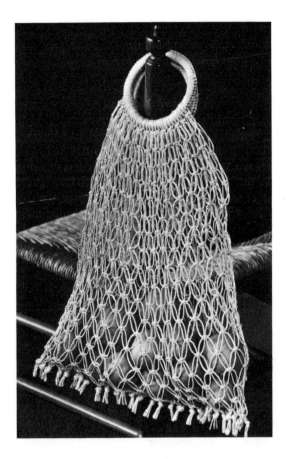

Einkaufsnetz aus Sisalschnur in Flachknotentechnik. Die runden Griffe bilden die Knotenbasis.

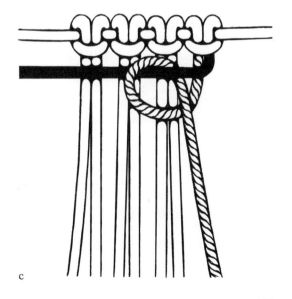

Hängematte aus gedrehter Baumwolle mit einfachen Flachknoten, Strang-Enden verknotet und zusätzlich mit Pattex verleimt.

c

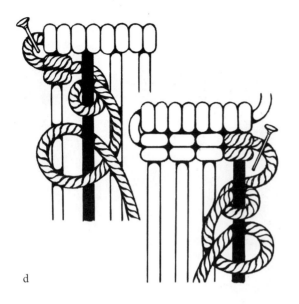

d

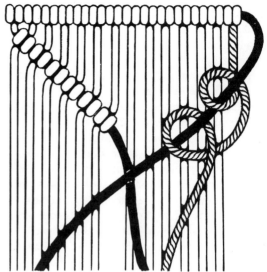

e

ßere linke Strang ist nun die Knotenbasis, auf den die Schlingen der hängenden Stränge im entgegengesetzten Uhrzeigersinn aufgereiht werden.

Der senkrechte Rippenknoten. Der am weitesten links liegende Strang wird unterhalb der vorhergehenden Reihe mit einer Nadel (oder einem Nagel) befestigt, so daß er sich nicht seitlich verziehen kann. Dann wird der Strang unter dem nächsten hindurchgezogen und im Uhrzeigersinn um diesen herumgeschlungen. Diesen Knoten noch einmal wiederholen (d). Jeder senkrechte Rippenknoten besteht aus zwei gleichen Schlingen. Ist die Reihe zu Ende, wiederholt man den Vorgang in umgekehrter Richtung: der äußere rechte Strang wird mit einer Nadel befestigt, bevor man ihn um den folgenden Strang zweimal in entgegengesetzter Uhrzeigerrichtung schlingt.

Der diagonale Rippenknoten. Die Stränge werden in zwei Gruppen geteilt. Der äußere rechte und der äußere linke Strang bilden hierbei die Knotenbasis. Diese Stränge werden so von außen schräg zur Mitte geführt, daß sie sich dort treffen (e). Man befestigt sie mit Nadeln, damit sie während der Arbeit straff gespannt sind. Man macht die Schlingknoten genau wie beim senkrechten Rippenknoten, und zwar bei der rechten Strang-Gruppe im Uhrzeigersinn, bei der linken in entgegengesetzter Richtung. Ist man mit beiden Knotenreihen in der Mitte angekommen, löst man die diagonal verlaufenden Stränge der Knotenbasis, macht mit dem linken Strang einen Rippenknoten über den rechten Strang, so daß sich ein X ergibt. Danach spannt man diese Stränge wieder in Diagonalrichtung und umknotet sie von der Mitte nach rechts bzw. links außen, wobei die Schlingen beider Strang-Gruppen in entgegengesetzter Richtung zu denen oberhalb des Kreuzungspunktes gemacht werden müssen.

Die bisher erklärten Knoten lassen sich beliebig zusammenstellen, so daß sich eine breite Skala von Gestaltungsmöglichkeiten ergibt. Man kann zum Beispiel die Stränge einer Arbeit in mehrere Gruppen teilen und sie senkrecht umknüpfen, um danach wieder durchgehend waagerecht zu arbeiten, dann wieder andere Gruppen (aus mehr oder weniger Strängen) abzuteilen und zu umflechten. Eine weitere Variationsmöglichkeit ergibt die jeweilige Lage jenes Stranges, der die Knotenbasis bildet. Man kann ihn nicht nur waagerecht oder diagonal spannen, sondern auch im Zickzack, wobei er nicht unbedingt rechts und links bis ganz zu den Außenkanten der Arbeit

Schlüsselanhänger aus Sisalkordel. Technik: Rundplatting, Sternknoten und Halbknoten-Spirale (oben). Unten: Posamentenknoten.

geführt werden muß. Man kann genausogut auch in der Mitte der Arbeit eine Strang-Gruppe in der diagonalen Rippentechnik knoten, während man links und rechts davon Halbknoten in Spiralenform oder versetzte Flachknoten anordnet. Wenn man schon Erfahrungen gesam-

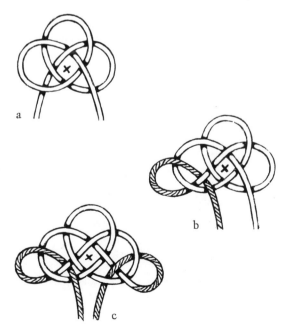

melt hat, kann man auch statt eines gerade gespannten Stranges einen Ring als Knotenbasis mit einarbeiten.

Posamentenknoten sind sehr einfach zu machen. Man arbeitet mit nur einer Kordel oder einem Strang, den man den Zeichnungen a bis c entsprechend schlingt. Mit dem Ende bildet man eine große Schlaufe, die mit dem Anfang zusammengenäht und an der Nahtstelle mit einem kleinen Riegel überdeckt wird.

Der Rundplatting (siehe Schlüsselanhänger) wird aus zwei Strängen geknüpft, die man an einem Ende zusammenknotet und irgendwo anhängt. Mit dem linken Faden legt man dicht hinter dem Anfangsknoten eine Schlinge, holt den rechten Faden hindurch, bildet mit diesem ebenfalls eine Schlinge und zieht die erste Schlinge fest an. Dann holt man den ersten Faden als Schlinge durch die zuletzt gebildete zweite und zieht nun diese zu. Dann kommt wieder die nächste Schlinge und so weiter, ähnlich wie beim Häkeln. Die beiden Stränge werden am Ende mit einem Zierknoten versehen, zum Beispiel mit dem Sternknoten (siehe Foto).

Der Sternknoten scheint auf den ersten Blick recht kompliziert, wenn man jedoch die einzelnen Phasen der Zeichnung unten in Ruhe nachvollzieht, lernt man ihn schnell. Er wird aus vier Strängen gemacht, das setzt also voraus, daß man die vorhergehende Rundplatting-Kette aus doppelten Strängen (zwei Strang-Paaren) arbeitet. Man legt die vier Stränge einzeln zu je einer verdrehten Schlinge. Danach knüpft man mit jedem Strang um das Ende des links danebenliegenden Stranges einen Halbknoten (Seite 257) im entgegengesetzten Uhrzeigersinn. Dann wird die ganze Runde noch einmal auf die gleiche Weise in Pfeilrichtung der Zeichnung geknüpft. Die Strang-Enden werden durch die Mitte des Knotens geführt, fest angezogen und kurz abgeschnitten. Soll mit ihnen noch weitergeknüpft werden, zieht man sie durch die jeweils folgende Schlinge aufwärts und läßt sie stehen.

Der Türkische Bund wird mit nur einem Strang geflochten. Die Zeichnungen a und b zeigen die einzelnen Windungen. Zuerst legt man den Strang, dessen Ende zwischen Daumen und Zeigefinger der linken Hand gehalten wird, um

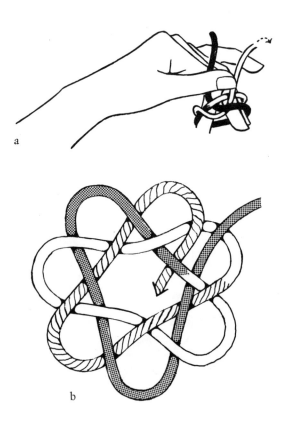

a

b

Serviettenring aus gedrehter Hanfschnur. Technik: mit einem Strang geflochtener Türkischer Bund.

die drei mittleren Finger dieser Hand, und zwar so, daß die erste Windung zu den Fingerspitzen, die zweite zu den Fingerwurzeln hin zeigt. Sie muß über den vom Daumen gehaltenen Anfang führen. Der Strang wird nun über die Windung der zweiten, unter die Windung der ersten und wieder über die Windung der zweiten Runde geführt. Danach hebt man die Bucht (Bucht = wellenförmige Ausbuchtung des Stranges, durch das Flechten hervorgerufen) der ersten Runde über die zweite Runde und flicht wie beschrieben weiter. Nun wird noch einmal die Bucht unter der zweiten Runde durchgesteckt und ebenfalls in der bekannten Weise durchflochten. Das Ende des Stranges wird am Schluß der Flechtrunde unter der ersten Bucht der zweiten Runde hindurchgesteckt. Die beiden Strang-Enden näht man so zusammen, daß die Nahtstelle unter einem Kreuzungspunkt des wie ein Zopf aussehenden Geflechts verschwindet. Um den Zopf zu verbreitern, flicht man die Stränge mehrmals parallel zum ersten Gang durch.

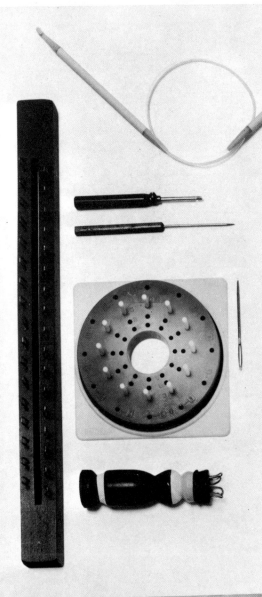

Verschiedene Handarbeitstechniken

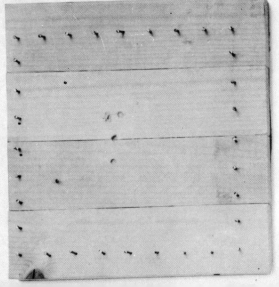

Stricken mit Hilfsgeräten
Wickeln auf einem Nagelbrett
Wickeln auf dem Loom-Gerät
Häkeltechniken
Plastische Applikation
Florstickerei
Perlenstickerei
Fransen, Quasten und Pompons
Garnmaterial aus Textilien

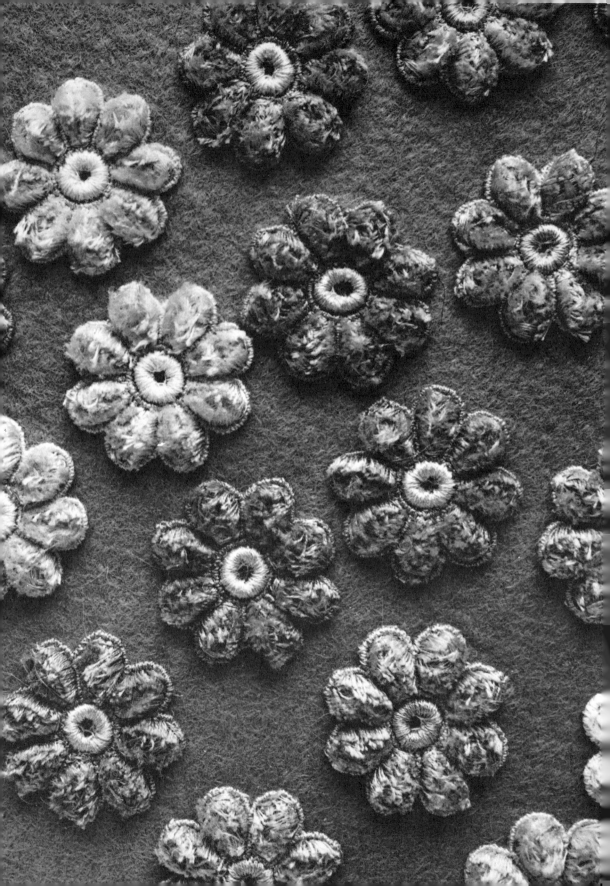

Stricken mit Hilfsgeräten

Mit einer sogenannten Strickliesel, einem kleinen Rundstrickgerät, können schon Kinder gut umgehen. Man kann das Gerät im Handarbeitsgeschäft kaufen oder aus einer Nähgarnrolle, in die man ein paar Nägel einschlägt, selbst machen. Zum Arbeitsbeginn wird der Wollfaden von unten nach oben durch die Öffnung des Geräts (Loch in der Garnrolle) gezogen und von links nach rechts jeweils einmal um jedes Häkchen geschlungen. Dann kann man mit dem Stricken beginnen. Man nimmt dazu entweder die mitgelieferte Nadel mit Holzschaft oder eine einfache Stricknadel. Der Arbeitsfaden wird zuerst außen hinter den nächsten Haken (links) ge-

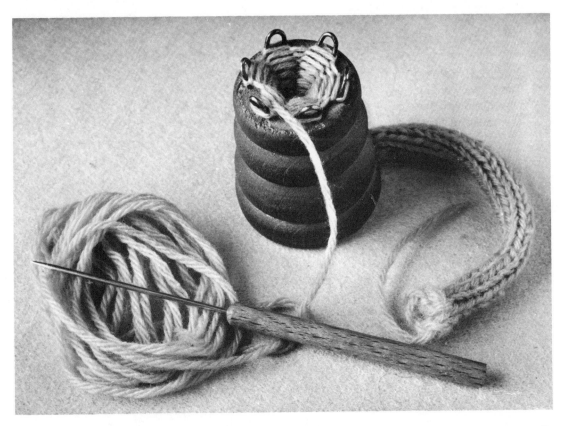

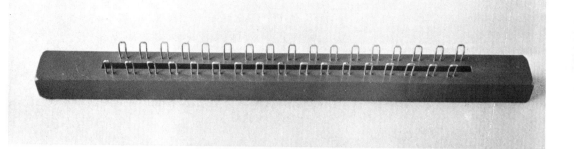

a

b

legt. Dann hebt man mit der Nadel die bereits auf dem Haken gebildete Schlaufe der Anfangsrunde über den neuen Faden und den Haken. Danach wird der Faden hinter dem nächsten Haken vorbeigeführt, und wieder wird die auf dem Haken befindliche Schlaufe über den neuen Faden und den Haken gehoben. So kann man endlos weiterarbeiten. Allmählich tritt unten aus der Öffnung ein kleiner Strickschlauch hervor, der immer länger wird. Ist er lang genug, schneidet man den Arbeitsfaden etwa 10 cm lang ab, zieht ihn mit einer Stopfnadel durch die auf den Häkchen befindlichen Maschen und vernäht ihn gut. Man kann solche Strickschläuche für Bindebänder verwenden, mehrere Schläuche zu einem hübschen Gürtel flechten oder sie schneckenförmig zusammennähen und die einzelnen Teile patchworkartig zusammensetzen.
Neben der bekannten Strickliesel gibt es auch die Inox-Strickmühle, mit der die Arbeit natürlich viel schneller geht.

Das Strickgerät (oben) wird genauso gehandhabt wie die altbekannte Strickliesel. Man kann es aus Leisten und Krampen selbst herstellen. Schal und Beutel (rechts) wurden auf diesem Gerät gestrickt.

Nach dem gleichen Prinzip kann man auch in Hin- und Herreihen arbeiten. Das Gerät dazu kann man ebenfalls kaufen oder aus Leisten und Krampen (U-Nägeln) selbst herstellen. Die Zahl der Krampenpaare, die sich versetzt gegenüberstehen, muß ungerade sein. Das abgebildete Gerät hat zweimal 17 Krampen. Man kann darauf bis zu 20 cm Strickbreite arbeiten. Dazu nimmt man das Gerät in die linke Hand und hält den Anfang des Arbeitsfadens mit dem linken Zeigefinger fest. Mit der rechten Hand wird der Faden in Hexenstichart um die Häkchen gelegt (Foto a, rechts). Dann wendet man um das letzte Häkchen und führt den Faden von rechts nach links in einfachen Auf- und Abwindungen

(schlangenförmig) um die Häkchen (Foto · a, links). Am Ende der Reihe wird der Arbeitsfaden mit dem linken Zeigefinger festgehalten. Dann hebt man in der gleichen Reihenfolge wie man gewickelt hat die jeweils untere Schlaufe über die obere und über das Häkchen. Danach wird wieder der Faden in Schlangenlinien um die Häkchen geführt, und man kann mit dem Abheben beginnen. Das Abheben geschieht mit der gleichen Nadel wie beim Stricken mit der Strickliesel. Man kann den Arbeitsfaden jedoch auch um jeweils nur einen Haken herumlegen und die entsprechende Schlaufe gleich überziehen. Hat man einige Reihen gearbeitet, so tritt unten aus dem Schlitz das fertige lockere Gestrick hervor (Foto b), das man zu Schals, Beuteln, Hüllen für Wärmflaschen oder Kissenbezügen zusammennähen kann. Die letzte Reihe wird von dem Gerät Masche für Masche auf eine Stricknadel genommen und abgekettet (siehe Seite 147). Man kann die Maschen auch abhäkeln.

Wickeln auf einem Nagelbrett

Untersetzer und Platzdecken aus Wolle (Schachenmayr) oder Baumwolle (MEZ) kann man auf ganz einfache Weise herstellen. Dazu braucht man einen Nagelrahmen (s. Seite 36, Filetstikkerei) oder ein Nagelbrett (links). Das Nagel-

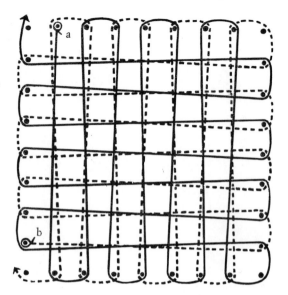
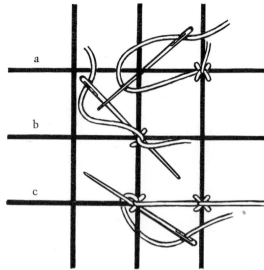

Auf einem Holzbrett, an dessen Außenrand in gleichmäßigen Abständen Nägel eingeschlagen wurden, kann man hübsche Wickelarbeiten ausführen (Fotos unten und rechts).

brett stellt man selbst her, indem man in ein Holzbrett, das etwas größer als der gewünschte Untersetzer ist, Nägel mit kleinen Köpfen einschlägt. Das Foto zeigt, wie die Nägel angeord-

net sein müssen. Sie sollen 2 cm weit auseinanderstehen und müssen waagerecht und senkrecht eine ungerade Zahl (bei dem abgebildeten Nagelbrett 9) haben. Man arbeitet mit zwei Fäden, die man wie folgt um die Nägel wickelt: Faden a wird zur Befestigung mit einer Schlinge versehen, die man über den 2. Nagel von links in der oberen Reihe hakt. Dann führt man ihn senkrecht nach unten, um den 2. und 3. Nagel der unteren waagerechten Reihe, wieder nach oben um den 3. und 4. Nagel der oberen Reihe, nach unten um den 4. und 5. Nagel, nach oben um den 5. und 6. Nagel, nach unten um den 6. und 7. Nagel, nach oben um den 7. und 8. Nagel und dann wieder nach unten um den 8. und 9. (Ecknagel) der unteren waagerechten und den 8. Nagel der rechten senkrechten Reihe. Nun wickelt man den Faden in der gleichen Weise, jedoch in waagerechten Hin- und Hergängen wieder aufwärts, jeweils rechts und links um ein Nagel-Paar. Man endet am oberen linken Ecknagel, um den man den Faden nach rechts herumführt und ihn dort ruhen läßt. Mit Arbeitsfaden b beginnt man ebenfalls mit einer Schlinge, die über den 8. Nagel der linken senkrechten Reihe gehakt wird. Man wickelt mit diesem Faden zuerst von links nach rechts und dann weiter hin und her, also waagerecht bis zum 8. und 9. Nagel, der rechten senkrechten Reihe. Dann führt man den Faden um den 8. Nagel der oberen waagerechten Reihe, und von da aus in der beschriebenen Weise in Auf- und Abgängen weiter. Nun kommt wieder Faden a einmal senkrecht und einmal waagerecht, danach Faden b einmal waagerecht und einmal senkrecht, so daß sich die Fäden der einzelnen Lagen kreuzen. Man wickelt etwa zehnmal jeden Faden, so daß 20 Garnlagen übereinanderliegen. Hat man dickeres Garn, wickelt man weniger, dünneres Garn muß man eventuell noch ein paar Lagen mehr hin und her wickeln. Dann schneidet man die Fäden nicht zu knapp ab und durchnäht die Kreuzungspunkte der Wolle mit einem kontrastfarbigen Faden. Man arbeitet vom Außenrand zur Mitte hin, immer rundherum, wobei man jedesmal einen verschlungenen Kreuzstich macht und den Faden auf der Unterseite von Kreuz zu Kreuz weiterlaufen läßt (Zeichnung und Foto S. 270). Zum Schluß hakt man den fertigen Untersetzer vom Nagelbrett ab. Man kann auch aus vier oder sechs solcher kleinen Deckchen eine große Decke machen, indem man die Randschlaufen wie bei der auf Seite 108 beschriebenen Gabelhäkelei ineinanderhäkelt. Eine weitere Variante: man schneidet die oberen drei Fadenlagen jeweils zwischen den Kreuzungspunkten durch und rauht sie mit der Nadel auf (siehe Foto Seite 271).

Wickeln auf dem Loom-Gerät

Mit dem INOX-Loom-Gerät – in Amerika als Daisy-Winder (Blumenwickler) bekannt – kann man Rosetten aus vielerlei Garnmaterial herstellen. Am besten eignet sich weiche, flauschige Wolle oder schwach gedrehtes Nylonmaterial (Patons toppers) mit Dochtcharakter (Foto S. 273), aber auch Baumwolle, Bast und Sisal lassen sich verarbeiten. Das Gerät hat auswechselbare Stifte für verschiedene Größen und Muster. Jedes Loch hat eine Nummernbezeichnung. Es befinden sich 12 Löcher in jeder Runde, numeriert von 1 bis 12. Die Runden auf dem Wickelgerät sind markiert mit A, B, C, D. Man kann also Rosetten in vier verschiedenen Größen herstellen. Man arbeitet wie folgt: Die Stifte werden in jedes Loch eines Kreises (z. B. Kreis D) gesteckt.

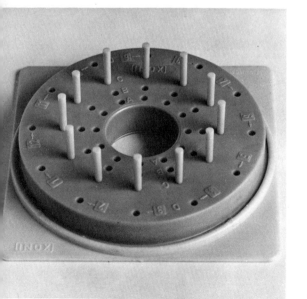

a

b

c

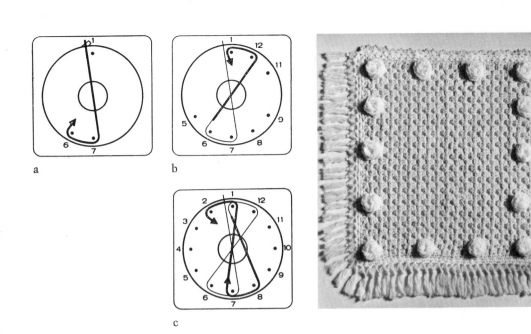

Häkeln über Ringen und über Kordel.

Ein Garnende wird zwischen Ober- und Unterteil des Geräts eingeklemmt. Man hält das Gerät so, daß die Zahl 1 oben, die 7 unten ist. Zuerst wird der Faden von 1 abwärts, und zwar von rechts nach links um die Stifte 7 und 6 geführt (a). Danach schräg aufwärts um die Stifte 12 und 1, ebenfalls von rechts nach links (b). Man arbeitet so im entgegengesetzten Uhrzeigersinn weiter, wobei der Faden jedesmal um einen noch freien und einen bereits umwickelten Stift geführt wird: also jetzt um 8 und 7, dann um 1 und 2 (c). Man kann beliebig viele Runden wickeln. Je mehr Runden es sind, um so dicker wird die Rosette. Die weißen Rosetten auf der hellblauen Taufdecke vom Foto S. 273 wurden in zehn Runden um die Stifte des Kreises C gewickelt. Nach dem Umwickeln wird die Mitte wie folgt genäht: Mit einem Kontrastfaden oder mit dem Ende des Wickelfadens, den man in eine Stopfnadel fädelt, sticht man zwischen Stift 1 und 2 durch die Mittelöffnung abwärts, zwischen 2 und 3 aufwärts, zwischen 3 und 4 abwärts usw., bis die ganze Runde umnäht ist. Dann überschlägt man das Fadenbündel und näht in den Zwischenräumen auf und ab. Zum Schluß verstopft man den anfangs eingeklemmten und den restlichen Nähfaden und nimmt die Rosette von den Stiften. Steckt man die Stifte in zwei Runden versetzt ein (z. B. D 1, C 2, D 3, C 4 usw.), entstehen Sterne.

Verschiedene Häkeltechniken

Häkelarbeiten müssen nicht ausschließlich aus Garn bestehen, man kann sie auch über Kernmaterial (z. B. Ringe, Kordel) ausführen. Außerdem kann man Häkelmaschen in groben Stoff (z. B. Stramin) arbeiten und erzielt damit eine ganz neue Wirkung.

Häkeln über Gardinenringen. Kleine Rosetten, die man zu Untersetzern, Gardinenhaltern, Serviettenringen zusammensetzen oder einzeln als Verzierung aufnähen kann, sind einfach herzustellen. Man braucht pro Rosette einen Gardinenring mit 18 mm Durchmesser und 2 m Häkelfaden (Baumwolle, Wolle, Bast), dazu eine INOX-Häkelnadel Nr. 3 oder 4. Den Gardinenring mit 18 festen Maschen umhäkeln. Runde mit einer Kettenmasche schließen (siehe auch Häkeln Seite 68). Dann 9 Bögen aus je 3 Luftmaschen arbeiten und jeweils zwischen 2 Bögen 1 feste Masche in jede 2. Masche der Vorrunde häkeln, mit jedem Bogen also eine Masche übergehen. Das Fadenende bleibt hängen. Man benutzt es später, um die Ringe aneinander zu nähen oder zu applizieren.

Häkeln über Kordel. Als Kernmaterial eignet sich mittelstarke Gardinenschnur aus Baumwolle am besten. Der Arbeitsvorgang ist einfach: Man häkelt, mit einem Luftmaschenring beginnend, immer rundherum, wobei man jeweils in beide Maschenglieder der Masche der Vorrunde einsticht, den Faden holt und die auf der Nadel befindlichen Maschen über der Kordel abschürzt. Die Kordel läuft also beim Häkeln der festen Maschen dazwischen mit und wird vollständig überdeckt (Fotos S. 274). Es entsteht eine sehr

Häkeln in Teppichgrundstoff (Stramin).

stabile, kreisrunde Häkelei, die man beliebig variieren kann. Die einzelnen Häkelkreise können zu einer Badematte oder einem kleinen Vorleger zusammengesetzt werden. Natürlich kann man auf die gleiche Weise auch in hin- und hergehenden Reihen arbeiten oder die Schnur einzeln umhäkeln und aus diesem Material eine phantasievolle Handarbeit (z. B. einen Kaffeewärmer-Bezug, Foto S. 274) herstellen. (Arbeitsproben aus Bri-Nylon, Patons toppers.)

Häkeln in Stramin. In Stramin kann man auf zwei Arten arbeiten. Man häkelt einmal von oben nach unten durch den Stramin, wobei man den Arbeitsfaden mit der Häkelnadel von der Unterseite des Stramins durch das Gewebe nach oben holt, durch das nächste Gewebekaro wieder nach unten sticht, den Faden abermals holt und durch die auf der Nadel befindliche Masche zieht. Dann fährt man wieder von oben nach unten, holt den Faden, schürzt die Masche von der Nadel ab usw. Garn- und Nadelstärke richten sich nach der Feinmaschigkeit des Stramins. Dabei sollen die Maschen den Grundstoff ganz zudecken. Beim Foto oben rechts wurde zur besseren Demonstration dünneres Garn verwendet. Das richtige Verhältnis zwischen Grundstoff (Dreher-Stramin) und Wolle (MEZ Kelim) zeigt das Foto links. Bei der dort gezeigten Häkelei, die sich sehr gut für Vorlagen und Teppiche (aus kleineren Quadraten zusammensetzen) eignet, weil sie außerordentlich fest ist, sticht man nicht nach unten durch das Gewebe. Hier wird das Gewebe entlang des gerade zu umhäkelnden Längs-

Unten und Seite 277 oben: kombinierte Strick-Häkelarbeit mit der INOX-Combi-Nadel nonnon.

oder Querfadens (man häkelt im Quadrat, in der Mitte beginnend) nach hinten umgebogen, und jeder Querfaden zwischen zwei Kästchen wird wie eine Masche behandelt. Man arbeitet feste Maschen, wobei an jede Ecke zusätzlich eine Luftmasche kommt. Durch das Rundumhäkeln bekommt die Arbeit einen leichten Rechtsdrall, den man aber durch Anfeuchten von links und Spannen wieder ausgleichen kann (Foto S. 275).

Strickhäkeln. Mit der INOX-Combi-Nadel non-non kann man stricken und häkeln, ohne abzusetzen. Die Nadel hat am einen Ende eine Spitze, am anderen einen Haken. Das Mittelstück ist flexibel. Die Häkelnadel kann auch zum Abstricken von Maschen benutzt werden. Wechselt man vom Häkeln zum Stricken, dürfen die Maschen nicht abgeschürzt werden, sondern müssen alle – wie bei der Tunesischen Häkelarbeit – auf die Häkelnadel genommen werden. Wechselt man dagegen vom Stricken zum Häkeln, werden die Maschen einzeln abgeschürzt, wie beim Abhäkeln der letzten Reihe einer Strickarbeit (siehe auch Häkeln Seite 80 und Stricken Seite 149). Die beiden Arbeitsproben zeigen nur einige der vielen Möglichkeiten, die diese kombinierte Technik zuläßt (Fotos oben und links).

Verwebte Luftmaschen

Die Krawatte von Seite 278 ist zum Teil gehäkelt, zum Teil gewebt. Sie besteht aus 7 Luftmaschenreihen, die in Hin- und Hergängen auf

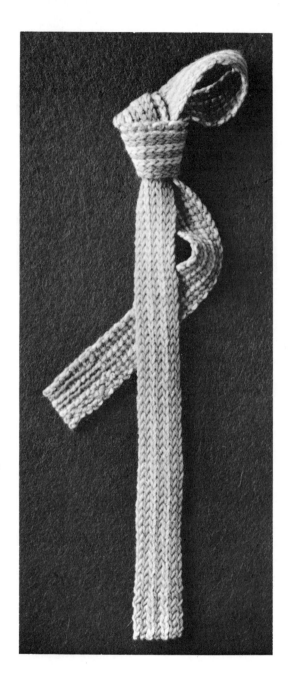

Krawatte aus Wolle: 7 Luftmaschenketten wurden nebeneinandergelegt und in Webtechnik mit Nadel und Faden auf der Rückseite dicht zusammengenäht.

der Rückseite miteinander vernäht, oder besser: verwebt wurden. Man häkelt zuerst 4 Luftmaschenketten von je 140 cm Länge in dunkler und 2 Luftmaschenketten von derselben Länge in heller Wolle (Schachenmayr Nomotta Extra). Dann häkelt man noch eine Luftmaschenkette von 50 cm Länge in dunkler Wolle. Die fertigen Luftmaschenketten legt man nebeneinander so um den Zeigefinger der linken Hand, daß die flachen Seiten (mit den V-Maschen) gegen den Finger zeigen und die senkrecht verlaufenden Maschenglieder sich einzeln mit der Nadel auffassen lassen. Man ordnet die Farben wie folgt nebeneinander an: 2 Reihen dunkel, 1 Reihe hell, dann die kurze dunkle Reihe, daneben wieder 1 helle Reihe, 2 dunkle Reihen. Durch eine dicke Stopfnadel fädelt man einen Wollfaden, vernäht das eine Ende unsichtbar (keinen Knoten machen) und faßt nun mit der Nadel die waagerecht nebeneinanderliegenden Maschenglieder der Luftmaschenketten auf, und zwar Reihe für Reihe. Man arbeitet in Hin- und Hergängen wie beim Weben (oder beim Stopfen). Ist die kürzere Luftmaschenkette zu Ende, schiebt man die verbleibenden 6 Maschenketten dichter zusammen und arbeitet weiter. Dadurch wird die Krawatte zum Ende hin schmäler. Man muß darauf achten, daß man den Webfaden gleichmäßig fest anzieht, damit man korrekte Kanten erhält. Das Ende des Fadens wird wie am Anfang gut befestigt und abgeschnitten.

Auf die gleiche Weise kann man auch Gürtel und Besatzstreifen herstellen.

Plastische Applikation

Viele Stoffreste, möglichst aus Baumwolle, 35 × 35 cm dunklen Stoff, 33 × 33 cm Pappe, Tapetenkleister und MEZ-Progressgarn braucht man für einen großen Stern-Wandschmuck. Man macht ihn wie folgt: Mit Hilfe einer Langspielplatte, die als Schablone dient, wird die Pappe kreisrund zugeschnitten. Den dunklen Stoff schneidet man, ringsherum 2 cm breiter, ebenfalls kreisrund und klebt ihn auf die Pappe. Der überstehende Rand wird kammartig eingeschnitten, zur Rückseite umgebogen und ebenfalls festgeklebt. Aus den Stoffresten schneidet man 300

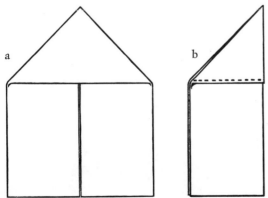

Sternrosette aus zu Streifen zusammengelegten Stoffresten, auf stoffkaschierten Pappgrund appliziert.

kleine Streifen, je 15×3 cm groß. Die Streifen werden so gefaltet, wie es die Zeichnungen a und b zeigen. Die entstandenen kleinen Strahlenspitzen werden gebügelt und dann, am Außenrand beginnend, in einzelnen Runden mit Nadeln auf die Pappe gesteckt. Jede Runde wird mit der Maschine aufgesteppt, bevor die nächste kommt. Um die Farben richtig anzuordnen und die Sternstrahlen gleichmäßig zu verteilen, legt man die Stoffstücke vorher in der gewünschten Reihenfolge wie ein Puzzlespiel auf einer entsprechend großen Papierscheibe zusammen.

Florstickerei

Unter Florstickerei versteht man Handarbeiten, deren aufgestickte Motive sich durch einen geschnittenen oder schlingenartigen Flor (Bouclé) vom Untergrund abheben. Man erreicht das bei geschnittenem Flor durch eine bestimmte Sticktechnik unter Zuhilfenahme von Zündhölzern (kleine Blüten) oder Papierstreifen (größere Blüten). Bei Schlingenflor (rechts) erreicht man die Wirkung durch Verwendung einer Spezialnadel.

Blüten über Zündhölzern in dichten Hexenstichen gestickt. Stickfäden in Längsrichtung aufgeschnitten.

Geschnittener Flor. Das Foto links zeigt einen Ausschnitt der Stickerei vom Kissen daneben. Die kleinen Blümchen werden wie folgt gearbeitet: Man markiert zunächst auf dem Stoff (hier Filz von Zweigart) die genaue Anordnung der Blüten durch kreuzweise eingesteckte Nadeln. An jeder Kreuzmarkierung durchsticht man den Stoff mit einem Pfriemen, wie man ihn für Lochstickerei (Seite 7) verwendet. Die Löcher werden mit kleinen Plattstichen rundherum eingefaßt. Um diesen Stickrand kommt ein Kreis aus Stilstichen (Seite 51). Dann legt man über das Loch zweimal zwei Zündhölzer kreuzweise so, daß sich ein Stern ergibt. Die Hölzchen werden in der Mitte mit einem Faden zusammengehalten und um das Loch herum mit je einem Stich festgeheftet. Nun übersticht man jedes Hölzchenende außerhalb des Lochs von der Mitte bis zur Spitze (Länge des Blütenblättchens) mit dichten Hexenstichen (s. Schattenstickerei, Seite 50). Bei jedem Hölzchenende muß die Anzahl der Stiche gleich sein. Nach der ersten Stickrunde um alle Hölzchen beginnt man abermals mit dem Übersticken, man macht wieder dichte Hexenstiche in der gleichen Weise, nahe an den ersten Einstichen, jedoch läßt man am Anfang und Ende jedes Hölzchens einen Stich aus (waren es z. B. vorher 8 Stiche, sind es jetzt nur 6).

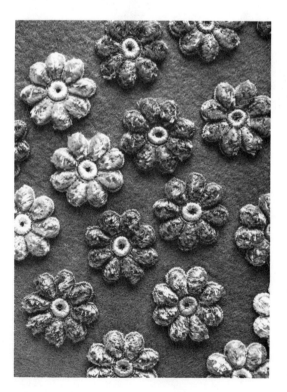

Anschließend stickt man die dritte Runde, diesmal über alle Hölzchenenden am Anfang und Ende je 2 Stiche weniger, also – um bei dem genannten Beispiel zu bleiben – 4 Stiche pro Hölzchen. In der folgenden Runde läßt man wieder 2 Stiche weg, so daß in der Mitte der Hölzchen nur noch jeweils 2 Stiche zu machen sind. Die Mitte bildet die breiteste Stelle der Stickerei. Ist alles überstickt, schneidet man mit einer spitzen Schere den Flor genau über den Hölzern in Längsrichtung – am Kreuzungspunkt beginnend – auf, löst die Heftfäden und nimmt den Streichholzstern heraus. Der entstandene Flor wird mit der Schere ein wenig beschnitten und mit der Nadel geordnet. Zum Schluß rahmt man die Blattkanten mit dichten Stilstichen ein. (Mate-

Kissen mit Filzapplikation und Florstickerei in Bouclétechnik.

rial: MEZ-Sticktwist, vierfädig.) Damit der Flor sich nicht herausziehen läßt, legt man die fertige Stickerei auf eine weiche Unterlage und bügelt von der unrechten Seite Vlieseline auf. Hat der Flor sich plattgedrückt, bedeckt man ihn mit einem nassen Tuch und streicht mit dem heißen Bügeleisen über das Tuch, ohne die Stickerei zu berühren. Die Fäden richten sich dann wieder auf.

Bouclé-Flor. Für diese Technik, die man am besten mit feiner weicher Wolle (Patons Piccadilly) ausführt, braucht man eine JMRA-Teppichnadel (Foto unten). Man arbeitet auf Stramin (Zweigart), den man in einen Stickrahmen spannt. Eines der drei Röhrchen der Teppichnadel (je nach Garnstärke) wird in die Schaftöffnung geschoben und festgeschraubt. Die Höhe des Flors richtet sich danach, wie weit das Röhrchen aus dem Schaft herausragt, man kann sie also variieren. Mit Hilfe der beigefügten Drahtschlinge wird der Arbeitsfaden durch das Röhrchen und das in der Spitze befindliche Öhr so weit durchgezogen, daß er 8 bis 10 cm heraushängt. Man hält die Nadel senkrecht in der rechten Hand, die abgeschrägte Spitze dem Körper zugekehrt. Der Arbeitsfaden läuft nach außen vom Körper weg. Die Nadel wird bis zum Anschlag (Messingring) in das Gewebe eingestochen und wieder herausgezogen. Dabei darf sie nicht vom Stoff abgehoben werden, sonst zieht man die Schlinge, die sich auf der Unterseite gebildet hat, wieder heraus. Man stickt den aufgezeichneten Konturen folgend wie beschrieben weiter, wobei man auf möglichst gleichmäßige dichte Stiche achten muß. Ist die Stickerei fertig, wird sie auf Vlieseline gebügelt, damit die Schlingen sich nicht wieder herausziehen lassen. Wenn man einige Übung hat, kann man auch auf dichteren Stoffen (z. B. Filz) arbeiten. Dabei muß man aber jede Schlinge von Stich zu Stich auf der Unterseite festhalten.

Perlenstickerei

Perlen werden grundsätzlich mit einem halben Kreuzstich (Seite 10) aufgestickt. Man verwendet dazu spezielle Stickperlen, die es in kleinen Dosen oder Tüten abgepackt oder nach Gewicht lose zu kaufen gibt. Gestickt wird mit Nähseide.

Bei Initialen oder Monogrammen müssen die Perlen anders aufgestickt werden. Man arbeitet wie folgt: Zuerst wird das Initial, z. B. ein J, mit Bleistift auf dem Stoff vorgezeichnet. Man stickt im gleichen Ablauf wie man schreibt. Am Anfang des J sticht man von der Rückseite des Stoffes nach oben, nimmt eine Perle auf und sticht so weit vom Aufstich entfernt wieder nach

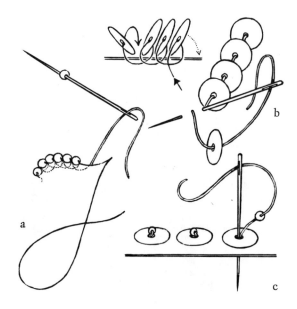

Die Boucléschlingen werden mit einer Spezialnadel (JMRA) gestickt. Sie erscheinen auf der Unterseite der Arbeit.

unten, wie die Perle groß ist. Auf der Unterseite übergeht man ebenfalls den Raum einer Perlengröße und sticht wieder aufwärts. Wieder eine Perle aufnehmen und hinter (nicht vor) dem soeben gemachten Aufstich direkt neben der ersten Perle nach unten stechen (a). Man übergeht den Raum für zwei Perlen (nämlich die eben angebrachte und die nun folgende), sticht nach oben und nimmt die nächste Perle auf. Danach sticht man wieder direkt neben der zweiten Perle nach unten und arbeitet so weiter.

Pailletten in Reihen oder Gruppen stickt man in Abwärtsrichtung in einzelnen Reihen von links nach rechts. Die Zeichnung b zeigt, wie die Pailletten auf den Faden genommen und die Stiche ausgeführt werden. Einzelne Pailletten befestigt man mit einer Stickperle als Haltevorrichtung. Man sticht dazu von der Unterseite des Stoffes nach oben, zieht eine Paillette und eine Stickperle auf und sticht dann durch dasselbe Loch wieder abwärts (c).

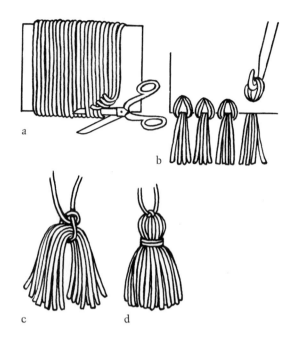

Fransen, Quasten und Pompons

Fransen kann man auf verschiedene Art herstellen. Man kann eine Stoffbahn an beiden Enden oder an allen vier Seiten ausfransen, indem man mehrere Reihen der Randfäden herauszieht. Solche Fransen müssen mit einfachen Hohlsaumstichen (siehe Seite 30) befestigt werden, damit die nachfolgenden Fäden sich nicht lösen. Bei handgewebten Stoffen kann man die Kettfäden paarweise oder in kleinen Bündeln verknoten. An maschinell gewebten Textilien sowie an Strick- und Häkelsachen kann man separate Fransen anbringen. Man wickelt dazu Garn um ein Brett, ein Buch oder ein Stück Pappe, das die Breite der gewünschten Fransenlänge hat, und schneidet die Windungen an einer Seite auf (a). Dann werden die Fäden je nach gewünschter Fransendicke zwei- bis vierfach gebündelt, doppelt zusammengelegt und mit der Häkelnadel so durchgezogen, wie es die Zeichnung b zeigt. Bei dichten Stoffen müssen die Fransen einzeln mit einer Stopf- oder Sticknadel durch das Gewebe gezogen werden. Man kann sie dann entweder so knüpfen, wie Zeichnung b, oder man zieht die eine Hälfte der Fransen durch das Gewebe und verknotet beide Enden mit einem großen Schlingknoten. Außerdem kann man dann noch die Fransen teilen und mit den danebenliegenden Fransenhälften verknoten, wie bei der Taufdecke auf Seite 273 geschehen.

Quasten werden genau wie Fransen vorbereitet (Zeichnung a). Man umwickelt das aufgeschnittene Fadenbündel in der Mitte mit einem Faden, macht einen Knoten und läßt die überstehenden Enden zum Annähen der Quaste hängen (c). Dann faßt man das Fadenbündel doppelt zusammen und umwickelt es mehrfach so, wie bei Zeichnung d dargestellt. Die Enden des Wickelfadens werden doppelt verknotet und oberhalb der Umwicklung in der Quaste verstopft.

Pompons macht man so: Man schneidet aus Pappe zwei Kreise, die in der Mitte ein nicht zu kleines Loch haben. Die Pappscheiben müssen genau aufeinanderpassen. Der Außenrand bestimmt die Größe des Pompons. Beide Pappscheiben werden zusammen so lange umnäht, bis das Loch in der Mitte ganz ausgefüllt ist und

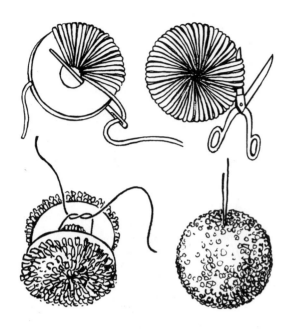

Garnmaterial aus Textilien

Für Fleckerlteppiche (gehäkelt, gestrickt oder gewebt) wird Garnmaterial verwendet, das man aus geschnittenen Textilien gewinnt. Man kann die benötigten Streifen auf zweierlei Art herstellen.

1. Man schneidet an der Längsseite eines Stoffstücks einen Streifen in der gewünschten Breite (1–2 cm) bis knapp vor die der Einschnittstelle gegenüberliegende Kante. Hier läßt man ein Stück in Breite des geschnittenen Streifens stehen. Dann schneidet man von dieser Seite her daneben einen Streifen in der gleichen Breite und setzt ebenfalls 1 bzw. 2 cm vor der nun gegenüberliegenden Kante ab (Zeichnung unten). So arbeitet man weiter, indem man einmal von links nach rechts und einmal von rechts nach links in Streifenbreite einschneidet, und erhält einen Arbeitsfaden aus einem Stück. Die Ecken werden anschließend halbrund (Pfeile) geschnitten.

man nicht mehr hindurchstechen kann. Danach wird das Garn mit einer spitzen Schere, die man zwischen die beiden Pappscheiben führt, durchgeschnitten. Die nun freigewordenen Pappscheiben werden auseinandergeschoben. Dann umwickelt man das Garn dazwischen mit einem nicht zu kurzen Faden, dessen Enden man nach dem Zusammenknoten zum Annähen des Pompons (z. B. an eine geflochtene Kordel – siehe unten) hängen läßt. Anschließend löst man die Pappe heraus. Zum Schluß wird der Pompon beschnitten, bis er gleichmäßig rund ist.
Das Pompon-Set (INOX) erleichtert diese Arbeit.

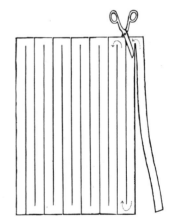

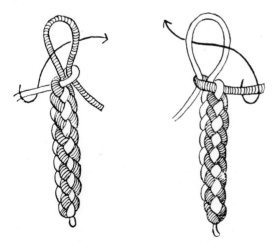

2. Der zur Verfügung stehende Stoff wird in zwei breite Schrägstreifen geschnitten, die zum Ring zusammengesetzt werden. Dann schneidet man den Stoffring spiralenartig zu einem gleichbleibenden Streifen auseinander. Diese Methode hat den Vorteil, daß der gewonnene Arbeitsfaden ein Schrägstreifen ist, der nicht so leicht ausfranst und zudem elastischer ist als der nach der ersten Methode hergestellte.

Garnmaterial zum Weben kann man gut nach der ersten Methode gewinnen. Zum Häkeln oder Stricken ist der schräge Fadenlauf mehr zu empfehlen.

Nachbehandlung

Stickereien
Strick- und Häkelsachen
Geknüpfte Arbeiten
Webarbeiten
Patchwork
Applikationen
Ziersteppereien
Occhi
Makramee
Verschiedene Näharbeiten
Das Aufteilen einer Fläche

Nachbehandlung, Bügeln, Konfektionieren, praktische Hinweise

Stickereien

Stickereien bügelt man grundsätzlich wie folgt: Man legt sie mit der rechten Seite auf eine sehr weiche Unterlage (zusammengefaltete Decke) bedeckt sie mit einem feuchten Tuch und bügelt sie mit mäßigem Druck von links. Stickereien auf Baumwollgeweben, die mit Sticktwist oder Perlgarn ausgeführt wurden, können stärkeren Druck vertragen als Stickereien aus Wolle, besonders, wenn diese außerdem noch auf Wollgrund gestickt sind. Ist eine Arbeit stark verknittert, feuchtet man sie mit Krauseminze (Drogerie) an. Auch zu große Einstichlöcher verschwinden durch diese Behandlung. Sollte eine Stickerei durch unsachgemäßes Bügeln auf der Vorderseite nicht mehr plastisch genug hervortreten, so bedeckt man sie von rechts mit einem nassen Tuch und fährt mit dem heißen Eisen über das Tuch, ohne es aufzusetzen. Durch den Dampf lockern sich die in das Gewebe eingedrückten Stickfäden wieder.
Gobelin- und Bargellostickereien sowie flächige Kreuzsticharbeiten werden nicht gebügelt. Man deckt die mit Nadeln über einem feuchten Tuch gespannte Arbeit mit einem zweiten feuchten Tuch zu und läßt alles so lange liegen, bis die drei Stofflagen vollkommen trocken sind. Filet- und Tüllstickereien werden wie Occhiarbeiten behandelt.

Strick- und Häkelsachen

Nach Fertigstellung werden die einzelnen Strick- bzw. Häkelteile dem Schnittmuster entsprechend mit rostfreien Stecknadeln gespannt, mit einem feuchten Tuch bedeckt und gedämpft. Die linke Seite liegt dabei oben. Strickteile, die ein Rippenmuster haben (Ärmelbündchen, Halsabschlüsse und sonstige Kanten), werden nicht gedämpft. Man steckt das Gestrick erst hinter dem Rippenteil zu Beginn des dann folgenden Musters mit Nadeln fest.
Plastische Strick- und Häkelmuster werden nicht gebügelt. Man bedeckt die gespannten Teile mit einem feuchten Tuch und nimmt die Nadeln erst heraus, wenn Tuch und Gestrick bzw. Häkelei getrocknet sind.
Es muß sehr davor gewarnt werden, zu klein geratene Strick- oder Häkelteile durch starkes Spannen und Dämpfen auf die richtige Größe bringen zu wollen. Man erzielt zwar im Augenblick einen Erfolg, jedoch gehen die Maschen bald wieder zusammen.
Nach dem Spannen und Dämpfen werden Strick- und Häkelsachen zusammengenäht – je nach Art der Arbeit und ihrem Verwendungszweck mit kleinen überwendlichen Stichen, mit Vorstichen oder mit Zickzackstichen. Man kann sie auch zusammenhäkeln. Bei Nähten, die nicht nachgeben sollen (z. B. Schulterschrägungen an Klei-

dungsstücken) faßt man ein Leinenband mit. Knopflöcher in Strick- und Häkelsachen müssen genauso ausgenäht werden wie Knopflöcher in Stoff. Das bisher Gesagte gilt auch für Arbeiten in Looptechnik.

Geknüpfte Arbeiten

Man kann geknüpfte Arbeiten füttern oder nur – wie auf Seite 68 beschrieben – an den Kanten säumen bzw. mit Band versäubern. Die Entscheidung hängt ganz von dem Verwendungszweck und dem verwendeten Knüpfgrund ab. Teppiche, Kissen und Taschen, die in Smyrnafix-Grundstoff (mit aufliegenden, nicht durchgewebten Schlingenpaaren) geknüpft wurden, brauchen nicht gefüttert zu werden. Wandbehänge, die nur dekorativen Charakter haben, brauchen – ganz gleich, welchen Grundstoff man verwendet hat – ebenfalls nicht gefüttert zu werden. Bei Bodenteppichen auf Stramingrundstoff empfiehlt sich ein Rupfen- oder Baumwollfutter. Um einen Teppich rutschfest zu machen, füttert man ihn mit leichtem Schaumstoff ab.

Geknüpfte Arbeiten werden nach der Fertigstellung gut ausgeschüttelt. Eventuell lose liegender Flor wird mit einem feuchten Schwamm (nicht mit einer Bürste) entfernt.

Für kleinere Arbeiten auf Stramingrundstoff (Taschen, Kissen) empfiehlt es sich, den bestickten Grundstoff an den unbestickten Kanten etwas anzufeuchten, er wird dann geschmeidiger.

Webarbeiten

Gewebte Stoffe werden nach Fertigstellung ohne Druck unter einem feuchten Tuch gebügelt. Synthetische Fasern bedeckt man mit einem feuchten Tuch und läßt Tuch und Gewebe trocknen. Damit das Gewebe vor dem Weiterverarbeiten an den Kettfadenseiten (meistens die Schmalseiten) nicht ausfranst, werden die Kettfäden entweder verknotet oder durch Umnähen mit Hohlsaumstichen (Seite 30) gesichert. Man kann die Kanten auch mit der Maschine durchsteppen. Allerdings muß das Gewebe dann so verarbeitet werden, daß man diese Nähte nicht sieht.

Wird das Gewebe nicht konfektioniert, sondern als ganzes Stück (Läufer, Decke) verwendet, verstopft man die Kettfäden einzeln an beiden Seiten so im Gewebe, daß sie auf der Vorderseite nicht sichtbar sind. Allerdings kann man nur bei nicht zu dickem Gewebe so verfahren. Besser ist es, zu Beginn und am Schluß der Arbeit dünneres Garn einzuschießen und daraus später Saumeinschläge zu machen. Das Verknoten der Kettfäden ist mehr eine Notlösung für Anfänger. Man sollte sie außer bei Teppichen tunlichst nicht anwenden.

Handgewebte Stoffe aus dünnen Garnen werden wie industriell hergestellte verarbeitet. Webereien aus dicken Garnen berechnet man von vornherein so, daß die Webkanten stumpf – ohne Einschlag – zusammengenäht werden. Dabei arbeitet man mit Zickzackstichen und greift an den Kanten jeweils in die Wendungen der Schußfäden. Handgewebte Stoffe für Möbelbezüge werden stets mit einem Nesselfutter verarbeitet. Ebenso lose Auflagen für Stühle und Sessel.

Patchwork

Patchwork wird nach dem Zusammennähen der Einzelteile ohne Druck von links gebügelt. Stoffe aus Baumwolle oder Leinen werden vorher gut eingefeuchtet und direkt gebügelt. Alle anderen Stoffe bügelt man unter einem feuchten Tuch. Beim Bügeln müssen die Nähte etwas gedehnt werden, damit die ganze Arbeit eine gleichmäßige Spannung hat und später keine Beulen wirft.

Irisches Patchwork wird nach dem Zusammenhäkeln der Einzelteile von links unter einem feuchten Tuch gebügelt. Nach dem Applizieren der kleineren Patchteile bügelt man nicht mehr.

Applikationen

Die aufzunähenden Teile werden vor dem Applizieren gebügelt. Ebenso der Trägerstoff. Die fertige Arbeit soll tunlichst nicht gebügelt werden. Ist der Trägerstoff jedoch stark verknittert, legt man ihn mit der Schauseite nach unten auf ein sehr weiches Tuch und bügelt ihn von der Rückseite ohne Druck. Auf keinen Fall dürfen Applikationen durchgebügelt werden, so daß ihre Konturen auf der Rückseite des Trägerstoffs zu erkennen sind, weil dadurch die für Applikationen typische plastische Wirkung beeinträchtigt wird. Ist das trotz aller Vorsicht geschehen, muß man die Arbeit wieder aufdämpfen – das ist der gleiche Vorgang wie bei Sticken beschrieben.

Zierstepperein

Zierstepperein dürfen auf keinen Fall gebügelt werden. Man muß deshalb schon bei der Ausführung der Arbeit sehr sorgfältig vorgehen, um zu starke Knitterfalten zu vermeiden. Handelt es sich um eine plastische Stepperei, bei der zwischen Ober- und Unterstoff eine weiche Zwischenlage liegt, wird die fertige Arbeit mit der Unterseite über ein heißes Bügeleisen gezogen. Man klemmt das Eisen dazu zwischen zwei schweren Gegenständen (z. B. Mauersteinen) ein oder bittet eine Hilfsperson, es festzuhalten. Besteht die Arbeit nur aus Oberstoff und weicher Steppunterlage, muß sie zuerst gefüttert werden, bevor man sie auf die beschriebene Weise über ein heißes Eisen zieht.

Occhi

Nach dem Verknüpfen aller hängenden Endfäden wird die Arbeit gut eingefeuchtet und eine Weile zusammengerollt. Aus Papier schneidet man in der Zwischenzeit eine Schablone in der Form, wie sie die fertige Arbeit haben soll (nur für Decken). Die Schablone wird auf eine Bügelunterlage gelegt. Diesen Konturen folgend spannt man die Occhiarbeit mit nichtrostenden Stecknadeln darüber. Die Nadeln sollen mit den Köpfen außerhalb der Arbeit – also von außen nach innen – ziemlich flach eingestochen werden, damit sie beim anschließenden Bügeln nicht im Wege sind. Nach dem Auskühlen löst man die Nadeln und bügelt nun noch einmal alle Bögen bzw. Ösen am Außenrand, damit die durch die Nadeln entstandenen Wellen verschwinden.

Filetstickereien werden genauso behandelt. Occhispitzen für Decken- und Taschentuchkanten werden nach dem Einfeuchten in Längsrichtung gespannt und quer gebügelt; Öse für Öse, Bogen für Bogen. Zuvor mißt man genau die Länge der Kanten aus, für die die Occhispitze gedacht ist. Dieser Länge entsprechend muß sie gespannt werden, damit sie beim Annähen genau paßt.

Ecken an Decken

Saumecken an Decken macht man so, wie es die Zeichnungen a bis c zeigen: zuerst wird ein schmaler Einschlag geheftet oder gebügelt. Dann biegt man alle Ecken um und schneidet sie schräg ab. Die Schnittkanten werden hier ebenfalls knapp eingeschlagen. Danach schlägt man alle Kanten in der vorgesehenen Saumbreite um, so daß sie an den Ecken jeweils diagonal zusammentreffen. Wird der Saum mit der Hand genäht, faßt man nur wenige Gewebefäden auf, so daß die Stiche auf der Vorderseite nicht sichtbar sind.

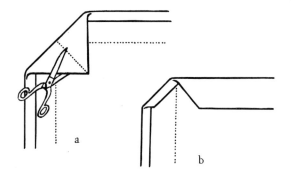

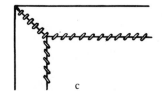

Register

abgewandelte Häkelstiche 94
Abhäkeln 149
Abketten 81, 147
Abketten durch Überziehen 148
Abketten durch Zusammenstricken 148
Abkürzungen 69, 139
Ablängen der Kettfäden 182
Abnähen beim Rippenmuster 148
Abnehmen 73, 82
Abnehmen an der Wade 161
Abnehmen für den Armausschnitt 153
Abnehmen für den spitzen Halsausschnitt 153
Abnehmen innerhalb der Reihe 151
Aida-Stoff 20
Ajourstickerei 35
Amerikanische Häkelei 86, 88
Angora-Kopftuch 117
Anschlag für Rippenmuster 126
Anschlingen 172
Applikationen 219, 287
Applikation in Filigrantechnik 231
Applikation in Reservetechnik 224
Applikation in Richelieutechnik 225
Applizieren 222
Arbeitsbeschreibungen zu den Häkelmodellen 114
Arbeitsbeschreibungen zu den Strickmodellen 166
Architektentüll 36
Armausschnitt 73
Assisi-Technik 16
Aufbringen der Kette 182
Aufhäkeln gefallener Rechtsmaschen 149
Aufheben gefallener Maschen 149
Babyjäckchen 166

Babyjäckchen mit Kapuze 167
Babyschuhe 79, 117, 167
Bänder 192
Bäumchenstich 56
Bandabnahme 153
Bandweben mit Kamm 195
Bargello 21, 23
Batist 41
Baumwollstoff 41
Bettüberwurf im Zickzackmuster 118
Biesen 242
Bildteppich 196
Bildweberei 195
Bogenblende 157
Bosnischer Häkelstich 95
Bouclé-Flor 282
Bouclétechnik 281
breite Rippenmuster 133
Brücke 186
Bügeln 286
Büschelmaschen in Hinreihen 96
Büschelstäbchen 71

Daumen 164
Daumenkeil 163
Daumenloch 163
Decke 39
Decke in Filethäkelei 119
diagonaler Rippenknoten 260
Diagonalgestrick 157
Diagonalrippen 140
Diagonalstich 37
dichte Hexenstiche auf der Rückseite entstehend 54
dichte Hexenstiche mit Stilstichkonturen 54
Dochtgarn 124
Dochtwolle 182
Doppelgitterstramin 20
Doppelknoten 171, 172
Doppelpatent 136
Doppelzopf 141
doppelte Blende 156
doppelter Rand 130
doppelte Stäbchen 70

doppeltes Stehbündchen 155
Dreher-Stramin 201
Drehzopf 141
Durchbruch-Applikation 223
Durchbruchmuster 98

Ecken an Decken 288
einfache Eckblende 157
einfache Stäbchen 69
einfaches Stehbündchen 154
einfacher Flachknoten 259
einfacher Smyrnaknoten 208
einfacher tunesischer Häkelstich 80
einfacher Vorstich 52
einfaches Patent 134
Einkaufsnetz 259

fadengebundenes Sticken 9
Fachwechsel 186
Farbwechsel in Flächen 145
Farbwechsel in Reihen 145
Farbwechsel innerhalb der Reihe 145
Feingobelin 20
Feinsmyrna-Technik 204
Ferse 161, 162
feste Maschen 69
Filethäkelgarn 36
Filetstickerei 36
Filzapplikation 281
Finnenstoff aus Jute 202
Finnen-Technik 204, 215
flache Langettenstiche 55
Flachstäbchenhäkelei 91
Flächenstepperei 248
Flächenstickerei 9
Flechtmuster aus Reliefstäbchen 96
Flechtstich 94
Florentiner Stickerei 21, 23
Florstickerei 280, 281
Fransen 283
französische Knötchen 52
französische Methode 128
französisches Patchwork 240
freies Sticken 40
Frivolitäten 171

Gabelhäkelei 108
Gatterkamm 181
geflochtener Plattstich 52
geknüpfte Arbeiten 287
geschlossener Kettenstich 51
gestrickte Tasche 157
gestrickter Anschlag 125
Gewebeproben 189, 190
Ghiordesknoten 210
Gittermuster 143
Gobelinstich 18
Gobelinstickerei 17
Gobelintechnik 197
Grobgobelin 20
gros point 17
großer Teller 114
großes Flechtmuster 142
Gürtel aus Hanfkordel 256

Häkelarbeit mit dem Stäbchen 92
Häkelarbeit ohne Stäbchen 93
Häkeln 65
Häkeln von der Mitte ausgehend 74
Häkeln in Stramin 276
Häkeln in Teppichgrundstoff 275
Häkeln über Gardinenringe 274
Häkeln über Kordel 275
Häkeltechnik 274
Hängematte 259
Hahnentrittmuster 147
halbe Stäbchen 70
Halbfach 185
Halbknoten 257
Halbknotenspirale 261
Halbpanamabindung 191
Halbpatent 135
halbrundes Schultertuch 119
Halsabschlüsse 154
Handschuh, gestrickt 162
Handschuhspitze 164
Hardanger Stickerei 28
Herzbordüre 147
Hexenstich 51, 59
Hohlsaum 29
Holzrahmen 36

Indianische Applikation 228
Irische Häkelei 84
Irisches Patchwork 239
Italienisches Patchwork 241

Jugoslawische Stickerei 56
Jute-Straminstoff 202

Käppchen 161
Kamm 182, 186
Karomuster 147
Keil 162
Kelimstickerei 20
Kelimtechnik 197
Kelimwolle 20
Kette 182
Kettenmaschen 68
Kettenrand 130
Kettenstich 56
Kettrips 190
Kindergarten-Schuhe 79
Kinder-Schultertasche 183
Kinderweste 166
Kissen 20, 39
Kissen mit Diagonalstreifen 158
Kissen mit Filetrosetten 119
Kissen versäubern 217
kleiner Teller 114
kleines Flechtmuster 142
Knötchen 55
Knötchenrand 130
Knopfloch 74, 136
Knotenstich 95
Knüpfteppich 204
Knüpfvorlage 205
Knüpfweberei 192
Konfektionieren 286
Kopftuch 79
Kordelstepperei 244
Kragenblenden 156
kreisförmige Langettenstiche 55
Kreuzanschlag 124
Kreuzstäbchen 72
Kreuzstich-Negativstickerei 11
Kreuzstichstickerei 10
Kunststicken 165

Lagenapplikation 225
Langetten-Füllstich 52
Langettenstich 51
Leinen 41
linke und rechte Maschen kombiniert 132
links tunesische Masche 81
links verschränkte Maschen 129
Linksknoten 172
Lochmuster 136, 141
Lochstickerei 59

Loopen 110
Looptechnik 112
Luftmaschen 67

Makramee 253
Maschenanschlag 124
Maschenbildung 126
Maschenprobe 68, 124
Mattstickgarn 20, 36
Medici-Stickerei 34
mehreckige Formen 165
mehrfache Stäbchen 70
mehrfarbiges Stricken 145
mehrfarbiges Weben 187
Millefleurstiche 39, 52
Möbelbezüge 20
Monogrammstepperei 246
motivgebundene Stepperei 248
motivgebundenes Sticken 39
Müllergaze 20
Muschelmuster 102, 103
Muschen 102

Nachbehandlung 286
Netzpatent 144

Occhi 169, 288
Öse 172
offener Kettenstich 51
Organza 41
Orientalische Applikation 228

Palestrinaknötchen 35
Patchwork 219, 232, 287
Patentstricken 134
Perlenhäkelei 107
Perlenstickerei 282
Perlmuster 134
Perlstich 17, 18
Petit-poinι-Arbeiten 16
Petit-point-Stickereien 20
Pfauenaugen 106
Pikeetechnik 58
Pikotkante 72
Pikotmuster 106
Pikots 73, 172
plastische Applikation 278
Plattstich 23, 55, 56
Plattstich mit Stilstichkonturen 55
Pompons 283
Posamentenknoten 262

Quadrate 114
Quadrat, von der Ecke

ausgehend 78
Quadrat, von der Mitte ausgehend 76
quadratische Formen 165
Quadratknoten 257
Quasten 283

rechts verschränkte Maschen 129
Rechtsknoten 171
Reliefstäbchen 96
Richelieuarbeit 60, 61
Rippenmuster 132
Rollkragen 155
Rosenknötchen 52
Rosenstäbchen 94
Rosette 84, 85
Rosetten-Kissen 114
Rosettentopflappen 117
Rumänischer Häkelstich 95
runde Formen 165
runder Teppich 217
Rundplatting 261, 262
Rundstricken 159
Ryafix 202
Rya-Spezialwolle 204
Rya-Stoff 202
Rya-Technik 204, 215
Ryateppich 212

Saumecken an Decken 288
Schaft 182, 186
Schattenstickerei 58, 59
Schattierstich 52
Scheerklammern 183
Schiffchen 182
Schiffchenarbeit 171
Schildkröte 77, 114
Schlauchhäkeln 76
Schlingenhäkelei 92
Schlüsselanhänger 261
Schmuckfaltenstickerei 62
Schnellstrickwolle 124
Schnurstepperei 243
schräger Gobelinstich 17
Schulterschrägung 154
Schulterschrägung links 83
Schulterschrägung rechts 83
Schultertuch 104
Schulwebrahmen 181
Schuß 182
Schußfäden 182, 186
Schußrips 195
Schußripsbindung 183
Schweizer Zugstickerei 35

Seide 41
senkrechter Rippenknoten 260
Serviettenhalter 102
Serviettenring 13, 264
Sieblheinen 35
Smokstickerei 62
Smyrna-joy 206
Smyrna-Knüpfgarn 204
Smyrna-Stramin 201
Smyrna-Technik 204, 208
Smyrnateppich 206, 217
Smyrna-Teppichwolle 204
Smyrnabrücke 206
Smyrnafix-Grundstoff 202, 206
Smyrnaknoten mit Sticknadel und Stäbchen 211
So strickt man links 128
So strickt man rechts 128
Spann 162
Spannen der Kettfäden 182
Spannteil 162
Sparstich 23, 27
Spickel 162
Spiel 159
Spinnwebstich 37
Spiralenstich 37
Splitterstich 51
Sprengapplikation 230
Stäbchen 69
Stepperei in Applikationstechnik 246
Steppstich 54
Steppstich mit Schlingen 54
Sternknoten 261, 262
Sternmuster 105
Sternrosette 279
Sternstich 55
Stickereien 286
Sticknadel 9
Stickrahmen 9
Sticktwist 20
Stielstich abwärts 51
Stielstich aufwärts 51
Stielstich mit überwendlichen Stichen 54
Stielstichreihen in gegenläufiger Richtung 54
Stoffapplikation 221
Stoffintarsien 226
Stoffmotiv 9
Straminnadel 9
Stricken 121
Stricken mit Hilfsgeräten 267

Stricken mit Rundnadeln 164
Strickhäkeln 277
Strickkissen 156
Stricklatein 139
Strickliesel 268
Strickpuppe 166
Strickstich 94
Strumpf 159
Strumpfspitze 162
Strumpfstricknadeln 162
Sudanstramin 20, 201
Sudanwolle 204

Taschen 20
Teller 74
Teppich in Knüpfweberei 194
Teppichborte 217
Teppichkettgarn 182
Teppichknüpfen 199
Topflappen 39, 74, 79, 114, 116
trassierte Vorlage 17
Tüllstickerei 36, 38
Türkischer Bund 262
tunesische Häkelei 80
tunesischer Füllstich 81
tunesisches Knopfloch 83
Turkestan 20
Tweedmuster 147

Ungarische Stickerei 56

V-Ausschnitt 155, 156
Versäubern von Teppichkanten 216
verwebte Luftmaschen 277
Verbreitern am Rand 150
Verlängern des Schußfadens 187
verschiedene Strickmuster 139
verschränkte Maschen 129

versetzte Flachknoten 259
Vilexit 221
Vliesstoff 221
Voile 41
Vollfachweben 186
Vorhang 109
Vorstich 61

waagerechte Rippen 134
waagerechtes Rippenmuster 112
waagerechte Rippenknoten 259
waagerechter Überfangstich 64
Wabenstich 63
Wabenstich mit diagonalem Überfangstich 63
Waffelmuster 134
Wandteppich auf Rya-Stoff 201
Warenbaum 186
Weben 179

Weben mit dem Trennstab 191
Webmaterial 182
Webmuster 189
Webstich 37
Weißstickerei 59
Wellenmuster 105
Wickeln auf dem Loomgerät 272
Wickeln auf einem Nagelbrett 269
Wollstickerei 50

Zackenkante 72, 73
Zählmuster 17
Zähnchenrand 136
Zierstepperei 242, 288
Zopfmuster 139
Zunehmen 73, 82
Zunehmen innerhalb der Reihe 151
Zusammennähen 159
zweifädiger Stramin 20

„Phantasie können Zweigart-Stoffe nicht ersetzen. Aber wecken."

Wo es doch über 1000 verschiedene Zweigart-Stoffe gibt und kein einziger davon zuviel ist.

Zweigart-Stoffe sind überall im Fachhandel zu haben.

ZWEIGART & SAWITZKI

Postfach 120
7032 Sindelfingen

Sch 2

*Die neue Art textilen Gestaltens

*smyrna-joy

Kissen, Bilder, Wandbehänge, Brücken, Taschen und vieles mehr können Sie nach Ihren eigenen Ideen völlig frei entwerfen und knüpfen. Der patentierte smyrna-joy-Werkstoff und die smyrna-joy-Knüpfwolle verbinden Hobby und Spiel in idealer Weise mit der Schulung zum künstlerischen Gestalten. Der Fantasie sind keine Grenzen gesetzt. Bitte fordern Sie Prospekte mit Bezugsquellennachweis an..

smyrnafix

Georgii OHG   7030 Böblingen   Postfach

melchior

Handarbeitsgarne bringen Sie auf die schönsten Ideen

A. B. C. Hobby- und Topflappengarn aus reiner Baumwolle für Schule und Haus

Bambino Hobby- und Wäschegarn garantiert reine hochwertige Baumwolle

Melior 2 x 4 modisches Baumwollgarn aus ägypt. Baumwolle, supergekämmt und brillant-mercerisiert

Kunterbunt reine Baumwolle, vierfarbig bedruckt

Melibon reines Baumwollgarn mit Noppeneffekt

Melofil neu 77% Baumwolle, 18% Dralon, 5% Leinen

A. B. C. 7 x 3 Makramée-Knüpf- und Hobbygarn aus reiner Baumwolle

Für jede Gelegenheit die richtigen Garne. Sie erhalten die melchior-Handarbeitsgarne im Fachhandel.

Otto-Textilwerke GmbH & Co., Abt. MELCHIOR Handstrickgarne · Postfach 1669, 7440 Nürtingen